MW01708898

ALMANACH
PERPÉTUEL

agitateur
de
neurones

ALMANACH PERPÉTUEL

agitateur de neurones

Maguy Ly, Nicole Masson et Yann Caudal

chêne

Amis lecteurs, ce livre vous propose plus de 1 400 jeux de logique, jeux de lettres, jeux de chiffres, qui font surtout appel à votre agilité d'esprit et parfois à votre culture générale… Un véritable programme d'entraînement pour vos neurones, à partager en famille !

Jour après jour, vous pourrez raisonner, déduire ou tout simplement vous amuser en jonglant avec des jeux très différents. Chacun y trouvera son compte quels que soient son âge et son profil. Vous êtes adepte des énigmes, des anagrammes et des charades ou vous préférez les sudokus, à moins que ce ne soit les rébus ? Pour chaque jour, nous vous offrons au moins un jeu de grille, un texte ludique, et un jeu sur des symboles visuels. Les solutions sont présentées à l'envers, en bas de chaque page, ne trichez pas si vous souhaitez progresser !

C'est à vous de jouer !

1 janvier

L M M J V S D

1, 2 ou 3 ?

Enlevez l'un de ces trois chiffres et le produit de chaque ligne et de chaque colonne sera identique.

13	12	23
21	32	13
23	13	12

CHASSEZ l'intrus

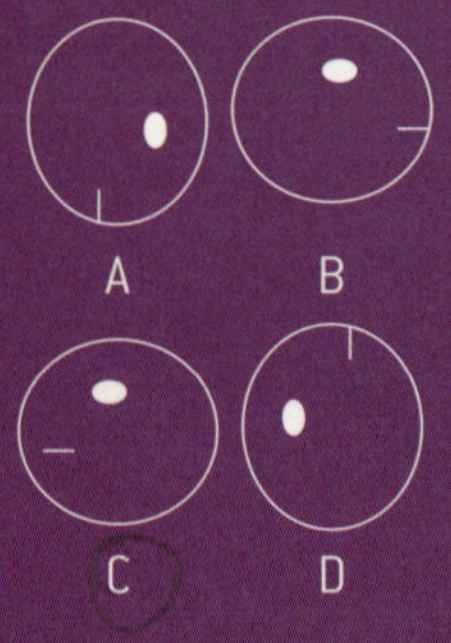

Star en désordre

Pouvez-vous retrouver, en agençant les lettres de ces mots autrement (sans tenir compte des coupures entre eux ni des accents), le nom de cet acteur américain ?

Cube réel

La touche finale

Si on compose un mot sur un téléphone portable, il suffit parfois d'appuyer sur une touche de plus pour obtenir un tout autre mot.
Retrouvez le résultat de ces combinaisons de touches. Si vous ne trouvez pas, essayez sur votre portable : il a la réponse !

CINQ + 3 = ?
ONZE + 7 = ?

solutions aux jeux

1, 2 ou 3 ?
Il faut enlever les 2 : le produit des lignes et des colonnes est 39.

13	1	3
1	3	13
3	13	1

Chassez l'intrus
La figure C : même si on la fait pivoter, elle ne peut ressembler aux autres.

La touche finale
CINQ + 3 = chose.
ONZE + 7 = noyer.

Star en désordre
Bruce Lee.

2 janvier

L M M J V S D

Mots éventail

Voici quatre mots en éventail à compléter, en retrouvant le début qu'ils ont en commun.

? — melle / ringue / cours / cond

Derrière les tours…

Les tours cachent les résidences qui cachent les maisons individuelles. Attribuez dans la grille la place de chaque type d'habitation, sachant que :
– Chaque flèche vous dirige et vous indique le nombre d'habitations visibles.
– Chaque type d'habitation se trouve dans chacune des lignes et colonnes.

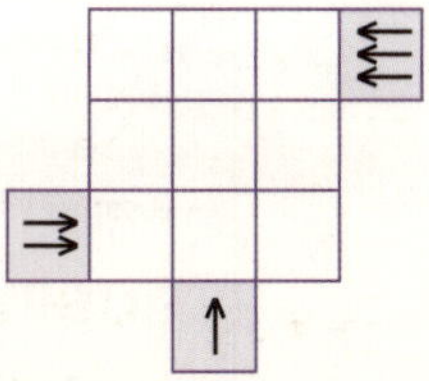

K'z noire

Complétez la grille en y plaçant les cases noires : chaque chiffre indique le nombre de cases noires qui l'entourent, par un angle ou un côté.

	1		1
2	3	3	2
	2		

Opération géométrique

Résolvez l'opération qui se cache derrière les symboles, ○, ◇, □, △.
Un même symbole représente toujours un même chiffre : 0, 1, 2, 3, 4, 5, 6, 7, 8 ou 9. Deux symboles différents correspondent à deux chiffres différents. Aucun terme de l'opération ne commence par 0.

```
   △ ◇ □
+  △ ◇ □
---------
 □ □ ○ ○
```

Indice : ○ vaut 2.

solutions aux jeux

Mots éventail
SE

Derrière les tours…

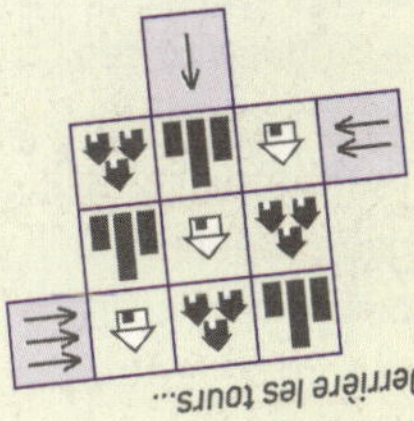

K'z noire

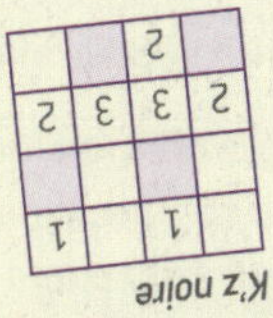

Opération géométrique
561 + 561 = 1122
Si on compte les colonnes de 1 à 4 en partant de la gauche : d'après la colonne n° 1 □ vaut 1. Il est la résultante d'une retenue de la colonne précédente ; d'où le résultat de la colonne n° 4 : ○ vaut 2. On en déduit d'après le résultat de la colonne n° 3 que ◇ vaut 6 et △ vaut 5.

3 janvier

L M M J V S D

Joyeux anniversaire !

Pour ses 40 ans, Marie-Jo va organiser une grande fête. Dès le mardi 8 mars, elle se précipite à la mairie pour y réserver la salle des fêtes pour le 9 août. Pendant les vacances, la salle n'est disponible que les mardis, jeudis et samedis : peut-elle faire sa réservation ?

Le phrasophone

À l'aide du clavier de ce téléphone, sachant qu'une touche peut valoir plusieurs lettres, décodez la séquence de chiffres pour obtenir une citation célèbre.

52 33663 33 23727 3648 3873 28 337787 33 8688 7687266

Star en désordre

Pouvez-vous retrouver, en agençant les lettres de ces mots autrement (sans tenir compte des coupures entre eux ni des accents), le nom de cet acteur français ?

Fraisier crépon

Chaque arbre cache un chasseur

Les chiffres indiquent le nombre de chasseurs qui se cachent dans la grille. Retrouvez-les, sachant que :

Il y a autant d'arbres que de chasseurs.

Toute case contenant un chasseur est accolée à une case contenant un arbre.

Deux cases contenant un chasseur ne peuvent se toucher ni par les angles ni par les côtés.

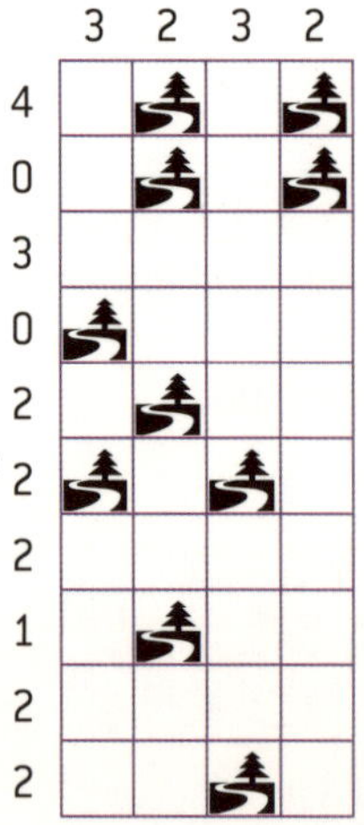

solutions aux jeux

Joyeux anniversaire !
Oui : le 9 août tombe un mardi.
Si le nombre de jours écoulés entre le 8 mars et la date d'anniversaire est un multiple de 7, l'anniversaire tombe un mardi. Sinon, il suffit d'ajouter le reste de la division par 7 au mardi pour trouver dans combien de jours après le mardi aura lieu le jour de l'anniversaire.
Entre le 8 mars et le 9 août, il se sera écoulé 154 jours. 154/7 = 22 et le reste est 0 donc le 9 août sera un mardi.

Star en désordre
François Périer.

Chaque arbre cache un chasseur
Annulez les lignes où il n'y a pas de chasseurs et complétez la grille :

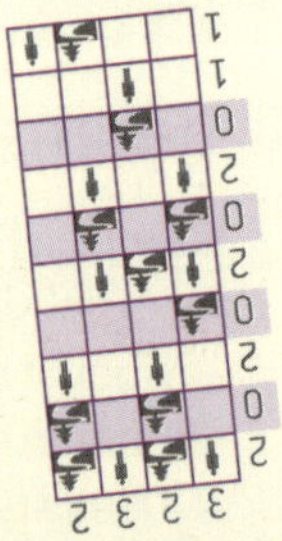

Le phrasophone
« La femme de César doit être au-dessus de tout soupçon. » (Jules César.)

4
janvier
L M M J V S D

La tête au carré

Complétez ce tableau avec tous les chiffres compris entre 1 et 9 pour que les résultats des opérations des lignes et des colonnes soient justes.

	x		+		=	7
+		x		+		
	+		+		=	19
/		–		–		
	+		–		=	2
=		=		=		
4		13		0		

Cinéma en désordre

Pouvez-vous retrouver, en agençant les lettres de ces mots autrement (sans tenir compte des coupures entre les mots ni des accents), le titre de ce film ?

Le polo canadien

Mots éventail

Voici quatre mots en éventail à découvrir, en retrouvant le début qu'ils ont en commun.

? → casse / ta / ibus / sasier

Pont-levis

En utilisant une seule fois chacune de toutes les lettres ci-dessous, reformez trois mots de huit lettres.

S	O	L	I
R	O	A	O
U	S	T	B

D E _ _ _ _ D E

solutions aux jeux

La tête au carré

1	x	5	+	2	=	7
+		x		+		
9	+	4	+	6	=	19
/		–		–		
3	+	7	–	8	=	2
=		=		=		
4		13		0		

Cinéma en désordre
La Leçon de piano (de Jane Campion).

Pont-levis
Déssoude, dérobade, deltoïde.

Mots éventail
RAS

5 janvier

L M M J V S D

Mots éventail

Voici quatre mots en éventail à compléter, en retrouvant le début qu'ils ont en commun.

? — tit / ton / ctoral / ur

ÉNIGRAMMES

À l'endroit, à l'envers, je ne suis, toujours sur mes trois pieds, qu'un tamis.

Star en désordre

Pouvez-vous retrouver, en agençant les lettres de ces mots autrement (sans tenir compte des coupures entre eux ni des accents), le nom de ce chanteur et acteur américain ?

Cas de non-identité

Mots en losange

Ce sont les mêmes mots à la verticale et à l'horizontale. En voici les définitions dans l'ordre : Base du cou. – Les cervicales. – Marché très vite. – Barde. – Elles servent à voter. – Avec les autres. – Fin de saisie.

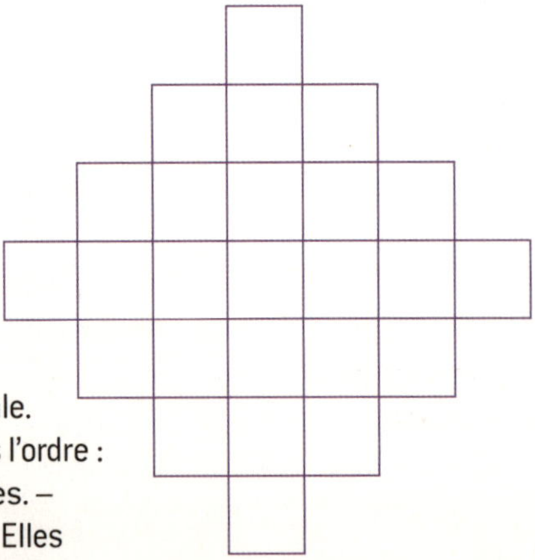

solutions aux jeux

Mots éventail
PE

Star en désordre
Eddie Constantine.

Énigrammes
Le sas.

Mots en losange

C
COU
COURU
COUENNE
URNES
UNS
E

6 janvier

L M M J V S D

Mots pyramide à l'envers

Déduisez quatre mots finissant par US. Attention, pour corser le jeu, les indices donnés sont dans le désordre.

Indices : valeur, ordure, prière, siège.

			U	S			
				U	S		
					U	S	
						U	S

Le phrasophone

À l'aide du clavier de téléphone ci-contre, sachant qu'une touche peut valoir plusieurs lettres, décodez la séquence de chiffres pour obtenir une citation célèbre.
7255439-8687 2 666 7262243 25262 !

Mot logique

Deux cases comprenant une consonne ne se suivent jamais.	Trois des voyelles sont dans des cases impaires.	Il y a un O dans cette case.	Une lettre de ODILE est utilisée deux fois.	O suit E.	Le mot finit par E.

À l'aide des indices donnés, placez dans chaque case de la grille ci-dessous une lettre du prénom ODILE. Vous pourrez alors découvrir un nouveau prénom.

solutions aux jeux

Mots pyramide à l'envers

valeur	A	R	G	U	S			
siège	B	L	O	C	U	S		
prière	A	N	G	E	L	U	S	
ordure	D	E	T	R	I	T	U	S

Mot logique

E	L	O	D	I	E

Le phrasophone

« Ralliez-vous à mon panache blanc ! » (Henri IV.)

7 janvier

L M M J V S D

Star en désordre

Pouvez-vous retrouver, en agençant les lettres de ces mots autrement (sans tenir compte des coupures entre eux ni des accents), le nom de cet acteur irlandais ?

Bicorne persan

Mots éventail

Voici quatre mots en éventail à compléter, en retrouvant le début qu'ils ont en commun.

? — ot / ture / bute / te

Rébus

Quel est le prénom donné par ce rébus ?

G 𝄞 ♫

BATAILLE navale

Des bateaux sont placés horizontalement ou verticalement. Ils ne peuvent pas se toucher, même en diagonale. Le nombre de cases occupées par un bateau ou une partie de bateau est signalé par les chiffres en tête de ligne.

	0	2	2	1	5	0	4	0	5	1
0										
3										
2										
6										
0										
3										
3									B	B
0										
3										
0										

Retrouvez les 4 bateaux occupant une case (A), les 3 bateaux occupant deux cases (BB), les 2 bateaux occupant trois cases (CCC) et le bateau occupant quatre cases (DDDD).

solutions aux jeux

Star en désordre
Pierce Brosnan.

Rébus
G ré mi : Jérémy.

Mots éventail
CUL

Bataille navale

	0	2	2	1	5	0	4	0	5	1
0										
3					A		C		C	
2							C		C	
6		D	D	D	D		C		C	
0										
3		B	B		B					
3					B				B	B
0										
3					A		A		A	
0										

8 janvier

L M M J V S D

Mots pyramide à l'envers

Déduisez quatre mots finissant par AIN.
Attention, pour corser le jeu, les indices donnés sont dans le désordre…

Indices : scribe, noble, sûr, ennemi d'Astérix.

			A	I	N			
				A	I	N		
					A	I	N	
						A	I	N

Le phrasophone

À l'aide du clavier de ce téléphone, sachant qu'une touche peut valoir plusieurs lettres, décodez la séquence de chiffres pour obtenir une citation célèbre.
6254387 289 8246287 !

ÉNIGRAMMES

Sur mes cinq pieds, ami lecteur,
J'affronte des flots la fureur ;
Mais si le cœur tu me retranches,
J'apparais au bout de ta manche.

Grands écrivains

Découvrez dans cette grille les noms de cinq grands écrivains français. Les lettres se suivent de bas en haut, de gauche à droite ou vice-versa mais jamais en diagonale.

			B	O	I	L			
O	R	N	E	I	L	E	A	U	A
C	F	L	A	U	L	I	E	B	U
U	T	R	E	B	E	T	R	I	D
E	I	U	Q	S	E	T	N	O	M

solutions aux jeux

Mots pyramide à l'envers

ROMAIN – ennemi d'Astérix
CERTAIN – sûr
ECRIVAIN – scribe
CHATELAIN – noble

Énigrammes

Le marin et la main.

Le phrasophone

« Malheur aux vaincus ! »
(Vae victis !, Brennus.)

Grands écrivains

FLAUBERT
BOILEAU
CORNEILLE
AUDIBERTI
MONTESQUIEU

9 janvier

L M M J V S D

Mots pyramide

Déduisez quatre mots commençant par BOU, mais pour corser le jeu, les indices donnés sont dans le désordre…

Indices : tintamarre, marmonner, obstruer, écu.

B	O	U						
B	O	U						
B	O	U						
B	O	U						

Star en désordre

Pouvez-vous retrouver, en agençant les lettres de ces mots autrement (sans tenir compte des coupures entre eux ni des accents), le nom de cet acteur et cinéaste britannique ?

Le lieu carnivore

Ouille, ouille, ouille… ! Aïe !

Trouvez deux mots qui commencent de la même façon mais se terminant pour l'un par le son « ouille ! » et pour l'autre par le son « aïe ! ». Un indice mystérieux pour vous guider…

Pour la baston, ça ne vaut pas le train.

La touche finale

Si on compose un mot sur un téléphone portable, il suffit parfois d'appuyer sur une touche de plus pour obtenir un tout autre mot. Retrouvez le résultat de ces combinaisons de touches. Si vous ne trouvez pas, essayez sur votre portable : il a la réponse !

JEAN + 6 = ?
ECHO + 8 = ?

solutions aux jeux

Mots pyramide

B	O	U	C	A	N			
B	O	U	C	H	E	R		
B	O	U	C	L	I	E	R	
B	O	U	G	O	N	N	E	R

tintamarre
obstruer
écu
marmonner

Star en désordre
Laurence Olivier.

Ouille, ouille, ouille… ! Aïe !
Dérouille / Déraille.

La touche finale
JEAN + 6 = leçon.
ECHO + 8 = fagot.

10 janvier

L M M J V S D

Mots éventail

Voici quatre mots en éventail à compléter, en retrouvant le début qu'ils ont en commun.

? < acteur / pertoire / unir / compense

____

____

Pont-levis

En utilisant une seule fois chacune de toutes les lettres ci-dessous, reformez trois mots de huit lettres.

L	L	B	S
T	V	I	I
N	U	I	T

C U _ _ _ _ E R

Le nombre de cases

Je vaux le nombre de cases qui contiennent le chiffre 0.	Je vaux le nombre de cases qui contiennent le chiffre 1.	Je vaux le nombre de cases qui contiennent le chiffre 2.
Je vaux le nombre de cases qui contiennent le chiffre 3.	Je vaux le nombre de cases qui contiennent le chiffre 4.	Je vaux le nombre de cases qui contiennent le chiffre 5.
Je vaux le nombre de cases qui contiennent le chiffre 6.	Je vaux le nombre de cases qui contiennent le chiffre 7.	Je vaux le nombre de cases qui contiennent le chiffre 8.

Remplissez les neuf cases de la grille ci-contre à l'aide des indices qui se trouvent dans la grille ci-dessus.

solutions aux jeux

Mots éventail

RE

Le nombre de cases

5	2	1
0	0	1
0	0	0

Faites les hypothèses sur le nombre de 0 dans la grille.

- Hypothèse n° 1 : il y a neuf 0 dans la grille, la case n° 1 vaut 9 (impossible !).
- Hypothèse n° 2 : il y a huit 0 dans la grille, la case n° 1 vaut 8, la case n° 9 n'est pas égale à 0 (impossible !), etc.

Seule hypothèse valide : il y a cinq 0 dans la grille. La case n° 1 vaut 5, la case n° 6 vaut 1, la case n° 2 vaut au moins 1 mais comme il y a déjà un 1, elle vaut au moins 2. Si la case n° 2 vaut 2 la case n° 3 vaut 1, et l'hypothèse est vérifiée !

Pont-levis

Cultiver, culbuter, cuisiner.

11 janvier

L M M J V S D

Star en désordre

Pouvez-vous retrouver, en agençant les lettres de ces mots autrement (sans tenir compte des coupures entre eux ni des accents), le nom de cet acteur britannique ?

Vin de divan

Le phrasophone

À l'aide du clavier de ce téléphone, sachant qu'une touche peut valoir plusieurs lettres, décodez la séquence de chiffres pour obtenir une citation célèbre.

666 7473, 2'378 863 7386588466.

HEXASuDOKu

Complétez cette grille par les chiffres de 1 à 6 de telle sorte que chaque chiffre se trouve dans chaque ligne horizontale, chaque diagonale et chaque hexagone.

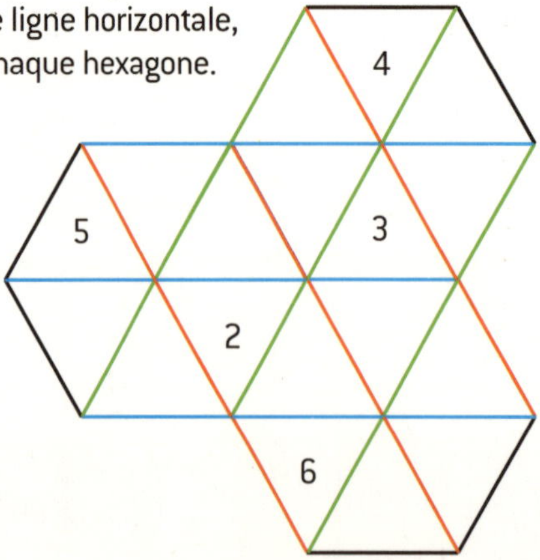

solutions aux jeux

Star en désordre

David Niven.

Hexasudoku

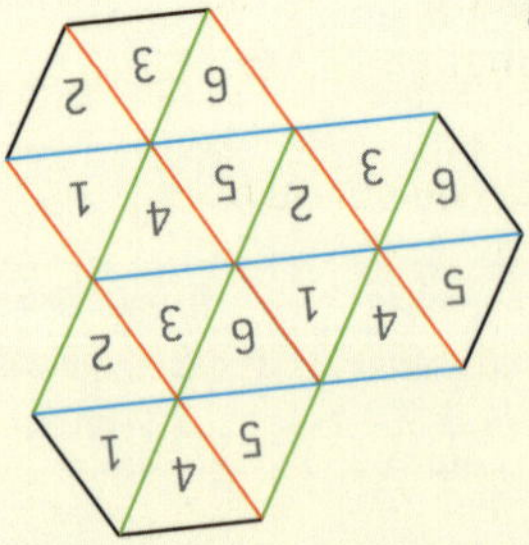

Le phrasophone

« Non Sire, c'est une révolution. » (Duc de Liancourt.)

12 janvier

L M M J V S D

Cinéma en désordre

Pouvez-vous retrouver, en agençant les lettres de ces mots autrement (sans tenir compte des coupures entre eux ni des accents), le titre de ce film ?

Terrier de melon

Ouille, ouille, ouille... ! Aïe !

Trouvez deux mots qui commencent de la même façon mais se terminant pour l'un par le son « ouille ! » et pour l'autre par le son « aïe ! ». Un indice mystérieux pour vous guider...

Une petite pomme de terre sur un nénuphar...

COMBICOLOR

Ces couleurs primaires (jaune, bleu, rouge) se combinent pour donner trois couleurs complémentaires (vert, violet, orange).

Quelle est la couleur du ballon manquant ?

bleu bleu bleu orange

jaune jaune violet

rouge ?

Border line

Découvrez le motif caché dans cette grille en noircissant ses cases ; chaque chiffre indique le nombre de bordures qui l'entourent.

1		0		1		0
2		3		3		2
0		3		1		1
1		2		0		0

solutions aux jeux

Cinéma en désordre
Le Dernier Métro (de François Truffaut).

Combicolor
Vert.
Trois fois une couleur primaire, puis sa couleur complémentaire ; deux fois une couleur primaire, puis sa couleur complémentaire ; et une couleur primaire et... sa couleur complémentaire.

Ouille, ouille, ouille... ! Aïe !
Grenouille / Grenaille.

Border line

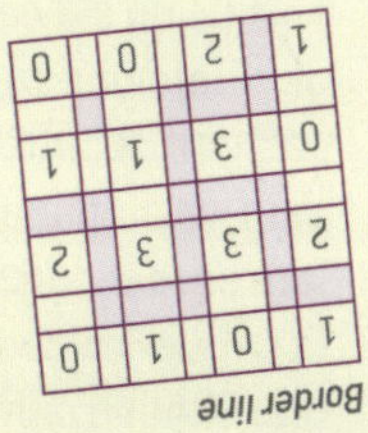

13 janvier

L M M J V S D

HA _ _ MA _

Star en désordre

Pouvez-vous retrouver, en agençant les lettres de ces mots autrement (sans tenir compte des coupures entre eux ni des accents), le nom de cet acteur italien ?

Navigation morale

Rébus à l'envers

Quel est le prénom suggéré par ce rébus ?

Mot en serpentin

En utilisant toutes les lettres mais une seule fois, formez un mot en serpentant dans cette grille. Les cases des lettres doivent se toucher par un angle ou un côté.

M	R	E	
E	P	H	D
	C	A	Y

Le phrasophone

À l'aide du clavier de téléphone ci-contre, sachant qu'une touche peut valoir plusieurs lettres, décodez la séquence de chiffres pour obtenir une citation célèbre.

52 825387 6' 288363 76468 53 666273 337 266337.

solutions aux jeux

Star en désordre
Gian Maria Volonté.

Le phrasophone
« La valeur n'attend point le nombre des années. » (Pierre Corneille, *Le Cid*.)

Mot en serpentin
Pachyderme.

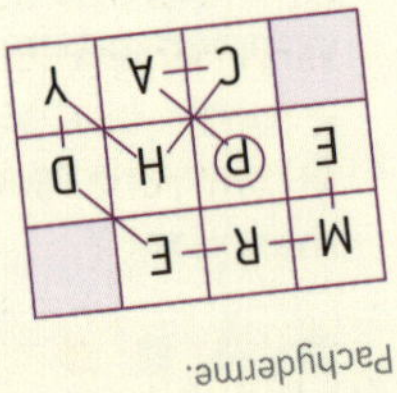

Rébus à l'envers
Chat a I : Aïcha.

14 janvier

2026

L M M J V S D

Souvenez-vous...

« Colchiques dans les prés... »
L'un de ces verbes ne fait pas partie de cette chanson, lequel ?

1. fendre
2. étirer
3. murmurer
4. jaunir
5. fleurir

ÉNIGRAMMES

Je suis, lecteur,
un poisson plat,
Formant un mets
très délicat ;
Coupe ma queue,
et, sans supplique,
Je deviens note
de musique.

le sole
sol

Croisons les chiffres

Horizontalement : I. Le dernier jour de 2004. – II. Une victoire sur les Suisses. – III. Ce qu'il manque au gramme pour devenir kilo. – IV. L'Isère ; les voleurs d'Ali. – V. Deux ans trois trimestres et quatre jours après le 1er janvier 2000. – VI. Indicatif téléphonique de Toulon ; termine la date de naissance de celui qui aura 50 ans en juin 2022 !
Verticalement : 1. Termina le trimestre en 1900 comme en 2000. – 2. Sainte Marie 44. – 3. Limitation de vitesse par temps de pluie. – 4. Carré ; une Peugeot. – 5. Le Bond. – 6. Un jeu de dé ; annonce la police.

	1	2	3	4	5	6
I						
II					■	
III				■	■	
IV			■			■
V						
VI			■			

Mots éventail

Reformez quatre mots en retrouvant le début qu'ils ont en commun.

? – piller, strique, oil, pacho

solutions aux jeux

Souvenez-vous
Le n° 4 : Colchiques dans les prés **fleurissent, fleurissent**
Colchiques dans les prés,
c'est la fin de l'été.
La feuille d'automne
emportée par le vent
En ronde monotone tombe
en tourbillonnant.
Châtaignes dans les bois,
se fendent, se fendent,
Châtaignes dans les bois,
***se fendent** sous nos pas.*
La feuille d'automne...
Nuages dans le ciel,
s'étirent, s'étirent
*Nuages dans le ciel **s'étirent***
comme une aile.
La feuille d'automne...
Et ce chant dans mon cœur,
murmure, murmure
Et ce chant dans mon cœur
appelle le bonheur.
La feuille d'automne...

Croisons les chiffres

	1	2	3	4	5	6
I	3	1	1	2	0	4
II	1	5	1	5	■	2
III	0	0	0	■	■	1
IV	3	8	■	4	0	■
V	0	4	1	0	0	2
VI	0	4	■	6	7	2

Mots éventail
GAS

Énigrammes
La sole et sol.

15 janvier

L M M J V S D

5 de trop

Cette grille peut être un carré magique : sans ajouter ni déplacer les chiffres et nombres qui la composent, supprimez cinq nombres en noircissant les cases qu'ils occupent de telle sorte que toutes les lignes et toutes les colonnes fassent la même somme.

17	14	3	8	21
4	22	18	9	11
19	6	16	23	1
24	15	5	12	10
2	7	25	13	20

Star en désordre

Pouvez-vous retrouver, en agençant les lettres de ces mots autrement (sans tenir compte des coupures entre eux ni des accents), le nom de cet acteur américain ?

Costumier

CHASSEZ l'intrus

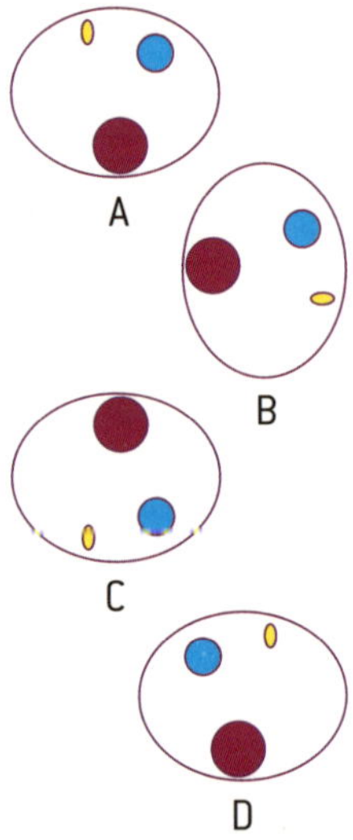

La touche finale

Si on compose un mot sur un téléphone portable, il suffit parfois d'appuyer sur une touche de plus pour obtenir un tout autre mot.
Retrouvez le résultat de ces combinaisons de touches. Si vous ne trouvez pas, essayez sur votre portable : il a la réponse !

EPI + 2 = ?
AIME + 7 = ?

solutions aux jeux

5 de trop
21, 22, 23, 24, 25. Cette grille de vingt-cinq cases est remplie par les chiffres et nombres de 1 à 25. Si on lui enlève cinq cases, il semble logique de remplir les vingt cases restantes avec les chiffres et nombres de 1 à 20 ! La somme de chaque ligne et de chaque colonne est : 42.

17	14	3	8	■
4	■	18	9	11
19	6	16	■	1
■	15	5	12	10
2	7	■	13	20

La touche finale
EPI + 2 = Éric.
AIME + 7 = Agnès.

Chassez l'intrus
La figure A : même en la faisant pivoter, elle ne peut ressembler aux autres.

Star en désordre
Tom Cruise.

16
janvier
L M M J V S D

Suite logique

Quel est le symbole manquant ?

♠
♣
♦
♥
♠
?

Mots
en carré

Ce sont les mêmes mots à la verticale et à l'horizontale. En voici les définitions dans l'ordre : Avec Paris, c'est délicieux. – Gratinée. – Existant. – Il est malin. – Allaitement.

K'z noire

Complétez la grille en y plaçant les cases noires : chaque chiffre indique le nombre de cases noires qui l'entourent, par un angle ou un côté.

	2		1
		3	
2			2
	1		1

Personnage
en désordre

Pouvez-vous retrouver, en agençant les lettres de ces mots autrement (sans tenir compte des coupures entre eux ni des accents), le nom de ce personnage de roman ?

Crâneur fossile

solutions aux jeux

Suite logique
Les symboles se suivent dans l'ordre pique, trèfle, carreau, cœur, donc pique… trèfle.

Personnage en désordre
François Seurel (dans *Le Grand Meaulnes* d'Alain-Fournier).

K'z noire

	2		1
		3	
2			2
	1		1

Mots en carré

B	R	E	S	T
R	O	T	I	E
E	T	A	N	T
S	I	N	G	E
T	E	T	E	E

17 janvier

L M M J V S D

LES DOUBLETS

En utilisant les mêmes touches, vous pouvez composer plusieurs mots différents. Lesquels ? Retrouvez les doublets de ces deux mots en vous aidant des indices. À défaut, essayez sur votre portable : il a la réponse !

CLAIRE
Indice : prénom masculin.
ANDRE
Indice : pas sucrée.

Star en désordre

Pouvez-vous retrouver, en agençant les lettres de ces mots autrement (sans tenir compte des coupures entre eux ni des accents), le nom de cette actrice, égérie d'une grande marque de parfum ?

Amidon nickel

Mots pyramide

Déduisez quatre mots commençant par BRE, mais pour corser le jeu, les indices donnés sont dans le désordre…
Indices : pâtisserie alsacienne, colifichet, combinaison, livre de prières.

B	R	E						
B	R	E						
B	R	E						
B	R	E						

Pont-levis

En utilisant une seule fois chacune de toutes les lettres ci-dessous, reformez trois mots de huit lettres.

P	V	C	R
S	A	N	E
V	I	D	T

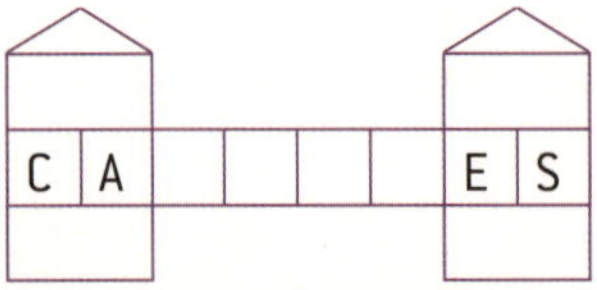

solutions aux jeux

Les doublets
CLAIRE → Blaise.
ANDRE → amère.

Mots pyramide

B	R	E	L	A	N				combinaison
B	R	E	T	Z	E	L			pâtisserie alsacienne
B	R	E	L	O	Q	U	E		colifichet
B	R	E	V	I	A	I	R	E	livre de prières

Pont-levis
Cascades, cavernes, captives.

Star en désordre
Nicole Kidman.

18 janvier

L M M J V S D

KOLORuDOKu

Complétez cette grille par les symboles sachant que tous les symboles ▲▲▼▼ se trouvent dans chaque ligne, chaque colonne et chaque carré de quatre cases :

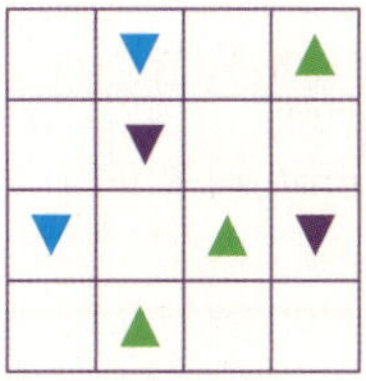

Ouille, ouille, ouille… ! Aïe !

Trouvez deux mots qui commencent de la même façon, mais se terminent pour l'un par le son « ouille ! » et pour l'autre par le son « aïe ! ». Un indice mystérieux pour vous guider…

Quand on crie trop, on se fâche !

Personnage en désordre

Pouvez-vous retrouver, en agençant les lettres de ces mots autrement (sans tenir compte des coupures entre eux ni des accents), le nom de ce personnage de roman ?

Extérieur du col

Le phrasophone

À l'aide du clavier de téléphone ci-contre, sachant qu'une touche peut valoir plusieurs lettres, décodez la séquence de chiffres pour obtenir une citation célèbre.

45 378 337 7276537
784 63 338724368
737847
78' 863 3647.

solutions aux jeux

Kolorudoku

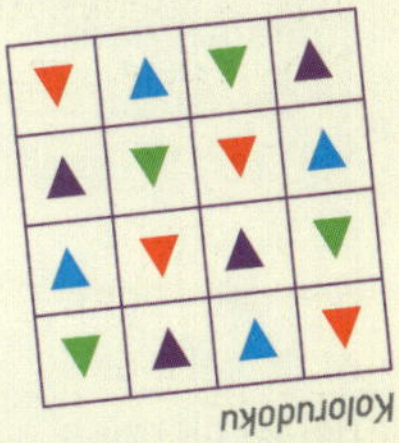

Personnage en désordre
Le docteur Rieux (dans *La Peste* d'Albert Camus).

Ouille, ouille, ouille… ! Aïe !
Brouille / Braille

Le phrasophone
« Il est des paroles qui ne devraient servir qu'une fois. » (François René Chateaubriand, *Mémoires d'outre-tombe*).

19 janvier

L M M J V S D

■

■

■

■

■

■

Souvenez-vous...

« Il court, il court le furet… »
L'un de ces mots ne fait pas partie de cette ronde, lequel ?
1. bois
2. mesdames
3. joli
4. messieurs
5. ici

Le comble

Quel est le comble pour un kangourou ?

Cent

239	391
915	295

Rayez trois des chiffres contenus dans ce carré pour que 100 soit le résultat de la somme des deux lignes et de celle des deux colonnes.

Le phrasophone

À l'aide du clavier de ce téléphone, sachant qu'une touche peut valoir plusieurs lettres, décodez la séquence de chiffres et retrouvez une citation célèbre.
6 5423783, 783 33 274637 66 266638 36 866 666 !

solutions aux jeux

Souvenez-vous…
Le n°4.
Il court, il court, le furet,
Le furet du bois, **mesdames,**
Il court, il court, le furet,
Le furet du bois **joli.**
Il a passé par **ici,**
Le furet du **bois,**
mesdames,
Il a passé par ici,
Le furet du bois joli.

Cent
Les trois chiffres à rayer sont : 2, 3, 5.

9	91
91	9

Le phrasophone
« Ô liberté, que de crimes on commet en ton nom ! » (Manon Roland).

Le comble
C'est de s'en mettre plein la poche.

20 janvier

L M M J V S D

Illikodoku

Complétez par des chiffres de 1 à 9 sachant que tous ces chiffres doivent apparaître dans chaque colonne et dans chaque carré 3 x 3.

3	1	2
		9
5	7	
7	6	
8		3
	5	1
6	3	5
1	2	7
9		

Star en désordre

Pouvez-vous retrouver, en agençant les lettres de ces mots autrement (sans tenir compte des coupures entre eux ni des accents), le nom de cet acteur américain ?

Regard chéri

Monsieur et Madame

Monsieur et Madame Bhie ont une fille, comment s'appelle-t-elle ?

COMBICOLOR

Ces couleurs primaires (jaune, bleu, rouge) se combinent pour donner trois couleurs complémentaires (vert, violet, orange).

Quelle est la couleur des ballons manquants ?

bleu, jaune, vert

jaune, rouge, orange

rouge ? ?

solutions aux jeux

Monsieur et Madame

Lara... l'Arabie.

Combicolor

Bleu et violet.
Bleu et jaune donnent vert, jaune et rouge donnent orange, rouge et... bleu (seule combinaison manquante) donnent violet.

Star en désordre

Richard Gere.

Illikodoku

3	1	2
4	8	9
5	7	6
7	6	4
8	9	3
2	5	1
6	3	5
1	2	7
9	4	8

21 janvier

L M M J V S D

Mots éventail

Voici quatre mots en éventail à compléter, en retrouvant le début qu'ils ont en commun.

? — chanter / cens / nui / toure

ÉNIGRAMMES

Je sers à franchir l'eau, lecteur, ne vous déplaise,
Sur trois pieds, renversé, je suis voiture anglaise.

5 à 200

Comment obtenir 200 en effectuant cinq additions avec les nombres suivants : 18, 20, 36, 38, 39, 80 ? Chaque nombre peut être utilisé, ou non, une ou plusieurs fois. Attention : cinq additions utilisent six nombres !

K'z noire

Complétez la grille en y plaçant les cases noires : chaque chiffre indique le nombre de cases noires qui l'entourent, par un angle ou un côté.

	1		
2		3	2
		1	
2			

solutions aux jeux

Mots éventail
EN

Énigrammes
Le bac et le cab.

5 à 200
36 + 36 + 36 + 36 + 36 + 20 = 200

K'z noire

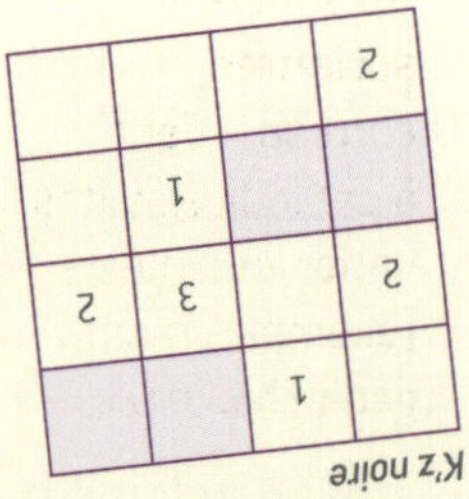

22 janvier

L M M J V S D

Star en désordre

Pouvez-vous retrouver, en agençant les lettres de ces mots autrement (sans tenir compte des coupures entre eux ni des accents), le nom de cette actrice américaine ?

Séjour tribal

L'AIGLE à trois têtes

Trois mots de six lettres correspondent à cet indice : faites varier leur initiale (exemple : radin, gadin, badin).

Un poisson ne boite pas, même s'il traverse la mer entre la France et l'Angleterre.

Le phrasophone

À l'aide du clavier de ce téléphone, sachant qu'une touche peut valoir plusieurs lettres, décodez la séquence de chiffres pour obtenir une citation célèbre.

52 837483 378 36
627243 38 7436
63 5'277372 !

Marabout de ficelle

Sur le principe des enchaînements « marabout – bout de ficelle – selle de cheval... », complétez cette série de mots en plaçant les bonnes syllabes dans les cases pour aller d'un sorcier à un prénom.

MA	
AI	
AI	
FI	
FI	
	ON

solutions aux jeux

Star en désordre
Julia Roberts.

L'aigle à trois têtes
MANCHE, HANCHE, TANCHE.

Le phrasophone
« La vérité est en marche et rien ne l'arrêtera ! » (La vérité en marche, L'Affaire Dreyfus, Émile Zola.)

Marabout de ficelle

MA	GE
GE	AI
AI	DE
DE	FI
FI	LE
LE	ON

23 janvier

L M M J V S D

La touche finale

Si on compose un mot sur un téléphone portable, il suffit parfois d'appuyer sur une touche de plus pour obtenir un tout autre mot. Retrouvez le résultat de ces combinaisons de touches. Si vous ne trouvez pas, essayez sur votre portable : il a la réponse !

LEÇON + 3 = ?
SAMU + 5 = ?

•
•
•
•
•
•

Mots éventail

Voici quatre mots en éventail à compléter, en retrouvant le début qu'ils ont en commun.

? — otrus / ice / axe / heur

Mots pyramide

Déduisez quatre mots commençant par CAR, mais, pour corser le jeu, les indices donnés sont dans le désordre…

Indices : petit cahier, renne, maladie dentaire, roulotte.

C	A	R						
C	A	R						
C	A	R						
C	A	R						

solutions aux jeux

La touche finale
LEÇON + 3 = Jeanne.
SAMU + 5 = Raoul.

Mots pyramide

C	A	R	I	E			
C	A	R	N	E	T		
C	A	R	I	B	O	U	
C	A	R	A	V	A	N	E

maladie dentaire
petit cahier
renne
roulotte

Mots éventail
MAL

24 janvier

L M M J V S D

Personnage en désordre

Pouvez-vous retrouver, en agençant les lettres de ces mots autrement (sans tenir compte des coupures entre eux ni des accents), le nom de ce personnage de roman ?

Col de patriote

L'arbre à lettres

C'est l'hiver, ces deux arbres ont perdu leurs voyelles ! Replacez-les pour découvrir leurs noms.

RBL
MMS

Suite logique

Quel est le symbole manquant ?

♦
♠
♣
♥
♠
?

CROISONS les trous

Pouvez-vous compléter ces mots croisés sans que l'on vous donne les définitions ?

	E	R	■	L	O	■	C	R	
A	■		S	A		E	L	■	N
	O	S	E	■	■		E	R	S
R	■	■		O		A	■	■	
O	D	E	■	U	R	■	O	V	E
	U	S	■		U	■	S	A	C
N	■	■	E	S	S	E	■	■	
I	O	T	A	■	■		A	R	E
E	■		U		E	U	R	■	U
	O	I	■	U	T	■		I	R

solutions aux jeux

Personnage en désordre
Poil de Carotte (du roman éponyme de Jules Renard).

Suite logique
Les symboles se répètent : carreau pique trèfle, cœur pique… trèfle.

Croisons les trous

M	E	R	■	L	O	■	C	R	I
A	■	I	S	A	B	E	L	■	N
R	O	S	E	■	■	V	E	R	S
R	■	■	C	O	C	A	■	■	P
O	D	E	■	U	R	■	O	V	E
N	U	S	■	R	U	■	S	A	C
N	■	■	E	S	S	E	■	■	T
I	O	T	A	■	■	M	A	R	E
E	■	R	U	M	E	U	R	■	U
R	O	I	■	U	T	■	T	I	R

L'arbre à lettres
ÉRABLE.
MIMOSA.

25 janvier

L M M J V S D

Mots éventail

Voici quatre mots en éventail à compléter, en retrouvant le début qu'ils ont en commun.

? — aille / oste / ou / aton

Le phrasophone

À l'aide de ce clavier, sachant qu'une touche peut valoir plusieurs lettres, décodez la séquence de chiffres pour obtenir une citation célèbre.

5'274368 6'2 727 3'63387.

Star en désordre

Pouvez-vous retrouver, en agençant les lettres de ces mots autrement (sans tenir compte des coupures entre eux ni des accents), le nom de cette actrice américaine ?

Triche madrilène

Mots en losange

Ce sont les mêmes mots à la verticale et à l'horizontale.
En voici les définitions dans l'ordre :
Lettre gutturale. – Celui du Midi par exemple. – Bord de montagne. – Département. – Narra. – Mont grec. – Au milieu de la mer.

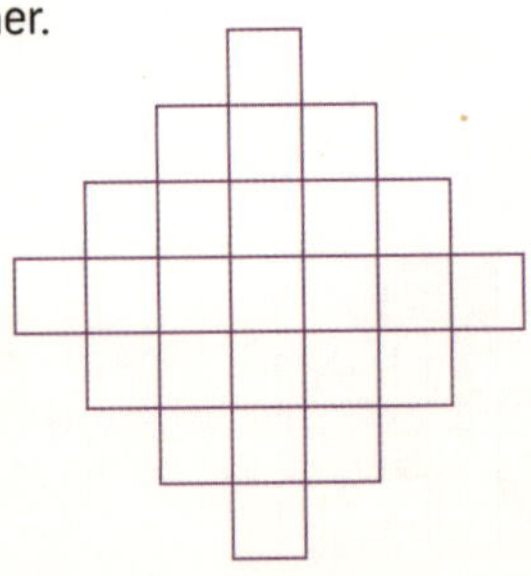

solutions aux jeux

Mots éventail
RIP

Le phrasophone
« L'argent n'a pas d'odeur. » (Vespasien.)

Mots en losange

G
PIC
PAROI
GIRONDE
CONTA
IDA
E

Star en désordre
Marlene Dietrich.

26
janvier
L M M J V S D

Sudokolor

Complétez cette grille par ces différents chiens sachant que chacun se trouve dans chaque ligne, chaque colonne et chaque rectangle 2 x 3.

■

■

■

■

■

■

Pont-levis

En utilisant une seule fois chacune de toutes les lettres ci-dessous, reformez trois mots de huit lettres.

N	A	L	H
I	V	E	T
C	O	L	E

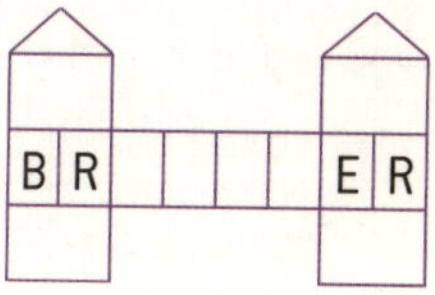

Fromage en désordre

Pouvez-vous retrouver, en agençant les lettres de ces mots autrement (sans tenir compte des coupures entre eux ni des accents), le nom de ce fromage ?

Entracte niais

Rébus

Quel est le prénom donné par ce rébus ?

solutions aux jeux

Sudokolor

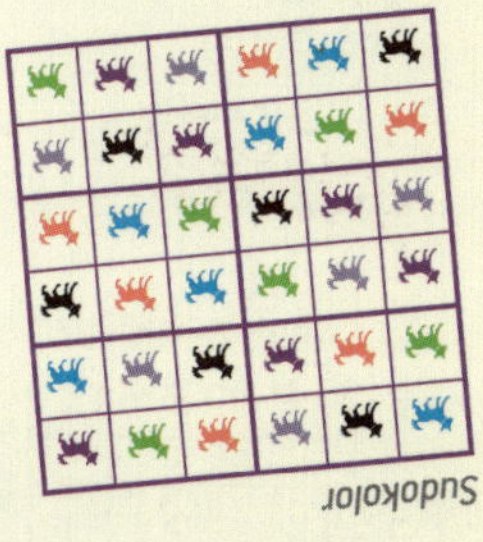

Pont-levis
Brailler, broncher, breveter.

Fromage en désordre
Saint-nectaire.

Rébus
Clé m anse : Clémence.

1

Le phrasophone

À l'aide du clavier de ce téléphone, sachant qu'une touche peut valoir plusieurs lettres, décodez la séquence de chiffres pour obtenir une citation célèbre.
45 3288 73747 36 79638743.

2

3

Star en désordre

Pouvez-vous retrouver, en agençant les lettres de ces mots autrement (sans tenir compte des coupures entre eux ni des accents), le nom de cette chanteuse française ?

Ban de chimie

Border line

Découvrez le motif caché dans cette grille en noircissant ses cases ; chaque chiffre indique le nombre de bordures qui l'entourent.

1	1	1	1
2	2	3	2
2	2	2	1
0	1	2	1

Populations en folie

Nous avons associé une lettre à chacun de ces pays. En les replaçant du moins peuplé au plus peuplé, vous reconstituerez le nom de la ville où fut signée la Charte des Nations unies, le 26 juin 1945 :

A – Argentine.
I – Pakistan.
S – Brésil.
N – Australie.
R – Canada.
F – Pérou.
C – Allemagne.
N – Égypte.
A – Cameroun.
S – Hongrie.
O – Inde.
C – Indonésie.

solutions aux jeux

Populations en folie
San Francisco
S – Hongrie (10 millions d'hab.).
A – Cameroun (16 millions d'hab.).
N – Australie (20 millions d'hab.).
F – Pérou (27 millions d'hab.).
R – Canada (32 millions d'hab.).
A – Argentine (38 millions d'hab.).
N – Égypte (74 millions d'hab.).
C – Allemagne (82 millions d'hab.).
I – Pakistan (157 millions d'hab.).
S – Brésil (186 millions d'hab.).
C – Indonésie (222 millions d'hab.).
O – Inde (1 103 millions d'hab.).
Source : World Population Prospects, Nations Unies (2005).

Le phrasophone
« Il faut périr en symétrie. » (Marquise de Montespan.)

Border line

1	1	1	1
2	2	3	2
2	2	2	1
0	1	2	1

Star en désordre
Chimène Badi.

28
janvier
L M M J V S D

ADDIMOTS

Du plus long
au plus court,
en soustrayant
une lettre, quelle est
la valeur du mot
« Hachette »
sachant que :

TACTE = 18
CHATTE = 20
ACHETE = 28
TACHETE = 28
CACHETTE = 34

Chaque lettre a
une seule valeur,
et le mot vaut
la somme
de ses lettres.

COMBICOLOR

Quel est le triplet
de ballons
manquants ?

 va avec 

donc

 va avec ?

Mots
en carré

Ce sont les mêmes mots à la verticale
et à l'horizontale. En voici les définitions
dans l'ordre : Il est banal à Venise. – Confessa.
– Sombres. – Charismes. – Corde en rond.

Personnage
en désordre

Pouvez-vous
retrouver,
en agençant
les lettres de ces
mots autrement
(sans tenir compte
des coupures entre
eux ni des accents),
le nom de ce
personnage de
roman ?

Écu de sage
argentin

solutions aux jeux

Personnage en désordre
Eugène de Rastignac
(du Père Goriot).

Addimots
HACHETTE = 30.
CACHETTE-TACHETE = 6
donc C = 6.
TACHETE-ACHETE = 0 donc
T = 0.
ACHETE-CHATTE = 8 donc
E = 8.
CHATTE-TACTE = 2 donc
H = 2.
TACTE = 18 = 0 + A + 6 + 0
+ 8 donc A = 4.

Mots en carré

C	A	N	A	L
A	V	O	U	A
N	O	I	R	S
A	U	R	A	S
L	A	S	S	O

Combicolor
Jaune
Bleu, Jaune
Les ballons de la base
sont inversés et le 2e est
redoublé.

29 janvier

L M M J V S D

Star en désordre

Pouvez-vous retrouver, en agençant les lettres de ces mots autrement (sans tenir compte des coupures entre eux ni des accents), le nom de cet acteur et cinéaste américain ?

Âpre chinchilla

Le phrasophone

À l'aide du clavier de ce téléphone, sachant qu'une touche peut valoir plusieurs lettres, décodez la séquence de chiffres pour obtenir une citation célèbre.
457 8385368 3873 542737 38 457 63 728368 727 3873 587837 !

Mot en serpentin

En utilisant toutes les lettres mais une seule fois, formez un mot en serpentant dans cette grille.
Les cases des lettres doivent se toucher par un angle ou un côté.

O	C	N	E
R	N		R
O	D	I	E

DOUBLE charade

Deux charades se sont mélangées. Elles vous permettront, une fois recomposées, de trouver deux noms de peintres.

A – Mon premier bat la chamade.
B – Mon premier est une couleur.
C – On voit danser ma seconde.
D – On ne saurait voir mon second.

Faut-il associer A et C, ou A et D ? À vous de chercher...

solutions aux jeux

Star en désordre
Charlie Chaplin.

Le phrasophone
« Ils veulent être libres et ils ne savent pas être justes ! » (Abbé Sieyès.)

Mot en serpentin
Cordonnerie.

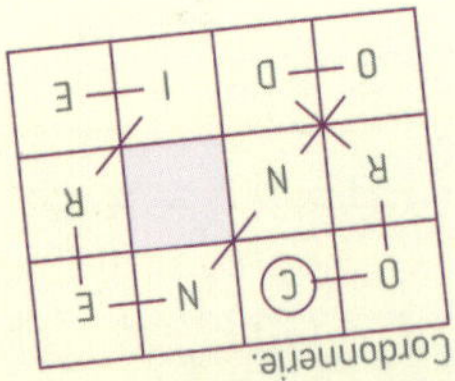

Double charade
A-D : pouls – sein (« Cachez ce sein que je ne saurais voir », dit Tartuffe...) Poussin.
B-C : vert – mer (« La mer qu'on voit danser », chante Trenet...) Vermeer.

30 janvier

L M M J V S D

Monsieur et Madame

Monsieur et Madame Akepourel ont un fils, comment s'appelle-t-il ?

Rébus

Quel est le prénom donné par ce rébus ?

mal mal
mal mal
2

Personnage en désordre

Pouvez-vous retrouver, en agençant les lettres de ces mots autrement (sans tenir compte des coupures entre eux ni des accents), le nom de ce personnage de roman ?

Le super nain

Marabout de ficelle

Sur le principe des enchaînements « marabout – bout de ficelle – selle de cheval... », complétez cette série de mots en plaçant les bonnes syllabes dans les cases pour aller d'un astre à un poilu.

LU [ ]
[ ] ON
ON [ ]
[ ] CA
CA [ ]
[ ] LU

solutions aux jeux

Monsieur et Madame
Yann... y'en a que pour elle !

Personnage en désordre
Arsène Lupin (du roman éponyme de Maurice Leblanc).

Rébus
Maux 2 : Maud.

Marabout de ficelle

LU NE
NE ON
ON DE
DE CA
CA VE
VE LU

31 janvier

L M M J V S D

Le phrasophone

À l'aide de ce clavier, sachant qu'une touche peut valoir plusieurs lettres, décodez la séquence de chiffres pour obtenir une citation célèbre.

46736737 783 6687 766637, 6687 8685667 8688 266783747, 26663 74 6687 284667 53 83677 33 8688 76773337 !

Personnage en désordre

Pouvez-vous retrouver, en agençant les lettres de ces mots autrement (sans tenir compte des coupures entre eux ni des accents), le nom de ce personnage de roman ?

Stand de démon

Code secret

Découvrez le code d'ouverture de cette cave, sachant que chaque fois qu'un bon numéro est tapé sur le clavier :

- Une lumière verte s'allume si un numéro est bien placé.
- Une lumière rouge s'allume si un numéro est mal placé.

Les indices en marge vont vous éclairer !

5	1	9	6				
1	4	2	6				
4	9	6	5				
4	1	5	9				

?	?	?	?

solutions aux jeux

Le phrasophone

« Insensés que nous sommes, nous voulons tout conquérir, comme si nous avions le temps de tout posséder ! » (Frédéric II de Prusse, *L'Anti-Machiavel*.)

Personnage en désordre

Edmond Dantès (du *Comte de Monte-Cristo* d'Alexandre Dumas père).

Code secret

1	9	2	5

5	1	9	6				
1	4	2	6				
4	9	6	5				
4	1	5	9				

1 février

L M M J V S D

Illikodoku

Complétez cette grille par des chiffres de 1 à 9 sachant que tous ces chiffres se placent dans chaque colonne et dans chaque carré 3 x 3.

7		
3	5	1
	2	8
5	1	3
2	7	
8		4
9	4	7
1	3	2

CHASSEZ l'intrus

Star en désordre

Pouvez-vous retrouver, en agençant les lettres de ces mots autrement (sans tenir compte des coupures entre eux ni des accents), le nom de cette actrice française ?

Homme à cingler

Chaque arbre cache un chasseur

Les chiffres indiquent le nombre de chasseurs qui se cachent dans la grille. Débusquez-les, sachant que :
Il y a autant d'arbres que de chasseurs.
Toute case contenant un 🚶 est accolée à une case contenant un 🌲.
Deux cases contenant un 🚶 ne peuvent se toucher ni par les angles ni par les côtés.

solutions aux jeux

Star en désordre
Michèle Morgan.

Chaque arbre cache un chasseur
Annulez les lignes où il n'y a pas de chasseurs et complétez la grille :

Chassez l'intrus
La figure D : même en la faisant pivoter, elle ne peut ressembler aux autres.

Illikodoku

7	9	6
3	5	1
4	2	8
5	1	3
2	7	9
8	6	4
9	4	7
6	8	5
1	3	2

2 février

L M M J V S D

LES DOUBLETS

En utilisant les mêmes touches, vous pouvez composer plusieurs mots différents. Lesquels ? Retrouvez les doublets de ces deux mots en vous aidant des indices. À défaut, essayez sur votre portable : il a la réponse !

GRIS
Indice : dans l'œil.
AMOUR
Indice : cadeau.

Monsieur et Madame

Monsieur et Madame Eméchen ont une fille, comment s'appelle-t-elle ?

ÉLECTION

Le score des deux candidats est tel que le premier dit au second : « Si j'avais eu 1 000 voix de plus, j'aurais eu alors le double de ton score. Mais si, au contraire, tu avais eu 1 000 voix de plus, nous aurions été à égalité. » Quel est le résultat du premier tour ?

Croisons les trous

Pouvez-vous compléter ces mots croisés sans que l'on vous donne les définitions ?

	H	A		U	N	■		O	N
A			E	■	A		O		A
	R	E	N	D	■	A	U	■	R
T	E	N		E	E	■		E	
U	■	E	R	■		R	E	T	E
	A	■	E		I	E			E
E		I	■	E	S	■	I	A	■
■		L	A	I		I	R	■	U
L	E	■	A		E	S	■	E	N
A		I	■		R	O	U	V	E

solutions aux jeux

Les doublets
GRIS -> iris.
AMOUR -> bonus.

Monsieur et Madame
Bette... bête et méchant !

Croisons les trous

C	H	A	C	U	N	■	S	O	N
A	E	R	E	■	A	V	O	U	A
P	R	E	N	D	■	A	U	■	R
T	E	N	T	E	E	■	V	E	R
U	■	E	R	■	P	R	E	T	E
R	A	■	E	T	I	E	N	N	E
E	P	I	■	E	S	■	I	A	■
■	P	L	A	I	S	I	R	■	U
L	E	■	A	N	E	S	■	E	N
A	L	I	■	T	R	O	U	V	E

Élection
Le 1er candidat a obtenu 3 000 voix et le 2nd en a eu 2 000.
Si p est le résultat du 1er et s celui du 2nd, alors :
$p + 1\,000 = 2\,s$
$p = s + 1\,000$ ou
$p - 1\,000 = s$
En additionnant les deux équations :
$2\,p = 3\,s$, soit $s = 2/3\,p$
En remplaçant s par sa valeur :
$p + 1\,000 = 4/3\,p$ donc
$1\,000 = 1/3\,p$
$p = 3\,000$ et $s = 2\,000$.

3 février

L M M J V S D

Star en désordre

Pouvez-vous retrouver, en agençant les lettres de ces mots autrement (sans tenir compte des coupures entre eux ni des accents), le nom de cet acteur français ?

Le grand ravin

Napoléon en folie

Nous avons associé un chiffre à chacune de ces batailles de Napoléon. En les replaçant chronologiquement, vous reconstituerez sa date de naissance :

8 – Trafalgar.
0 – Marengo.
1 – Austerlitz.
5 – Aboukir.
9 – Waterloo.
7 – Iéna.
1 – Arcole.
6 – Wagram.

Mots pyramide à l'envers

Reformez quatre mots finissant par ICE. Attention, pour corser le jeu, les indices donnés sont dans le désordre...

Indices : fonction, torture, balafre, mise en jeu.

			I	C	E			
				I	C	E		
					I	C	E	
						I	C	E

Derrière les tours...

Les tours cachent les résidences qui cachent les maisons individuelles. Attribuez dans la grille la place de chaque type d'habitation, sachant que :
– Chaque flèche vous dirige et vous indique le nombre d'habitations visibles.
– Chaque type d'habitation se trouve dans chacune des lignes et colonnes.

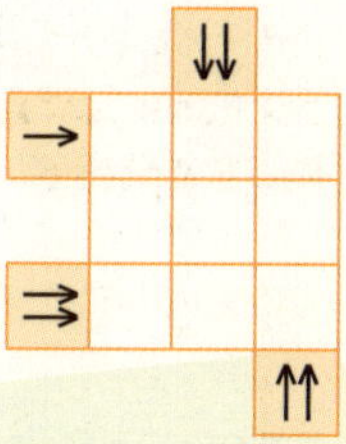

Solutions aux jeux

Star en désordre
Gérard Lanvin.

Napoléon en folie
15/08/1769
1 – Arcole (15 – 17 nov. 1796).
5 – Aboukir (1er août 1798 et 25 juil. 1799).
0 – Marengo (14 juin 1800).
8 – Trafalgar (21 oct.1805).
1 – Austerlitz (2 déc. 1805).
7 – Iéna (14 oct. 1806).
6 – Wagram (6 juil. 1809).
9 – Waterloo (18 juin 1815).

Mots pyramide à l'envers

OFFICE	fonction
SERVICE	mise en jeu
SUPPLICE	torture
CICATRICE	balafre

Derrière les tours...

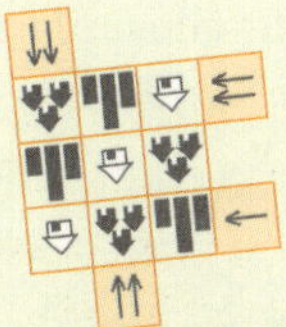

4 février

L M M J V S D

Sudolettres

Complétez cette grille par les lettres A, B, E et U, sachant que toutes ces lettres doivent se trouver dans chacune des lignes et colonnes et dans chaque carré 2 x 2.

	A	U	
U			
E			B
	B	E	

Indice : un mot doit se lire dans la diagonale grisée.

Le phrasophone

À l'aide du clavier de ce téléphone, sachant qu'une touche peut valoir plusieurs lettres, décodez la séquence de chiffres et retrouvez une citation célèbre.

53 7279 ! 2662436
33 348474667 ?

Trouver ce nombre

Quel est le nombre de deux chiffres qui est tel que :
1/5 du nombre – 10 =
1/3 du nombre – 18 =
1/2 du nombre – 28 ?

Cinq cartes qui se suivent

Retrouvez la multiplication exacte.

```
  CARTE
X     5
  SUITE
```

1. Chaque lettre représente toujours le même chiffre : 0, 1, 2, 3, 4, 5, 6, 7, 8 ou 9.
2. Deux lettres différentes correspondent à deux chiffres différents.
3. Aucun terme de l'opération ne commence par 0.

Indice : aucun terme de l'opération n'est égal à 0.

solutions aux jeux

Sudolettres

B	A	U	E
U	E	B	A
E	U	A	B
A	B	E	U

Trouver ce nombre

60
Ce nombre est divisible par 2, 3 et 5 donc par 30.
Pour soustraire 10, il doit être supérieur à 5 x 10 = 50.
Pour soustraire 18, il doit être supérieur à 3 x 18 = 54.
Pour soustraire 28, il doit être supérieur à 2 x 28 = 56.
Le plus petit nombre supérieur à 56 divisible par 30 est 60 :
• 60/5 – 10 = 2
• 60/3 – 18 = 2
• 60/2 – 28 = 2

Cinq cartes qui se suivent

18725 x 5 = 93625
E x 5 = E signifie que E = 5 (E = 0 entraîne T = 0).
T x 5 = T signifie que T = 2 et I = 1 ou que T = 6.
C x 5 = S n'a pas de retenue donc C = 1 et I = 6.
I = 6 signifie que R est impair donc R = 7 ou 9 (R = 3 entraîne U = 1 ou 6).

R	U	A	S
7	3	4	7 impossible
		8	9
	8	3	6 impossible
		9	9 impossible
9	4	8	9 impossible

Le phrasophone

« Le pape ! Combien de divisions ? » (Staline.)

5 février

L M M J V S D

Inventions en folie

En replaçant ces inventions dans l'ordre chronologique de leur découverte, vous reconstituerez le prénom de la 1re fille de Pierre et Marie Curie (une lettre a été associée à chaque invention).

E – four à micro-ondes
R – baromètre
N – dynamite
I – lunettes
E – fermeture à glissière

-
-
-
-
-
-

La tête au carré

Complétez ce tableau avec tous les chiffres compris entre 1 et 9 pour que les résultats des opérations des lignes et des colonnes soient justes.

	+		+		=	21
x		−		/		
	−		+		=	1
−		+		x		
	x		+		=	46
=		=		=		
12		7		4		

K'z noire

Complétez la grille en y plaçant les cases noires : chaque chiffre indique le nombre de cases noires qui l'entourent, par un angle ou un côté.

2			
	4	3	1
3			
2			1

Rendre à César...

Reliez chaque film à son réalisateur et à l'un de ses comédiens.

Réalisateur	Film	Comédien
Malle ○	*Les Tontons flingueurs* ○	Noiret ○
Zidi ○	*Poulet au vinaigre* ○	Ventura ○
Lautner ○	*Les Ripoux* ○	Moreau ○
Chabrol ○	*Ascenseur pour l'échafaud* ○	Poiret ○

solutions aux jeux

Inventions en folie
Irène.
I – Lunettes (1315, Degli Armati).
R – Baromètre (1643, Torricelli).
E – Fermeture à glissière (1851, Howe).
N – Dynamite (1866, Nobel).
E – Four à micro-ondes (1945, Spencer).

K'z noire

2			
	4	3	1
3			
2			1

Rendre à César
Louis Malle – *Ascenseur pour l'échafaud* – Jeanne Moreau ; Claude Zidi – *Les Ripoux* – Philippe Noiret ; Georges Lautner – *Les Tontons flingueurs* – Lino Ventura ; Claude Chabrol – *Poulet au vinaigre* – Jean Poiret.

La tête au carré

7	+	6	+	8	=	21
x		−		/		
3	−	4	+	2	=	1
−		+		x		
9	x	5	+	1	=	46
=		=		=		
12		7		4		

6 février

L M M J V S D

Le phrasophone

À l'aide du clavier de ce téléphone, sachant qu'une touche peut valoir plusieurs lettres, décodez la séquence de chiffres et retrouvez une citation célèbre.

3438 63724, 5' 24
3248 666
338647 !
2 26473...

Personnage en désordre

Pouvez-vous retrouver, en agençant les lettres de ces mots autrement (sans tenir compte des coupures entre eux ni des accents), le nom de ce personnage de roman ?

Le ténia interne

Monsieur et Madame

Monsieur et Madame Straisse ont un fils, comment s'appelle-t-il ?

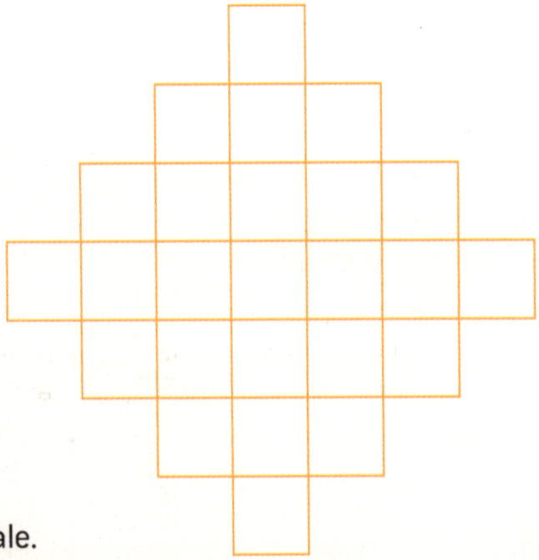

Mots en losange

Ce sont les mêmes mots à la verticale et à l'horizontale.
En voici les définitions dans l'ordre :
Entrée de baie. – Époque. – Coupa la tête. – Ils sont à l'ouest. – Châle. – Bête. – Sifflante.

solutions aux jeux

Le phrasophone
« Dieu merci, j'ai fait mon devoir ! À boire... »
(Amiral Horatio Nelson).

Monsieur et Madame
Sam... ça m'stresse !

Mots en losange

B
E R E
E T E T A
B R E T O N S
E T O L E
A N E
S

Personnage en désordre
Étienne Lantier
(dans Germinal).

7 février

L M M J V S D

Souvenez-vous...

« Dans ma maison sous terre... »
L'un de ces mots ne fait pas partie de cette chansonnette, laquelle ?

1. omaoué
2. ver de terre
3. téo
4. two
5. ouistiti

Mots éventail

Voici quatre mots en éventail à compléter, en retrouvant le début qu'ils ont en commun.

? → ers / mbre / gnasse / gresse

Star en désordre

Pouvez-vous retrouver, en agençant les lettres de ces mots autrement (sans tenir compte des coupures entre eux ni des accents), le nom de cet acteur et écrivain français ?

Du grain de barreau

3, 5, 7, 9

Complétez cette grille avec les chiffres 3, 5, 7 et 9 de telle sorte que la somme de chacune des lignes, des colonnes et de la diagonale corresponde au résultat indiqué. Pour vous aider nous avons placé le 5.

	5		5	= 22
			5	= 24
				= 18
				= 20
= 26	= 14	= 28	= 16	= 12

solutions aux jeux

Souvenez-vous...
Le n° 2 : *Dans ma maison sous terre*
Omaoué, omaoué
*Oh ! **Téo téo ouistiti***
*Oh ! **Téo téo ouistiti***
*One, **two**, three !*

Star en désordre
Bernard Giraudeau.

3, 5, 7, 9

3	5	9	5	= 22
7	3	9	5	= 24
9	3	3	3	= 18
7	3	7	3	= 20
= 26	= 14	= 28	= 16	= 12

Il faut commencer par les résultats particuliers : 12 est le plus petit résultat possible avec ces quatre chiffres : 12 = 3 + 3 + 3 + 3 ; il y aura donc au moins un 3 dans chaque ligne, colonne et diagonale.
22 = 3 + 5 + 9 + 5 ;
16 = 5 + 5 + 3 + 3 ;
14 = 5 + 3 + 3 + 3

Mots éventail
TI

8 février

L M M J V S D

Rébus

Quel est le prénom donné par ce rébus ?

Le comble

Quel est le comble pour un pâtissier ?

Monsieur et Madame

Monsieur et Madame Auchon ont un fils, comment s'appelle-t-il ?

Les chiffres fléchés

Complétez cette grille avec les chiffres de 1 à 9 sachant que :

- La somme de la série de chiffres à trouver est donnée dans les cases grisées.
- Chaque chiffre ne peut être utilisé qu'une seule fois dans une somme.
- Une série de chiffres ne peut apparaître qu'une seule fois dans la grille.

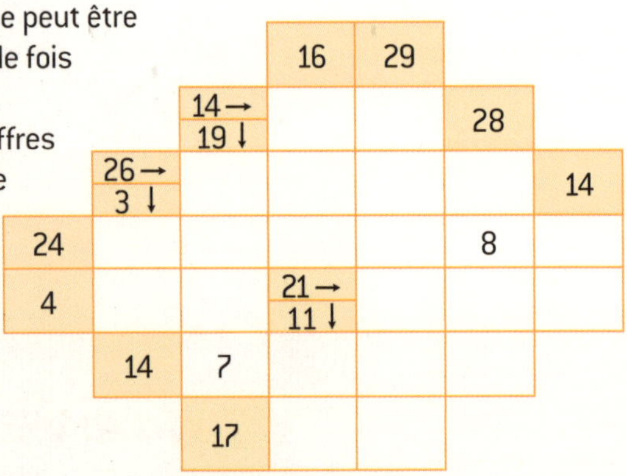

Solutions aux jeux

Rébus
Jean : Jean.

Monsieur et Madame
Paul... polochon.

Le comble
C'est de vouloir sa part du gâteau.

Les chiffres fléchés

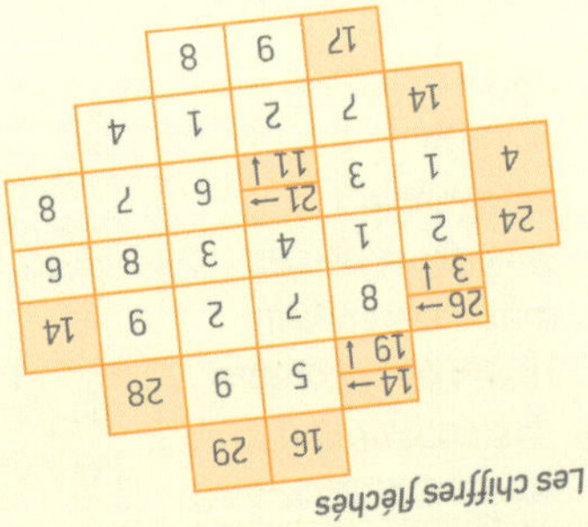

9 février

L M M J V S D

Le phrasophone

À l'aide du clavier de ce téléphone, sachant qu'une touche peut valoir plusieurs lettres, décodez la séquence de chiffres et retrouvez une citation célèbre.
6687 6687 836667
6246836268 2 52
546483 3'863
66883553
376684373.

Personnage en désordre

Pouvez-vous retrouver, en agençant les lettres de ces mots autrement (sans tenir compte des coupures entre eux ni des accents), le nom de ce personnage de roman ?

Énergie du géant

Mots pyramide

Reformez quatre mots commençant par CAR, mais pour corser le jeu, les indices donnés sont dans le désordre…

Indices : diamant ou charbon, violent, corsage, dame de cœur.

C	A	R						
C	A	R						
C	A	R						
C	A	R						

Quel est l'âge de Sophie ?

François, le père de Sophie, a 48 ans ; Marc, son frère, a 17 ans et Nina, sa mère, a 22 ans de plus qu'elle. Lorsque son père aura le double de l'âge de son frère, sa mère et elle auront ensemble 100 ans. Quel est l'âge de Sophie aujourd'hui ?

solutions aux jeux

Le phrasophone

« Nous nous tenons maintenant à la limite d'une nouvelle frontière. » (John F. Kennedy.)

Personnage en désordre

Eugénie Grandet (dans le roman de Balzac).

Mots pyramide

CARTE	dame de cœur
CARACO	corsage
CARBONE	diamant ou charbon
CARABINE	violent

Quel est l'âge de Sophie ?

Sophie a 25 ans. Calculons dans combien d'années le père aura le double de l'âge de son fils. Soit **x** ce nombre d'années : $48 + x = 2 \times (17 + x)$ donc $48 + x = 34 + 2x$. $x = 14$ années (le père aura 62 ans et son fils 31 ans). Trouvons l'âge de la fille, sachant que la mère et la fille auront 100 ans ensemble dans 14 années.
Soit m l'âge de la mère et f l'âge de la fille aujourd'hui :
$m = f + 22$ et $(f + 14) + (m + 14) = 100$,
donc $(f + 14) + [(f + 22) + 14] = 100$.
$2f + 50 = 100$.
$f = 25$ ans.

10 février

L M M J V S D

Monsieur et Madame

Monsieur et Madame Timdero ont un fils, comment s'appelle-t-il ?

Le phrasophone

À l'aide du clavier de ce téléphone, sachant qu'une touche peut valoir plusieurs lettres, décodez la séquence de chiffres pour obtenir une citation célèbre.

72747 6887243,
72747 27473,
72747 627897473,
6247 72747
542373 !

1, 2 ou 3

Je contiens un chiffre impair.	Je vaux la somme de mes deux voisines.	Une seule case vaut 3.	Je vaux la somme de mes deux voisines.	Je vaux 1, 2 ou 3.

A	B	C	D	E

Star en désordre

Pouvez-vous retrouver, en agençant les lettres de ces mots autrement (sans tenir compte des coupures entre eux ni des accents), le nom de cet acteur français ?

Hareng noir

solutions aux jeux

1, 2 ou 3

A	B	C	D	E
1	2	1	3	2

La case A vaut soit 1, soit 3 ; la case B qui est la somme de A et de C ne peut pas valoir plus que 3 donc la case A vaut 1. On en déduit que la case D est égale à 3 et E à 1.

Monsieur et Madame

Vincent... vingt centimes d'euro.

Le phrasophone

« Paris outragé, Paris brisé, Paris martyrisé, mais Paris libéré ! » (Général Charles de Gaulle.)

Star en désordre

Roger Hanin.

11 février

L M M J V S D

Personnage en désordre

Pouvez-vous retrouver, en agençant les lettres de ces mots autrement (sans tenir compte des coupures entre eux ni des accents), le nom de ce personnage de roman ?

Atlas méconnu

Jeu du dictionnaire

Trouvez cinq mots du dictionnaire, mais sans son aide et le plus rapidement possible, compris entre :

CIRQUE

et

CIVIL

Border line

Découvrez le motif caché dans cette grille en noircissant ses cases ; chaque chiffre indique le nombre de bordures qui l'entourent.

0	1	0	0
1	3	0	1
0	3	2	3
0	1	1	2

Entrelacs

Si vous placez convenablement le nom d'une ville de quatre lettres au centre de la figure, vous pourrez lire dans chacun des quatre autres carrés, dans le sens des aiguilles d'une montre, le nom de quatre villes. Attention, la première lettre de la ville peut commencer dans chacun des angles du carré !

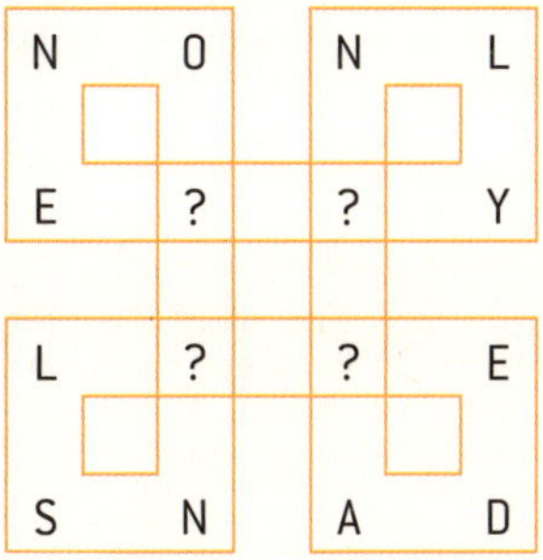

solutions aux jeux

Personnage en désordre
Manon Lescaut (du roman éponyme de l'abbé Prévost).

Entrelacs
ROME. Et les 4 autres villes sont : Reno, Lyon, Edam et Lens.

Border line

Jeu du dictionnaire
Cirrus, ciseau, citadelle, citerne, cithare, citoyen, citron, civet…

12 février

L M M J V S D

Rébus

Quel est le prénom donné par ce rébus ?

h
a
l
l
e
s

Star en désordre

Pouvez-vous retrouver, en agençant les lettres de ces mots autrement (sans tenir compte des coupures entre eux ni des accents), le nom de cet acteur français ?

Air de tripier

Sudolettres

Complétez cette grille par les lettres E, I, J, L, N et U, sachant que toutes ces lettres se trouvent dans chacune des lignes et colonnes et dans chaque rectangle 2 x 3. Un mot apparaîtra dans la diagonale grisée.

		I			E
E			L		
N					U
	J			N	
		J			I
			J		

LES DOUBLETS

En utilisant les mêmes touches, vous pouvez composer plusieurs mots différents. Lesquels ? Retrouvez les doublets de ces deux mots en vous aidant des indices. À défaut, essayez sur votre portable : il a la réponse !

CENSE
Indice : aimé.

ANNA
Indice : absence.

solutions aux jeux

Rébus
Halles fonce : Alphonse.

Star en désordre
Pierre Arditi.

Les doublets
CENSE -> adoré.
ANNA -> coma.

Sudolettres

J	L	I	N	U	E
E	U	N	L	I	J
N	I	L	E	J	U
U	J	E	I	N	L
L	N	J	U	E	I
I	E	U	J	L	N

13 février

L M M J V S D

HA _ _ MA _

COMBICOLOR

Ces couleurs primaires (jaune, bleu, rouge) se combinent pour donner trois couleurs complémentaires (vert, violet, orange).

Quel est le triplet de ballons manquants ?

violet / bleu, rouge va avec vert / bleu, jaune

donc

orange / jaune, rouge va avec ?

Personnage en désordre

Pouvez-vous retrouver, en agençant les lettres de ces mots autrement (sans tenir compte des coupures entre eux ni des accents), le nom de ce personnage de roman ?

Mie de carrefour

Grille logique

Cette case n'est pas nulle et vaut moins que la suivante.	Deux cases sont identiques.	Cette case vaut le double d'une autre.

À l'aide des indices de la grille ci-dessus, remplissez la grille ci-dessous.

Monsieur et Madame

Monsieur et Madame Éole ont une fille, comment s'appelle-t-elle ?

solutions aux jeux

Combicolor
Vert
Jaune, Bleu
La 2e couleur primaire est remplacée par la 3e et le sommet est la résultante des deux.

Monsieur et Madame
Laure... l'auréole.

Grille logique

1	2	2

Personnage en désordre
Frédéric Moreau (dans *L'Éducation sentimentale* de Gustave Flaubert).

14 février

L M M J V S D

Mots éventail

Voici quatre mots en éventail à compléter, en retrouvant le début qu'ils ont en commun.

? → pique / gnon / uver / isième

Jeu du dictionnaire

Trouvez cinq mots du dictionnaire, mais sans son aide et le plus rapidement possible, compris entre :

PALERME
et
PARIS

Souvenez-vous...

« J'ai du bon tabac... »
L'un de ces mots ne fait pas partie des paroles de cette chanson, lequel ?

1. fin
2. poivré
3. bon
4. bien

Mots pyramide

Reformez quatre mots commençant par CLA, mais pour corser le jeu, les indices donnés sont dans le désordre.

Indices : dessert aux cerises, maison de lapin, ancêtre du piano, compréhensible.

C	L	A						
C	L	A						
C	L	A						
C	L	A						

solutions aux jeux

Mots éventail
TRO

Jeu du dictionnaire
Palestine, Palmyre, Pamiers, Panamá, Panhard, Pantin, Papeete, Papin, Papouasie, Paraguay...

Souvenez-vous...
Le n° 2.
J'ai du **bon** tabac
dans ma tabatière,
J'ai du bon tabac
tu n'en auras pas.
J'en ai du **fin** et
du **bien** râpé,
Mais ce n'est pas
pour ton vilain nez.
J'ai du bon tabac
dans ma tabatière,
J'ai du bon tabac
tu n'en auras pas.

Mots pyramide

CLAIRE	compréhensible
CLAPIER	maison de lapin
CLAVECIN	ancêtre du piano
CLAFOUTIS	dessert aux cerises

15 février

L M M J V S D

Star en désordre

Pouvez-vous retrouver, en agençant les lettres de ces mots autrement (sans tenir compte des coupures entre eux ni des accents), le nom de cette actrice française ?

Base maïzena

Le phrasophone

À l'aide du clavier de ce téléphone, sachant qu'une touche peut valoir plusieurs lettres, décodez la séquence de chiffres pour obtenir une citation célèbre.

7587 4288, 7587 8483, 7587 3678.

CHASSEZ l'intrus

A

B

C

D
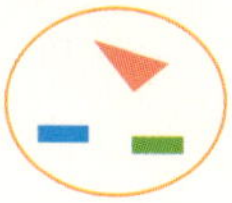

Villes d'Europe

Reconstituez dans cette grille les noms de cinq villes d'Europe. Les lettres se suivent de bas en haut, de gauche à droite ou vice-versa mais jamais en diagonale.

			E	C	B	B			
E	S	I	L	R	A	R	L	E	S
N	B	L	O	N	E	U	L	A	M
N	O	R	E	M	A	X	E	R	S
M	A	D	T	S	E	L	L	I	E

solutions aux jeux

Villes d'Europe

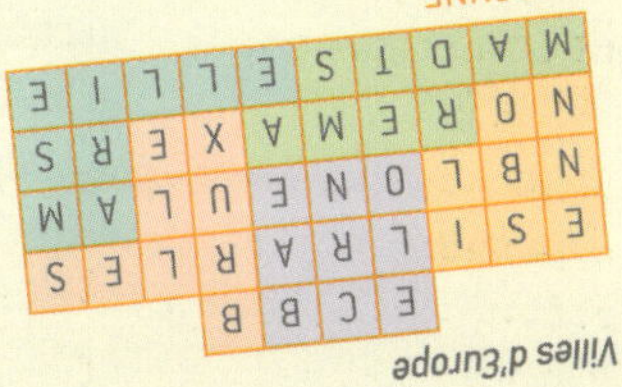

LISBONNE
BARCELONE
BRUXELLES
MARSEILLE
AMSTERDAM

Star en désordre

Sabine Azéma.

Chassez l'intrus

La figure C : même en la faisant pivoter, elle ne peut ressembler aux autres.

Le phrasophone

« Plus haut, plus vite, plus fort. » (devise des jeux Olympiques).

16 février

L M M J V S D

Zonages

Sachant que chacun des chiffres indique le nombre de cases de la même couleur qui se touchent (une zone), complétez le coloriage de la grille. Deux zones ayant la même couleur ne peuvent se toucher ni par les côtés ni par les angles.

		4	
3		5	
5			

Que des 2

Trouvez la façon la plus simple d'écrire une opération dont le résultat est 25 uniquement avec des 2.

Un indice : il vous faut neuf fois le chiffre 2.

TAPIS roulant

Dans cette attraction, vous vous trouvez sur un tapis roulant qui avance et... qui recule ! Il avance à la vitesse de 40 m/min et recule à la vitesse de 20 m/min. Il change de sens toutes les minutes et commence par avancer. Sachant que vous ne pouvez ni marcher ni courir sur le tapis, combien de temps allez-vous mettre pour parcourir les 200 m qui vous séparent de la sortie de cette attraction ?

LES DOUBLETS

En utilisant les mêmes touches, vous pouvez composer plusieurs mots différents. Lesquels ? Retrouvez les doublets de ces deux mots en vous aidant des indices. À défaut, essayez sur votre portable : il a la réponse !

NOIR
Indice : calendrier.

AGNES
Indice : chérir.

solutions aux jeux

Zonages

		4	
3		5	
5			

Que des 2

2 x 2 x 2 x 2 + 2 x 2 x 2 + 2/2

Tapis roulant

17 min ! La 1re minute, vous avancez de 40 m ; la 2e minute, vous reculez de 20 m. Donc vous avancez de 20 m toutes les 2 min et vous vous déplacez à une vitesse de 10 m/min. Vous aurez donc parcouru 160 m en 16 min et effectuerez les derniers 40 m en 1 min.

Les doublets

NOIR -> mois.
AGNES -> aimer.

17 février

L M M J V S D

Allô proverbe !

Retrouvez ce proverbe dont quelques mots ont été codés pour être envoyés par SMS. Attention, une même touche peut donner plusieurs lettres (2 pour A, B ou C). À défaut, essayez sur votre portable : il a la réponse !
TANT VA LA 278243 À L' 328 QU' À LA 346 ELLE SE 22773.

Mots en carré

Ce sont les mêmes mots à la verticale et à l'horizontale. En voici les définitions dans l'ordre :
Il est souvent mineur. – Piment. – Fange. – Image sacrée. – Prenez.

DOUBLE charade

Deux charades se sont mélangées. Elles vous permettront, une fois recomposées, de trouver deux noms d'oiseaux.
A. Mon premier est un petit fruit.
B. Mon premier pulse avec le cœur.
C. Mon second est un hold-up.
D. Mon second est un exemple à suivre.

Faut-il associer A et C, ou A et D ?
À vous de chercher...

Monsieur et Madame

Monsieur et Madame Deu ont un fils, comment s'appelle-t-il ?

solutions aux jeux

Allô proverbe !
Tant va la cruche à l'eau qu'à la fin elle se casse.

Monsieur et Madame
Jean-Paul... Jean-Paul II

Double charade
A-C : baie-casse → bécasse.
B-D : pouls-saint → poussin.

Mots en carré

D	E	L	I	T
E	P	I	C	E
L	I	M	O	N
I	C	O	N	E
T	E	N	E	Z

18 février

L M M J V S D

Monsieur et Madame

Monsieur et Madame Aymard ont un fils, comment s'appelle-t-il ?

COMBICOLOR

Ces couleurs primaires

● ● ●

se combinent pour donner trois couleurs complémentaires

● ● ●

Quel est le triplet de ballons manquant ?

● ● ● va avec ● ● ●

donc

● ● ● va avec ?

Personnage en désordre

Pouvez-vous retrouver, en agençant les lettres de ces mots autrement (sans tenir compte des coupures entre eux ni des accents), le nom de ce personnage de roman ?

Fil de bon cordage

Zonages

Sachant que chacun des chiffres indique le nombre de cases de la même couleur qui se touchent (une zone), complétez le coloriage de la grille. Deux zones ayant la même couleur ne peuvent se toucher ni par les côtés ni par les angles.

4		
3		4
		2

solutions aux jeux

Monsieur et Madame
Jean... j'en ai marre !

Combicolor
Violet
Rouge, Bleu
La 2e couleur primaire est remplacée par la 3e et le sommet est la résultante des deux.

Personnage en désordre
Fabrice Del Dongo (dans *La Chartreuse de Parme* de Stendhal).

Zonages

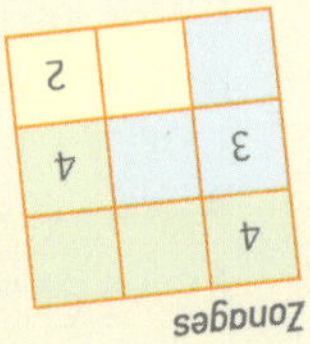

19 février

L M M J V S D

Le phrasophone

À l'aide du clavier de ce téléphone, sachant qu'une touche peut valoir plusieurs lettres, décodez la séquence de chiffres pour obtenir une citation célèbre.

78'45 378 47263, 7587 47263 362673 6678 783 848268 !

Le comble

Quel est le comble pour un chou rouge ?

■

■

■

■

■

■

Star en désordre

Pouvez-vous retrouver, en agençant les lettres de ces mots autrement (sans tenir compte des coupures entre eux ni des accents), le nom de cette actrice française ?

Bracelet idéal

Sudolettres

Complétez cette grille par les lettres C, H, A, I, S et E, sachant que toutes ces lettres se trouvent dans chaque ligne, chaque colonne et chaque région de six cases. Un mot doit apparaître dans une diagonale.

Indice : un autre mot pour chaise.

	I				S
		H		A	
	A				H
	E	C			
E					
H			S	I	

Solutions aux jeux

Le phrasophone
« Qu'il est grand, plus grand encore mort que vivant ! » (Henri III).

Le comble
C'est de faire chou blanc.

Star en désordre
Béatrice Dalle.

Sudolettres

A	I	E	H	C	S
C	S	H	E	A	I
I	A	S	C	E	H
S	E	C	I	H	A
E	H	I	A	S	C
H	C	A	S	I	E

20 février

L M M J V S D

Suite logique

Quel est le symbole manquant ?

♥

♠

♠

♥

♥

?

Célébrité en désordre

Pouvez-vous retrouver, en agençant les lettres de ces mots autrement (sans tenir compte des coupures entre eux ni des accents), le nom de ce personnage de l'histoire des États-Unis ?

Halo blanc marin

Code secret

Retrouvez le code d'ouverture de cette cave, sachant que chaque fois qu'un bon numéro est tapé sur le clavier :

- Une lumière verte s'allume si un numéro est bien placé.
- Une lumière rouge s'allume si un numéro est mal placé.

Les indices en marge vont vous éclairer !

5	7	4	6				
3	1	5	2				
3	5	4	2				
4	1	7	6				

?	?	?	?

DOUBLE charade

Deux charades se sont mélangées. Elles vous permettront, une fois recomposées, de trouver deux noms de départements.

A. Mon premier est un salut de romain.

B. Mon premier sert à interpeller.

C. Mon second est attendu chez le bébé.

D. Mon second n'est pas anguleux.

Faut-il associer A et C, ou A et D ? À vous de chercher...

solutions aux jeux

Code secret

3	1	4	2

Suite logique

Cœur et pique alternent en changeant de couleur : cœur noir pique rouge, pique noir cœur rouge, cœur noir... pique rouge.

Célébrité en désordre

Abraham Lincoln.

Double charade

A-D : avé-rond → Aveyron.

B-C : hé-rot → Hérault.

21 février

L M M J V S D

Star en désordre

Pouvez-vous retrouver, en agençant les lettres de ces mots autrement (sans tenir compte des coupures entre eux ni des accents), le nom de cette actrice française ?

Le chenil méprisé

CHASSEZ l'intrus

A

B

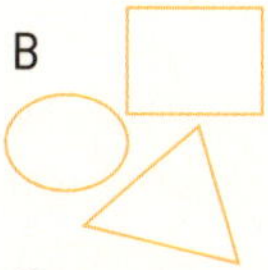

C

D

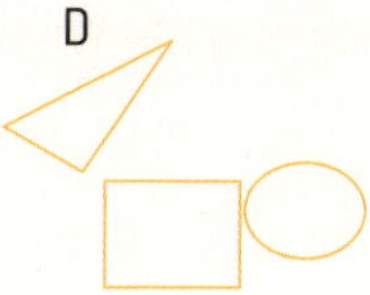

Mots éventail

Voici quatre mots en éventail à compléter, en retrouvant le début qu'ils ont en commun.

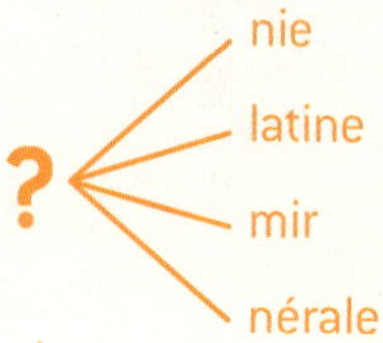

Le phrasophone

À l'aide du clavier de téléphone ci-dessous, sachant qu'une touche peut valoir plusieurs lettres, décodez la séquence de chiffres pour obtenir une citation célèbre.
53 7678 36 378 5383 !

solutions aux jeux

Star en désordre
Micheline Presle.

Chassez l'intrus
A : le triangle et le rectangle ne se touchent pas dans les autres figures.

Mots éventail
GE

Le phrasophone
« Le sort en est jeté ! » (*Alea jacta est !*, Jules César.)

22 février

L M M J V S D

Célébrité en désordre

Pouvez-vous retrouver, en agençant les lettres de ces mots autrement (sans tenir compte des coupures entre eux ni des accents), le nom de ce personnage de l'histoire de France ?

Limon jaune

ÉNIGRAMMES

J'ai deux pattes,
au centre
du monde ;
J'en ai quatre
dans un tonneau ;
Jamais je n'existe
dans l'eau,
Et cependant je suis
dans l'onde.

Jeu du dictionnaire

Trouvez cinq mots du dictionnaire, mais sans son aide et le plus rapidement possible, compris entre :

ORGE et ORNIERE

Sous les pavés

En replaçant ces six bandelettes dans le bon ordre, vous verrez apparaître une citation.

LE	LE	EV	IL	SD	SV
ET	RA	BA	NT	RE	IE
AC	TI	PA	AL	AM	ES
AI	GN	ES	L'	RY	E:
ME	TT	PL	LE	NT	EL
	US		R !		PU

solutions aux jeux

Célébrité en désordre
Jean Moulin.

Jeu du dictionnaire
Orgeat, orgelet, orgue, orient, orifice, oriflamme, origan, orme, ornement…

Sous les pavés…
« Les villes devraient être bâties à la campagne : l'air y est tellement plus pur ! » (Henri Monnier.)

LE	SV	IL	LE	SD	EV
RA	IE	NT	ET	RE	BA
TI	ES	AL	AC	AM	PA
GN	E:	L'	AI	RY	ES
TT	EL	LE	ME	NT	PL
US	PU	R !			

Énigrammes
La lettre N.

23 février

L M M J V S D

LES DOUBLETS

En utilisant les mêmes touches, vous pouvez composer plusieurs mots différents. Lesquels ? Retrouvez les doublets de ces deux mots en vous aidant des indices. À défaut, essayez sur votre portable : il a la réponse !

ROUX
Indice : indésirables.

BLOND
Indice : mon double.

Star en désordre

Pouvez-vous retrouver, en agençant les lettres de ces mots autrement (sans tenir compte des coupures entre eux ni des accents), le nom de cette actrice italienne ?

Le laïc du canadair

Mots éventail

Voici quatre mots en éventail à compléter, en retrouvant le début qu'ils ont en commun.

? – édie
? – pagnon
? – merce
? – ète

Mots pyramide

Reformez quatre mots commençant par CLI, mais pour corser le jeu, les indices donnés sont dans le désordre…

Indices : hôpital, on essaie de la fidéliser, temps, cassure.

C	L	I						
C	L	I						
C	L	I						
C	L	I						

solutions aux jeux

Les doublets
ROUX-> poux.
BLOND -> clone.

Star en désordre
Claudia Cardinale.

Mots pyramide

C	L	I	M	A	T			
C	L	I	V	A	G	E		
C	L	I	N	I	Q	U	E	
C	L	I	E	N	T	E	L	E

temps
cassure
hôpital
on essaie de la fidéliser

Mots éventail
COM

24 février

L M M J V S D

Monsieur et Madame

Monsieur et Madame Déaventoi ont une fille, comment s'appelle-t-elle ?

CHASSEZ l'intrus

A B C D

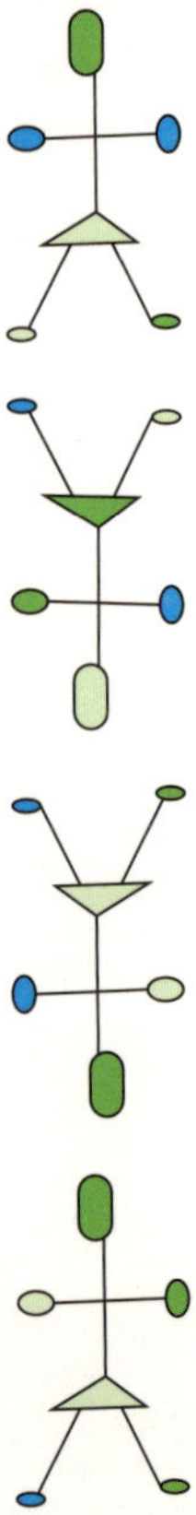

Star en désordre

Pouvez-vous retrouver, en agençant les lettres de ces mots autrement (sans tenir compte des coupures entre eux ni des accents), le nom de ce sportif ?

As de sangria

Zonages

Sachant que chacun des chiffres indique le nombre de cases de la même couleur qui se touchent (une zone), complétez le coloriage de la grille. Deux zones ayant la même couleur ne peuvent se toucher ni par les côtés ni par les angles.

	4	3	
	1		4

solutions aux jeux

Monsieur et Madame
Julie… j'eus l'idée avant toi !

Chassez l'intrus
A : les deux mains sont de la même couleur.

Zonages

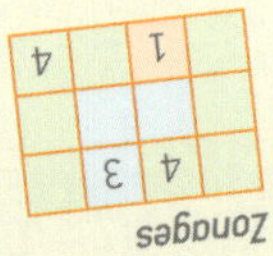

Star en désordre
André Agassi.

25 février

L M M J V S D

Le phrasophone

À l'aide du clavier de ce téléphone, sachant qu'une touche peut valoir plusieurs lettres, décodez la séquence de chiffres pour obtenir une citation célèbre.

783 23584 784 6'378 727 2668368 33 766 864746 732853 72 624766.

LE COMBLE

Quel est le comble pour un pilote des 24 h du Mans?

Star en désordre

Pouvez-vous retrouver, en agençant les lettres de ces mots autrement (sans tenir compte des coupures entre eux ni des accents), le nom de cette actrice américaine ?

Label Canular

Illikodoku

Complétez cette grille par des chiffres de 1 à 9 sachant que tous ces chiffres se placent dans chaque colonne et dans chaque carré 3 x 3.

	8	4
6		7
1	3	9
8	9	
4		1
	7	6
	1	
9		3
7	6	5

solutions aux jeux

Star en désordre

Lauren Bacall.

Le comble

C'est de causer un court-circuit.

Le phrasophone

« Que celui qui n'est pas content de son voisin recule sa maison..» (Proverbe belge.)

Illikodoku

5	8	4
6	2	7
1	3	9
8	9	2
4	5	1
3	7	6
2	1	8
9	4	3
7	6	5

26 février

L M M J V S D

Rébus

Quel est le prénom donné par ce rébus ?

■

■

■

■

■

■

Le phrasophone

À l'aide du clavier de ce téléphone, sachant qu'une touche peut valoir plusieurs lettres, décodez la séquence de chiffres pour obtenir une citation célèbre.
783 3' 328 !
783 3' 328 !

Star en désordre

Pouvez-vous retrouver, en agençant les lettres de ces mots autrement (sans tenir compte des coupures entre eux ni des accents), le nom de cette actrice britannique ?

Jet bien classique

K'z noire

Complétez la grille en y plaçant les cases noires : chaque chiffre indique le nombre de cases noires qui l'entourent, par un angle ou un côté.

	1		1
	1		
2	3	2	
	2		

solutions aux jeux

Rébus
L est au nord : Éléonore.

Le phrasophone
« Que d'eau ! Que d'eau ! »
(Mac-Mahon.)

Star en désordre
Jacqueline Bisset.

K'z noire

	1		1
■	1		■
2	3	2	
■	2	■	

27 février

1 · 2 · 3

L M M J V S D

Souvenez-vous…

« Tiens voilà main droite… »
L'un de ces morceaux de phrases ne fait pas partie de cette comptine, laquelle ?

1. prends ma main gauche
2. voilà main droite
3. main droite, main gauche
4. voilà les deux
5. tiens

Grille logique

Deux cases identiques ne se touchent pas.
La somme des cases de la grille est 1.
Deux cases identiques ne se touchent pas.

À l'aide des indices de la grille ci-dessus, remplissez la grille ci-contre.

Face cachée

Voici trois vues d'un même dé. Quel est le chiffre de la face sur laquelle repose le dé de la 3e vue ?

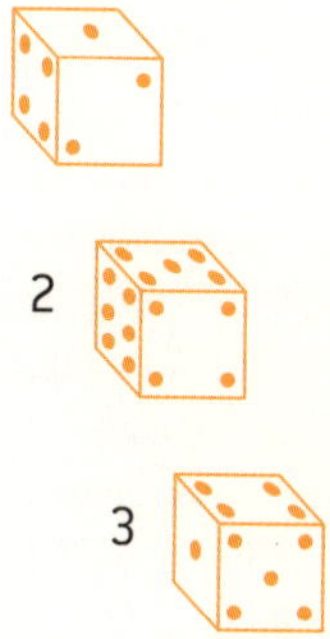

Le Remplaçant

Comparez attentivement ces deux listes de mots. Trouvez le plus rapidement possible quel mot a été remplacé dans la 2e liste.

Sucre	Crêpes	Nappe	Tiramisu
Soupe	Poisson	Crêpes	Riz
Fourchette	Glace	Poisson	Dessert
Huile	Plat	Plat	Pain
Dessert	Asperges	Serviette	Asperges
Riz	Dinde	Glace	Fourchette
Radis	Huître	Soupe	Huître
Serviette	Caramel	Vin	Caramel
Tiramisu	Confit	Huile	Confit
Nappe	Pâté	Courge	Sucre
Sauce	Ail	Pâté	Dinde
Vin	Pain	Radis	Ail

Solutions aux jeux

Souvenez-vous…
Le n° 1.
Tiens, voilà main droite,
Tiens, voilà main gauche,
Tiens, voilà main droite,
main gauche
Tiens, **voilà les deux.**

Face cachée
Le 3.

Grille logique

0
1
0

Le Remplaçant
Sauce a été remplacé par courge.

28 février

L M M J V S D

Le phrasophone

À l'aide du clavier de ce téléphone, sachant qu'une touche peut valoir plusieurs lettres, décodez la séquence de chiffres pour obtenir une citation célèbre.
7835 2784783 82
73747 2832 664 !

Célébrité en désordre

Pouvez-vous retrouver, en agençant les lettres de ces mots autrement (sans tenir compte des coupures entre eux ni des accents), le nom de ce révolutionnaire cubain ?

Sage rénovateur

Mot en serpentin

En utilisant toutes les lettres mais une seule fois, formez un mot en serpentant dans cette grille. Les cases des lettres doivent se toucher par un angle ou un côté.

O	P	E	A
C	S	G	M
O	T	E	N

DOUBLE CHARADE

Deux charades se sont mélangées. Elles vous permettront, une fois recomposées, de trouver deux noms d'auteurs dramatiques.
A. Mon premier n'est pas laid.
B. Il ne faut pas toujours me prendre à mon premier.
C. Mon second se tient sous une halle.
D. Mon second est une plante grimpante.

Faut-il associer A et C, ou A et D ? À vous de chercher...

Solutions aux jeux

Le phrasophone
« Quel artiste va périr avec moi ! » (Néron.)

Célébrité en désordre
Ernesto Guevara.

Double charade
A-C : beau-marché → Beaumarchais.
B-D : mot-lierre → Molière.

Mot en serpentin
Magnétoscope.

29 février

L M M J V S D

Rébus

Quel est le prénom donné par ce rébus ?

 L

Carré de cartes

Complétez ce carré avec les symboles ♠ ♣ ♥ ♦ de telle sorte que chaque symbole se retrouve une et une seule fois par colonne, par ligne et par grande diagonale. Vous découvrirez alors la place des cinq cases à noircir.

			♠	♣
		♠		♥
			♦	
♥	♠			
♦				

Star en désordre

Pouvez-vous retrouver, en agençant les lettres de ces mots autrement (sans tenir compte des coupures entre eux ni des accents), le nom de ce réalisateur italien ?

Record contribuable

Mot logique

Deux cases comprenant une voyelle ne se suivent jamais.	Deux cases contenant une consonne se suivent toujours.	Toutes les lettres de JUSTINE sont utilisées.	T suit S.	N suit I.	E suit T.	S suit N.

À l'aide des indices donnés, placez dans chaque case de la grille ci-dessous une lettre du prénom JUSTINE. Vous pourrez alors découvrir un nouveau mot.

solutions aux jeux

Rébus
Miche L : Michel.

Carré de cartes

■	♥	♦	♠	♣
♣	♦	♠	■	♥
♠	♣	♥	♦	■
♥	♠	■	♣	♦
♦	■	♣	♥	♠

Mot logique

I	N	J	U	S	T	E

Star en désordre
Bernardo Bertolucci.

1 mars

L M M J V S D

CHASSEZ l'intrus

A

B

C

D

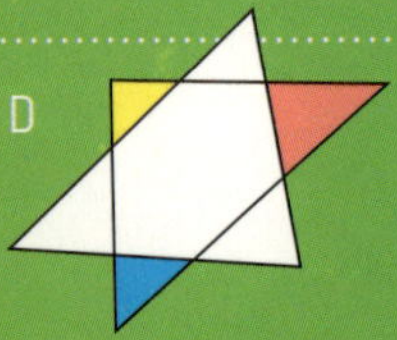

Monsieur et Madame

Monsieur et Madame Chèfermé ont un fils, comment s'appelle-t-il ?

Autoréférence

Par quels chiffres, les plus petits possibles, faut-il remplacer les pointillés pour que le contenu de ce cadre soit parfaitement exact ?

Dans ce cadre il y a :
... fois la lettre A
... fois la lettre E
... fois la lettre L

Grille logique

Deux cases valent 1.	Cette case vaut la somme de ses voisines	Une case vaut 0.	Deux cases voisines n'ont pas la même valeur.

À l'aide des indices de la grille ci-dessus, remplissez la grille ci-dessous.

solutions aux jeux

Chassez l'intrus
La figure A : même en la faisant pivoter, elle ne peut ressembler aux autres.

Monsieur et Madame
Guy... guichet fermé.

Grille logique

1	2	1	0

Autoréférence
Dans ce cadre il y a :
7 fois la lettre A
9 fois la lettre E
8 fois la lettre L

2
mars
L M M J V S D

Star
en désordre

Pouvez-vous retrouver, en agençant les lettres de ces mots autrement (sans tenir compte des coupures entre eux ni des accents), le nom de ce réalisateur italien ?

Nom itinérant

Souvenez-vous...

« Dansons la capucine... »
L'un de ces mots ne fait pas partie de cette ronde, lequel ?
1. nous
2. ma
3. piou
4. voisine
5. pain

Allô
proverbe !

Retrouvez ce proverbe dont quelques mots ont été codés pour être envoyés par SMS. Attention, une même touche peut donner plusieurs lettres (2 pour A, B ou C). À défaut, essayez sur votre portable : il a la réponse !
743773 QUI 76853 N'262773 PAS 668773

Croisons les trous

Pouvez-vous compléter ces mots croisés sans que l'on vous donne les définitions ?

	E		E	S		R	E	■	J
E		I		E	R	■	R	I	O
	I	N	A	■	I	■	E		U
A	L		N	■		A	■	O	R
I	■	T	■		E	N	A		■
N	I	E	■	E	S	A	U	■	H
E	N	■	L	I		■	■	J	E
■	D	A	■		R	I	G	O	U
	R		I	L	E	■	A		R
N	E	E	■	E	■	A	N		E

solutions aux jeux

Star en désordre
Nanni Moretti.

Allô proverbe !
Pierre qui roule n'amasse pas mousse.

Croisons les trous

S	E	M	E	S	T	R	E	■	J
E	X	I	L	E	R	■	R	I	O
M	I	N	A	■	I	■	E	L	U
A	L	U	N	■	M	A	■	O	R
I	■	T	■	S	E	N	A	T	■
N	I	E	■	E	S	A	U	■	H
E	N	■	L	I	T	■	■	J	E
■	D	A	■	G	R	I	G	O	U
A	R	G	I	L	E	■	A	I	R
N	E	E	■	E	■	A	N	E	E

Souvenez-vous...
Le n° 2 :
Dansons la capucine,
Y'a pas de pain chez **nous,**
Y'en a chez la **voisine,**
Mais ce n'est pas pour **nous.**
Piou !
...Y'a pas de vin chez **nous...**
...Y'a pas d'habits chez **nous...**
...Y'a pas de sel chez **nous...**
Dansons la capucine,
Y'a d'la joie chez **nous,**
Bien plus qu'chez la **voisine,**
Car on y rit de tout !
Piou !

3
mars
L M M J V S D

Souvenez-vous...

« Le fermier dans son pré... »
L'une de ces phrases ne fait pas partie de cette ronde, laquelle ?

1. la nourrice prend le chat
2. le fromage est battu
3. l'enfant prend son fromage
4. la femme prend son enfant
5. le fermier prend sa femme

Monsieur
et Madame

Monsieur et Madame Diçoir ont un fils, comment s'appelle-t-il ?

K'z noire

Complétez la grille en y plaçant les cases noires : chaque chiffre indique le nombre de cases noires qui l'entourent, par un angle ou un côté.

1		3	
			2
2			
	3		1

Chaque arbre
cache un chasseur

Les chiffres indiquent le nombre de chasseurs qui se cachent dans la grille. Débusquez-les, sachant que :
Il y a autant d'arbres que de chasseurs. Toute case contenant un chasseur est accolée à une case contenant un arbre.
Deux cases contenant un chasseur ne peuvent se toucher ni par les angles ni par les côtés.

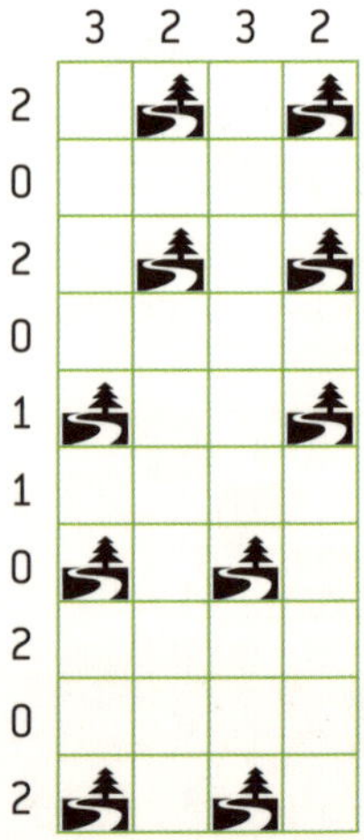

solutions aux jeux

Souvenez-vous...
La n° 3.
Le fermier dans son pré (bis)
Ohé, ohé, ohé
Le fermier dans son pré
Le fermier prend sa femme *(bis)*
Ohé, ohé, ohé
Le fermier prend sa femme
La femme prend son enfant
L'enfant prend sa nourrice
La nourrice prend le chat
Le chat prend la souris
La souris prend le fromage
Le fromage est battu

Chaque arbre cache un chasseur
Annulez les lignes où il n'y a pas de chasseurs et complétez la grille :

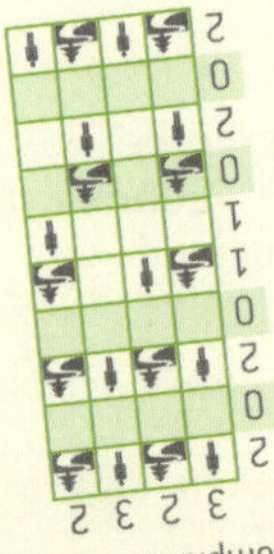

K'z noire

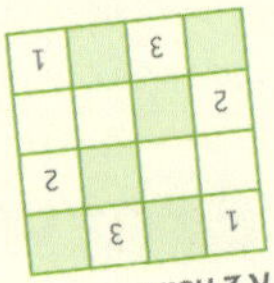

Monsieur et Madame
Alain... à lundi soir !

4 mars

L M M J V S D

Star en désordre

Pouvez-vous retrouver, en agençant les lettres de ces mots autrement (sans tenir compte des coupures entre eux ni des accents), le nom de ce réalisateur italien ?

Offre indicielle

K'z noire

Complétez la grille en y plaçant les cases noires : chaque chiffre indique le nombre de cases noires qui l'entourent, par un angle ou un côté.

	2		1
		2	
2			2
	1		1

Dans l'ordre

Permutez les couleurs de ces figures à partir des indices ci-dessous.

Le jaune est au-dessus du bleu. Deux couleurs ne bougent pas. Le rouge n'est pas en dernière position.

Mots pyramide à l'envers

Reformez quatre mots finissant par ACE. Attention, pour corser le jeu, les indices donnés sont dans le désordre...

Indices : protection, absence au procès, pas tendre, gourmand.

			A	C	E			
				A	C	E		
					A	C	E	
						A	C	E

solutions aux jeux

Star en désordre

Federico Fellini.

Mots pyramide à l'envers

VORACE / CORIACE / CARAPACE / CONTUMACE

gourmand / pas tendre / protection / absence au procès

K'z noire

Dans l'ordre

Jaune

Bleu

Rouge

Noir

5 mars

L M M J V S D

Suite logique

Quels sont les symboles manquants?

♥♠ ♦♠ ♦♣ ??

♦♣ ♥♣ ♥♠ ??

Histoire de famille

J'ai 25 ans alors que ma fille a 7 ans. Dans combien de temps aurai-je trois fois son âge ?

Jeu du dictionnaire

Trouvez cinq mots du dictionnaire, mais sans son aide et le plus rapidement possible, compris entre :

PROGRAMME

et

PRONOSTIC

Mots en losange

Ce sont les mêmes mots à la verticale et à l'horizontale.
En voici les définitions dans l'ordre :
La victoire. – Groupement d'intérêt public. – Celui de Claire est connu. – Prénom. – En vers. – Elle fait les titres. – Fin de départ.

solutions aux jeux

Mots en losange

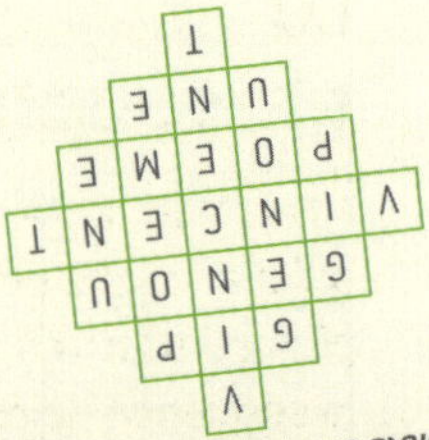

Jeu du dictionnaire

Progrès, prohiber, proie, projecteur, prolétaire, promenade, promesse, prononcer…

Suite logique

Cœur rouge, trèfle noir.
Carreau noir, pique rouge.
Les colonnes échangent leurs symboles et leur couleur, une à une : dans le 2e carré, cœur descend et devient noir pendant que carreau monte et devient rouge ; dans le 3e carré, l'échange se fait entre pique et trèfle…

Histoire de famille

Dans deux ans.
Si x est le nombre d'années, alors :
$25 + x = 3(7 + x)$ donc $25 + x = 21 + 3x$, soit $4 = 2x$.
La solution est $x = 2$.

6 mars

L M M J V S D

HEXASUDOKU

Complétez cette grille par les chiffres de 1 à 6 de telle sorte que chaque chiffre se trouve dans chaque ligne horizontale, chaque diagonale et chaque hexagone.

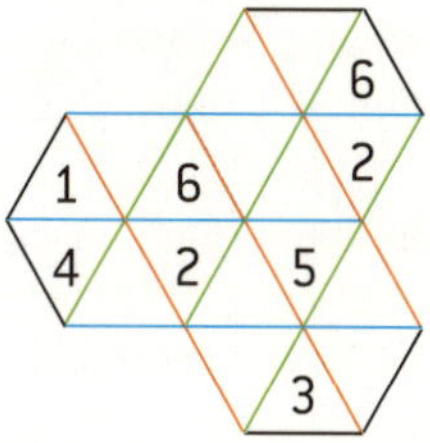

Star en désordre

Pouvez-vous retrouver, en agençant les lettres de ces mots autrement (sans tenir compte des coupures entre eux ni des accents), le nom de ce réalisateur italien ?

Toast créole

Jeu des prénoms

À l'aide des indices, pourrez-vous retrouver quelques Thierry célèbres ?

1 – L'un des footballeurs français les plus titrés.
2 – Un styliste et créateur de parfum français.
3 – Un impertinent animateur de la télévision française.

Le phrasophone

À l'aide de ce clavier, sachant qu'une touche peut valoir plusieurs lettres, décodez la séquence de chiffres pour obtenir une citation célèbre.
2556643 837 74337 36
7767678466 33 866 82747.

solutions aux jeux

Hexasudoku

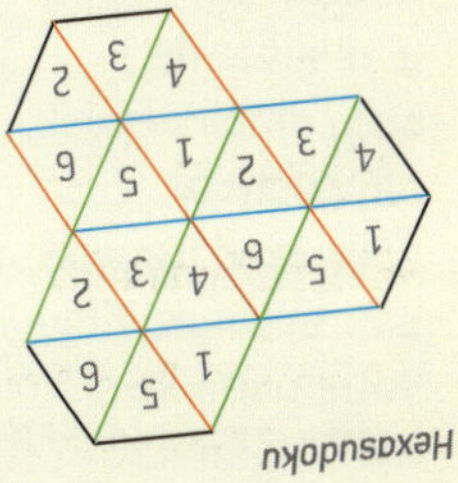

Le phrasophone
« Allonge tes pieds en proportion de ton tapis. »
(Proverbe arabe.)

Jeu des prénoms
1 – Thierry Henry.
2 – Thierry Mugler.
3 – Thierry Ardisson.

Star en désordre
Ettore Scola.

7 mars

L M M J V S D

Mots éventail

Voici quatre mots en éventail à compléter, en retrouvant le début qu'ils ont en commun.

? — set / be / mine / seau

Célébrité en désordre

Pouvez-vous retrouver, en agençant les lettres de ces mots autrement (sans tenir compte des coupures entre eux ni des accents), le nom de cet ancien Premier ministre français ?

Sulfate urbain

La touche finale

Si on compose un mot sur un téléphone portable, il suffit parfois d'appuyer sur une touche de plus pour obtenir un tout autre mot. Retrouvez le résultat de ces combinaisons de touches. Si vous ne trouvez pas, essayez sur votre portable : il a la réponse !

FILM + 6 = ?
ALIBI + 3 = ?

Mots pyramide

Retrouvez quatre mots commençant par COR, mais pour corser le jeu, les indices donnés sont dans le désordre…

Indices : couloir, passereau, nigaud, ensemble.

C	O	R						
C	O	R						
C	O	R						
C	O	R						

solutions aux jeux

Mots éventail
VER

La touche finale
FILM + 6 = Dijon.
ALIBI + 3 = cliché.

Mots pyramide

C	O	R	P	U	S				ensemble
C	O	R	B	E	A	U			passereau
C	O	R	R	I	D	O	R		couloir
C	O	R	N	I	C	H	O	N	nigaud

Célébrité en désordre
Laurent Fabius.

8 mars

L M M J V S D

Rébus

Quel est le prénom donné par ce rébus ?

Maison, maison !

Un extraterrestre s'est perdu. Dès qu'il voit une intersection, il est programmé pour tourner, et s'il a le choix, il prend sur sa gauche. De quel côté doit-il partir pour rejoindre au plus vite sa soucoupe ?

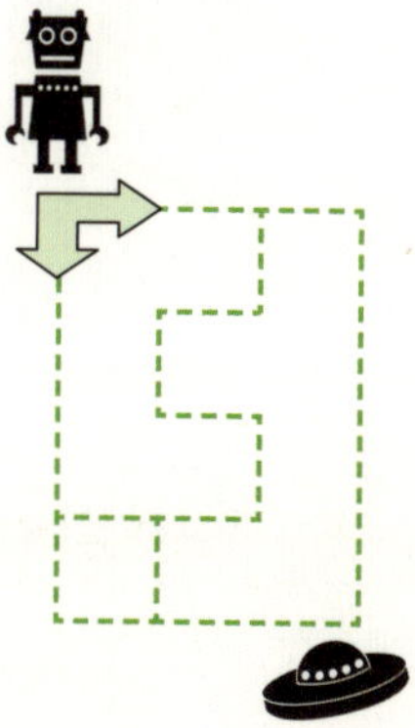

Derrière les tours…

Les tours cachent les résidences qui cachent les maisons individuelles. Attribuez dans la grille la place de chaque type d'habitation, sachant que :

– Chaque flèche vous dirige et vous indique le nombre d'habitations visibles.

– Chaque type d'habitation se trouve dans chacune des lignes et colonnes.

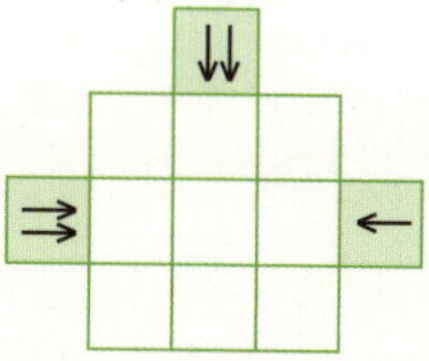

Star en désordre

Pouvez-vous retrouver, en agençant les lettres de ces mots autrement (sans tenir compte des coupures entre eux ni des accents), le nom de cet ingénieur allemand ?

Folle du désir

solutions aux jeux

Rébus
Jus lit : Julie.

Star en désordre
Rudolf Diesel.

Maison, maison !
Il doit partir à la verticale. Il parcourt sept cases au lieu de onze.

Derrière les tours…

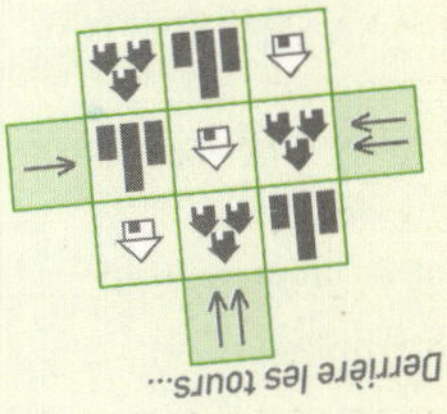

9 mars

L M M J V S D

Célébrité en désordre

Pouvez-vous retrouver, en agençant les lettres de ces mots autrement (sans tenir compte des coupures entre eux ni des accents), le nom de cet ancien Premier ministre français ?

Le barda lourdaud

Monsieur et Madame

Monsieur et Madame Dubol ont une fille, comment s'appelle-t-elle ?

Grille logique

Je vaux la somme des trois autres cases.	Je vaux 4 ou 2.	Je ne vaux ni 4 ni 2.	Il n'y a que deux valeurs dans cette grille.

À l'aide des indices de la grille ci-dessus, remplissez la grille ci-dessous.

Le phrasophone

À l'aide du clavier de ce téléphone, sachant qu'une touche peut valoir plusieurs lettres, décodez la séquence de chiffres pour obtenir une citation célèbre.

53 63 737247 727 764 74 5' 28247 537 7368463687 337 727842854377.

solutions aux jeux

Célébrité en désordre
Édouard Balladur.

Monsieur et Madame
Ella... elle a du bol !

Grille logique

2	2	9	2

Le phrasophone
« Je ne serais pas roi si j'avais les sentiments des particuliers. » (Louis XIII.)

10 mars

L M M J V S D

CHASSEZ l'intrus

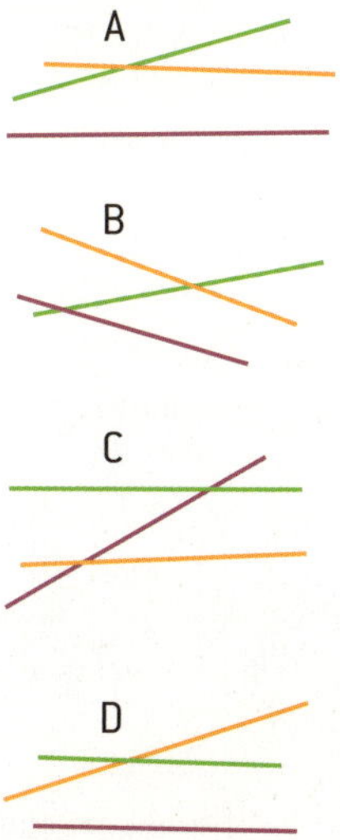

Grille logique

Je vaux la somme des valeurs des autres cases de ma colonne.	Je vaux 1 si mes voisines de gauche et de droite valent 1 sinon je vaux 0.	Je vaux le produit des autres cases de ma ligne.
Je vaux plus que ma voisine de droite.	La somme des valeurs de toutes les cases de cette grille est 6 ; chaque valeur est inférieure ou égale à 1.	Je ne vaux pas plus que ma voisine de gauche.
Je ne vaux pas le produit des valeurs des autres cases de ma colonne.	Je vaux la somme des valeurs des autres cases de ma colonne.	Je vaux la somme des autres valeurs des cases de ma colonne.

Complétez la grille ci-contre à l'aide des indices de la grille ci-dessus.

Mots éventail

Voici quatre mots en éventail à compléter, en retrouvant le début qu'ils ont en commun.

? — cano / dical / prise / dia

Fromage en désordre

Pouvez-vous retrouver, en agençant les lettres de ces mots autrement (sans tenir compte des coupures entre eux ni des accents), le nom de ce fromage ?

Blues de Serbe

solutions aux jeux

Chassez l'intrus
C : le trait orange ne croise pas le trait vert.

Mots éventail
ME

Grille logique

1	1	1
1	0	0
0	1	1

Fromage en désordre
Bleu de Bresse.

11 mars

L M M J V S D

Star en désordre

Pouvez-vous retrouver, en agençant les lettres de ces mots autrement (sans tenir compte des coupures entre eux ni des accents), le nom de cet artiste et inventeur italien?

Le dindon varice

COMBICOLOR

Ces couleurs primaires se combinent pour donner trois couleurs complémentaires

Quel est le triplet de ballons manquant ?

va avec

donc

va avec ?

Border line

Découvrez le motif caché dans cette grille en noircissant ses cases ; chaque chiffre indique le nombre de bordures qui l'entourent.

1		1		0		1
2		2		2		3
2		3		3		2
1		3		3		1

Fête des pères

Quatre filles ont réuni la somme de 100 € pour acheter un cadeau à leur père. La contribution de chacune aurait eu la même valeur si on avait multiplié par 4 la part de la 1re, augmenté de 4 la part de la 2e, diminué de 4 la part de la 3e et divisé par 4 la part de la 4e. Quelle a été la contribution de chacune au cadeau du père ?

solutions aux jeux

Star en désordre

Léonard de Vinci.

Fête des pères

4 €, 12 €, 20 € et 64€.

Le résultat d'un chiffre ou d'un nombre multiplié par 4 est un multiple de 4. Voici le tableau des possibles pour arriver à un total de 100.

	4	8	12	16
1re fille	1	2	3	4
2e fille	0	4	8	12
3e fille	8	12	16	20
4e fille	16	32	48	64
TOTAL	25	50	75	100

Combicolor

Rouge

Jaune, Orange

Le 1er ballon de la base est remplacé par la couleur primaire manquante, le 2e devient sommet et le 2e de la base est leur résultante.

Border line

1		1		0		1
2		2		2		3
2		3		3		2
1		3		3		1

12 mars

L M M J V S D

HEXA-SUDOLETTRES

Complétez cette grille avec les lettres M, A, N, O, I et R, sachant que toutes ces lettres se trouvent dans chaque ligne horizontale, chaque diagonale et chaque hexagone. Un mot doit se lire dans l'une des diagonales.

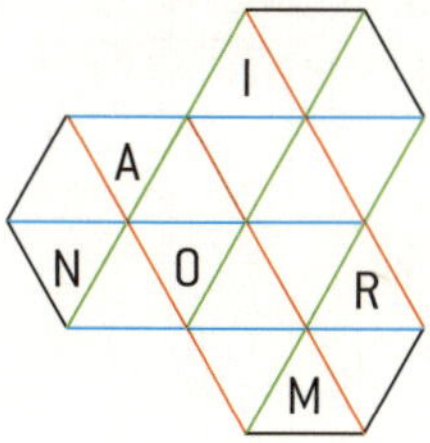

■

■

■

■

■

■

Célébrité en désordre

Pouvez-vous retrouver, en agençant les lettres de ces mots autrement (sans tenir compte des coupures entre eux ni des accents), le nom de cet ancien Premier ministre français ?

Émir clochard

Le phrasophone

À l'aide du clavier de téléphone ci-dessous, sachant qu'une touche peut valoir plusieurs lettres, décodez la séquence de chiffres pour obtenir une citation célèbre.

74 66 63 8388 727 584 3473 52 66883553, 78' 66 52 584 242683 !

Le comble

Quel est le comble pour un plombier ?

solutions aux jeux

Hexasudolettres
Le mot est : ROMAIN.

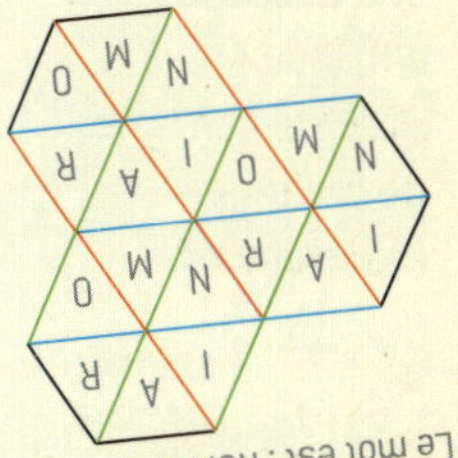

Le phrasophone
« Si on ne veut pas lui dire la nouvelle, qu'on la lui chante ! » (Marie de Médicis.)

Célébrité en désordre
Michel Rocard.

Le comble
C'est de prendre la fuite.

13 mars

L M M J V S D

HA_ _MA_

Rébus

Quel est le prénom donné par ce rébus ?

Mots éventail

Voici quatre mots en éventail à compléter, en retrouvant le début qu'ils ont en commun.

? — sion
? — dule
? — tagone
? — ible

Célébrité en désordre

Pouvez-vous retrouver, en agençant les lettres de ces mots autrement (sans tenir compte des coupures entre eux ni des accents), le nom de cet ingénieur et industriel français ?

Dernier canot

Mots pyramide

Reformez quatre mots commençant par COULL, mais pour corser le jeu, les indices donnés sont dans le désordre...

Indices : sombrer, unité électrique, indulgentes, côté secret.

C	O	U	L					
C	O	U	L					
C	O	U	L					
C	O	U	L					

solutions aux jeux

Rébus
Anges gel : Angèle.

Célébrité en désordre
André Citroën.

Mots pyramide

C	O	U	L	E	R			
C	O	U	L	O	M	B		
C	O	U	L	I	S	S	E	
C	O	U	L	A	N	T	E	S

sombrer / unité électrique / côté secret / indulgentes

Mots éventail
PEN

14 mars

L M M J V S D

LES DOUBLETS

En utilisant les mêmes touches qui ont composé ces deux mots (une même touche peut donner plusieurs lettres), retrouvez leurs doublets à l'aide des indices. Si vous ne trouvez pas, essayez sur votre portable : il a la réponse !

JOHN
Indice : à l'horizon.

CHEF
Indice : pas toute jeune.

Jeu du dictionnaire

Trouvez cinq mots du dictionnaire, mais sans son aide et le plus rapidement possible, compris entre :
HAMBOURG
et
LA HAYE

Fromage en désordre

Pouvez-vous retrouver, en agençant les lettres de ces mots autrement (sans tenir compte des coupures entre eux ni des accents), le nom de ce fromage ?

Deuxième bar

2, 4, 6, 8

Complétez cette grille avec les chiffres 2, 4, 6 et 8 de telle sorte que la somme de chacune des lignes, des colonnes et de la diagonale corresponde au résultat indiqué. Pour vous aider, nous avons placé le 6.

	6		6	= 22
				= 10
			6	= 24
				= 12
= 18	= 20	= 14	= 16	= 8

solutions aux jeux

Les doublets
JOHN -> loin.
CHEF -> âgée.

2, 4, 6, 8

2	6	8	6	= 22
4	2	2	2	= 10
8	8	2	6	= 24
4	4	2	2	= 12
= 18	= 20	= 14	= 16	= 8

Il faut commencer par les résultats particuliers : 8 est le plus petit résultat possible avec ces quatre chiffres : 8 = 2 + 2 + 2 + 2 ; il y aura donc au moins un 2 dans chaque ligne, colonne et diagonale. 22 = 2 + 6 + 8 + 6 ; 16 = 6 + 2 + 6 + 2 ; 24 = 8 + 8 + 2 + 6 ; 14 = 8 + 2 + 2 + 2 ; 10 = 4 + 2 +2 + 2...

Jeu du dictionnaire
Hammamet, Hampshire, Hannibal, Hanoi, Hanovre, Hastings, Haussmann, La Havane, Le Havre, Hawaii...

Fromage en désordre
Brie de Meaux.

15 mars

L M M J V S D

Célébrité en désordre

Pouvez-vous retrouver, en agençant les lettres de ces mots autrement (sans tenir compte des coupures entre eux ni des accents), le nom de ce chimiste suédois ?

Rafle blonde

Souvenez-vous...

« La balle au mur... »
L'une de ces phrases ne fait pas partie de cette comptine, laquelle ?

1. je casse un carreau
2. je lance ma balle
3. et moi je pleurais
4. ma balle tombe
5. un monsieur passe
6. et puis s'en va

CHASSEZ l'intrus

A 

B 

C 

D 

Villes d'Europe

Reconstituez dans cette grille les noms de cinq villes d'Europe. Les lettres se suivent de bas en haut, de gauche à droite ou vice-versa mais jamais en diagonale.

			A	I	X	L			
B	A	R	G	R	U	A	C	H	A
R	O	C	E	L	O	B	E	L	P
E	M	E	E	O	N	S	A	L	E
C	N	E	R	O	L	F	R	T	S

solutions aux jeux

Célébrité en désordre
Alfred Nobel.

Chassez l'intrus
La figure B : même en la faisant pivoter, elle ne peut ressembler aux autres.

Villes d'Europe
FLORENCE BARCELONE
AIX-LA-CHAPELLE
ROME STRASBOURG

Souvenez-vous...
La n° 2.
Je joue à la balle
Contre la muraille
Un peu plus haut
Je casse un carreau
Ma balle tombe
Dans un grand fossé
Un monsieur passe
Il la ramasse
La met dans sa poche
Et puis s'en va
Je rentre chez moi j'ouvre
la porte
Et puis que vois-je ?
Papa lisait
Maman tricotait
Bébé dormait
Et moi je pleurais

16 mars

L M M J V S D

Star en désordre

Pouvez-vous retrouver, en agençant les lettres de ces mots autrement (sans tenir compte des coupures entre eux ni des accents), le nom de cet acteur français ?

La jeune draperie

Carré décalé

Complétez ce carré avec les chiffres de 1 à 5, de telle sorte que chaque chiffre se trouve une et une seule fois dans chaque ligne et dans chaque colonne.

2		4		1	■
■	5		4		2
1		3		■	
	2	■	1		3
			■	5	
	■		3		1

Cinéma en folie

En replaçant dans l'ordre chronologique les films dans lesquels a joué Louis Jouvet, vous découvrirez le nom de celui qui fut son secrétaire particulier pendant trois ans (une lettre a été associée à chaque film).

H – *Une histoire d'amour.*
U – *Volpone.*
N – *Un carnet de bal.*
A – *La Kermesse héroïque.*
I – *Quai des Orfèvres.*
L – *Lady Paname.*
O – *Hôtel du Nord.*

Suite logique

Quels sont les symboles manquants ?

♣♦ ♥♦ ♥♣ ? ?
♦♣ ♦♥ ♣♥ ? ?

solutions aux jeux

Star en désordre
Jean-Pierre Léaud.

Suite logique
Cœur rouge, cœur noir
Cœur noir, cœur rouge
Les trèfles deviennent cœurs, puis les carreaux deviennent trèfles, qui deviennent donc cœurs.

Cinéma en folie
Jean Anouilh.
A – *La Kermesse héroïque* (de Feyder, 1935).
N – *Un carnet de bal* (de Duvivier, 1937).
O – *Hôtel du Nord* (de Carné, 1938).
U – *Volpone* (de Tourneur, 1941).
I – *Quai des Orfèvres* (de Clouzot, 1947).
L – *Lady Paname* (de Jeanson, 1948).
H – *Une histoire d'amour* (de Lefranc, 1951).

Carré décalé

2	3	4	5	1	■
■	5	1	4	3	2
1	4	3	2	■	5
5	2	■	1	4	3
3	1	2	■	5	4
4	■	5	3	2	1

17 mars

L M M J V S D

Mots en carré

Ce sont les mêmes mots à la verticale et à l'horizontale. En voici les définitions dans l'ordre : Brahmanes. – Bouffe ou comique. – Pleurniche. – Prénom russe. – Lucifer.

Star en désordre

Pouvez-vous retrouver, en agençant les lettres de ces mots autrement (sans tenir compte des coupures entre eux ni des accents), le nom de ce chanteur français ?

Caramel ovin

Trou de mémoire

Toutes les voyelles des phrases ci-dessous ont disparu. Remettez-les en place pour reconstituer le titre de deux chansons.

Bsn d rn, nv d t
Qnd l msq st bnn

COMBICOLOR

Ces couleurs primaires se combinent pour donner trois couleurs complémentaires
Quel est le triplet de ballons manquant ?

va avec

donc

va avec ?

solutions aux jeux

Mots en carré

Y	O	G	I	S
O	P	E	R	A
G	E	M	I	T
I	R	I	N	A
S	A	T	A	N

Trou de mémoire
Besoin de rien, envie de toi, Peter et Sloane. Quand la musique est bonne, Jean-Jacques Goldman.

Star en désordre
Marc Lavoine.

Combicolor
Trois ballons jaunes. La couleur primaire manquante compose la nouvelle pyramide inversée.

18

mars

L M M J V S D

Célébrité en désordre

Pouvez-vous retrouver, en agençant les lettres de ces mots autrement (sans tenir compte des coupures entre eux ni des accents), le nom de cet ancien Premier ministre français ?

Embryon radar

Le phrasophone

À l'aide du clavier de téléphone ci-dessus, sachant qu'une touche peut valoir plusieurs lettres, décodez la séquence de chiffres pour obtenir une citation célèbre.

74 66 6887248 666 26387, 66 9 8768837248 47283 53 666 33 225247.

Trou de mémoire

Toutes les voyelles des phrases ci-dessous ont disparu. Remettez-les en place pour reconstituer le titre de deux films.

Ls brnzs fnt d sk

L' brg spgnl

La tête au carré

Complétez ce tableau avec tous les chiffres compris entre 1 et 9 pour que les résultats des opérations des lignes et des colonnes soient justes.

	x		+		=	17
−		+		x		
	+		−		=	0
+		x		/		
	x		/		=	10
=		=		=		
7		39		24		

solutions aux jeux

Célébrité en désordre
Raymond Barre.

Trou de mémoire
Les bronzés font du ski, Patrice Leconte.
L'Auberge espagnole, Cédric Klapisch.

Le phrasophone
« Si on ouvrait mon cœur, on y trouverait gravé le nom de Calais. » (Marie Tudor.)

La tête au carré

2	x	4	+	9	=	17
−		+		x		
1	+	7	−	8	=	0
+		x		/		
6	x	5	/	3	=	10
=		=		=		
7		39		24		

19 mars

L M M J V S D

La touche finale

Si on compose un mot sur un téléphone portable, il suffit parfois d'appuyer sur une touche de plus pour obtenir un tout autre mot. Retrouvez le résultat de ces combinaisons de touches. Si vous ne trouvez pas, essayez sur votre portable : il a la réponse !

CANE + 3 = ?
OEIL + 3 = ?

Star en désordre

Pouvez-vous retrouver, en agençant les lettres de ces mots autrement (sans tenir compte des coupures entre eux ni des accents), le nom de cet acteur français ?

Charme illustre

Météodoku

Complétez cette grille par les différents symboles météorologiques

sachant que tous les symboles se trouvent dans chaque ligne, chaque colonne et chaque rectangle 2 x 3.

Le comble

Quel est le comble pour un boucher ?

solutions aux jeux

Météodoku

La touche finale
CANE + 3 = bande.
OEIL + 3 = Odile.

Le comble
C'est d'être une peau de vache.

Star en désordre
Michel Serrault.

20 mars

L M M J V S D

Célébrité en désordre

Pouvez-vous retrouver, en agençant les lettres de ces mots autrement (sans tenir compte des coupures entre eux ni des accents), le nom de cet homme politique français ?

Masque hindou sanskrit

Suite logique

Quels sont les symboles manquants?

♣♦ ♠♣ ♥♠ ??
♠♥ ♥♦ ♦♣ ??

Monsieur et Madame

Monsieur et Madame Védutrin ont un fils, comment s'appelle-t-il ?

Grille logique

Si une case ne vaut pas 0 alors elle vaut 1.	Si je vaux 1, ma voisine de droite vaut 0, sinon cette voisine vaut 1.	Il y a trois 1 dans la grille.	Je vaux la case précédente plus 1.

À l'aide des indices de la grille ci-dessus, remplissez la grille ci-dessous.

solutions aux jeux

Célébrité en désordre
Dominique Strauss-Kahn.

Monsieur et Madame
Larry... l'arrivée du train.

Grille logique

1	1	0	1

Il faut partir de la dernière case. Or d'après la case n° 1, cette case vaut 1, donc la case précédente vaut 0 et les cases n° 1 et n° 2 valent 1.

Suite logique
Carreau noir, cœur rouge. Trèfle rouge, pique noir. Tous les symboles tournent d'un cran, dans le sens des aiguilles d'une montre, en changeant de couleur : dans le 2e carré, trèfle est passé à droite et est devenu rouge, carreau est descendu et est devenu rouge, cœur est passé à gauche et est devenu noir et pique est remonté en devenant noir.

21 mars

L M M J V S D

Mots éventail

Voici quatre mots en éventail à compléter, en retrouvant le début qu'ils ont en commun.

? — tame / fer / viron / fant

Énigrammes

Sur mes cinq pieds,
sans contredit,
Des jardins,
Tu vois en moi,
le meilleur fruit
À pépins ;
S'il te plaît de
m'ôter le cœur,
Sans douleur,
Je suis un des
trous de ta peau,
Suant l'eau.

Grille logique

Je vaux le nombre de cases qui valent 3.	Je vaux le nombre de cases qui valent 1.	Je vaux le nombre de cases qui valent 0.	Je vaux le nombre de cases qui valent 4.

À l'aide des indices de la grille ci-dessus, remplissez la grille ci-dessous.

Casino

Trois amis, Alban, Barnabé et Chris, sont allés jouer au casino. Ils ont réuni leurs gains, ce qui représente une somme rondelette.
Le plus chanceux a été Alban : il a gagné la moitié de leurs gains plus 1 000 €. Barnabé a gagné la moitié du reste plus 1 000 € et Chris les 2 000 € restants !
Combien ont-ils gagné au total ?

solutions aux jeux

Mots éventail
EN

Énigrammes
Poire et pore.

Grille logique

0	1	2	0

Casino
14 000 € : Alban a gagné 8 000 €, Barnabé 4 000 € et Chris 2 000 €.

22 mars

L M M J V S D

Star en désordre

Pouvez-vous retrouver, en agençant les lettres de ces mots autrement (sans tenir compte des coupures entre eux ni des accents), le nom de cet acteur français ?

Inutile au-delà

Le phrasophone

À l'aide du clavier de ce téléphone, sachant qu'une touche peut valoir plusieurs lettres, décodez la séquence de chiffres pour obtenir une citation célèbre.

2939 5' 6254432623 33 63 366637 52 6246 7687 666837, 227 7687 337236373, 53 63 3327684553724 2436 8688 7385 !

Météodoku

Sachant que durant cinq semaines (du lundi au vendredi), le temps a changé tous les jours et qu'aucune semaine n'a montré la même météo le même jour, complétez la grille avec ○ et les quatre symboles nuageux.

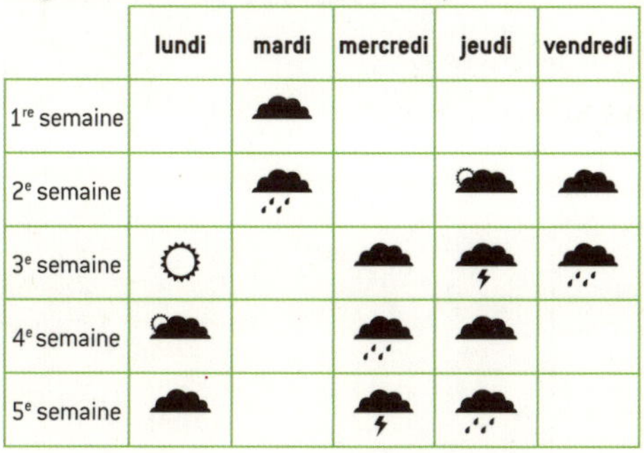

ÉNIGRAMMES

Si je vous dis que je me suis promené et que marchaient devant moi 2 chiens devant 1 chien, 2 chiens derrière 1 chien et 1 chien au milieu, combien voyez-vous de chiens ?

solutions aux jeux

Météodoku

Le phrasophone
« Ayez l'obligeance de me donner la main pour monter, car pour descendre, je me débrouillerai bien tout seul ! » (Thomas More.)

Énigrammes
Il y en a 3 à la queue leu leu.

Star en désordre
Daniel Auteuil.

23 mars

L M M J V S D

Allô proverbe !

Retrouvez ce proverbe dont quelques mots ont été codés pour être envoyés par SMS. Attention, une même touche peut donner plusieurs lettres (2 pour A, B ou C). À défaut, essayez sur votre portable : il a la réponse !

7436 63 SERT 33
268747 45 FAUT
727847 2 POINT.

Fromage en désordre

Pouvez-vous retrouver, en agençant les lettres de ces mots autrement (sans tenir compte des coupures entre eux ni des accents), le nom de ce fromage ?

Format de brume

Mots pyramide

Reformez quatre mots commençant par GRA, mais pour corser le jeu, les indices donnés sont dans le désordre...

Indices : travail de scribe, centurion, inscription, dispute.

G	R	A					
G	R	A					
G	R	A					
G	R	A					

Monsieur et Madame

Monsieur et Madame Stiqué ont une fille, comment s'appelle-t-elle ?

solutions aux jeux

Allô proverbe !
Rien ne sert de courir il faut partir à point.

Fromage en désordre
Fourme d'Ambert.

Monsieur et Madame
Sophie... sophistiqué.

Mots pyramide

G	R	A	D	E			
G	R	A	V	E	R		
G	R	A	B	U	G	E	
G	R	A	F	F	I	T	I

centurion
travail de scribe
dispute
inscription

24 mars

L M M J V S D

Star en désordre

Pouvez-vous retrouver, en agençant les lettres de ces mots autrement (sans tenir compte des coupures entre les mots ni des accents), le nom de cet acteur français ?

Héron garni

Suite logique

Quelle est la paire manquante ?

♦♠

♠♣

♥♦

??

Rébus

Quel est le titre de film illustré par ce rébus ?

au lait

Association géographique

Saurez-vous « rendre à César ce qui appartient à César » ? Pour cela, reliez chaque drapeau à son pays et à sa capitale.

Nouvelle- Zélande		Wellington
Inde		Katmandou
Népal		Rabat
Maroc		New Delhi

solutions aux jeux

Star en désordre
Roger Hanin.

Rébus
Qu'est ce qui peut être noir, blanc ou au lait ?
Le chocolat.

Association géographique
Népal Katmandou
Maroc Rabat
Nouvelle-Zélande Wellington
Inde New Delhi

Suite logique
Trèfle rouge, pique noir.
Les couples sont formés : une figure de la bonne couleur (carreau rouge) et une figure de la mauvaise couleur (cœur noir) ; et on alterne de façon à ce que les couleurs (rouge et noir) soient toujours dans le même ordre.

25
mars
L M M J V S D

Mots
éventail

Voici quatre mots en éventail à compléter, en retrouvant le début qu'ils ont en commun.

? — blesse
? — ria
? — taire
? — vice

Code secret

Retrouvez le code d'ouverture de cette cave, sachant que chaque fois qu'un bon numéro est tapé sur le clavier :
– Une lumière verte s'allume si un numéro est bien placé.
– Une lumière rouge s'allume si un numéro est mal placé.
Les indices en marge vont vous éclairer !

2	7	4	6
1	5	2	6
8	6	1	7
2	4	7	6

? ? ? ?

Star
en désordre

Pouvez-vous retrouver, en agençant les lettres de ces mots autrement (sans tenir compte des coupures entre eux ni des accents), le nom de cet acteur français ?

Un mardi soir

Les deux
font la paire

Reliez chaque variété de fleur à sa signification symbolique.

Amarante o	o Amour fort
Arum rouge o	o Amour éconduit
Bruyère o	o Désir
Camélia blanc o	o Amour naissant
Lilas blanc o	o Amour durable

solutions aux jeux

Mots éventail
NO

Code secret
1 4 7 8

Les deux font la paire
Amarante = amour durable.
Arum rouge = désir.
Bruyère = amour fort.
Camélia blanc = amour éconduit.
Lilas blanc = amour naissant.

Star en désordre
Romain Duris.

26 mars

L M M J V S D

Rébus

Quel est le prénom donné par ce rébus ?

La touche finale

Si on compose un mot sur ce téléphone portable, il suffit parfois d'appuyer sur une touche de plus pour obtenir un tout autre mot. Retrouvez le résultat de ces combinaisons de touches. Si vous ne trouvez pas, essayez sur votre portable : il a la réponse !

BANCS + 4 = ?
BABA + 6 = ?

Pronoms cachés

Remplacez chaque ☺ par un pronom afin de former les mots qui correspondent aux définitions.

Pion : ☺TON

Qualité : VER☺

Récolte : ☺SSON

Canicule : CHA☺

Brillant : ☺SANT

Chaque arbre cache un chasseur

Les chiffres indiquent le nombre de chasseurs qui se cachent dans la grille. Débusquez-les, sachant que : Il y a autant d'arbres que de chasseurs. Toute case contenant un 🚶 est accolée à une case contenant un 🌲. Deux cases contenant un 🚶 ne peuvent se toucher ni par les angles ni par les côtés.

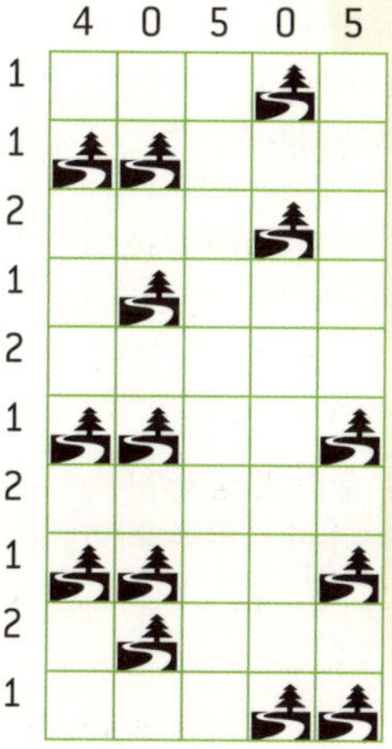

Solutions aux jeux

Rébus
(il) Élit : Élie.

Pronoms cachés
JE-TON. VER-TU. MOI-SSON. CHA-LEUR. LUI-SANT.

La touche finale
BANCS + 4 = canari.
BABA + 6 = cacao.

Chaque arbre cache un chasseur
Annulez les colonnes où il n'y a pas de chasseurs et complétez la grille :

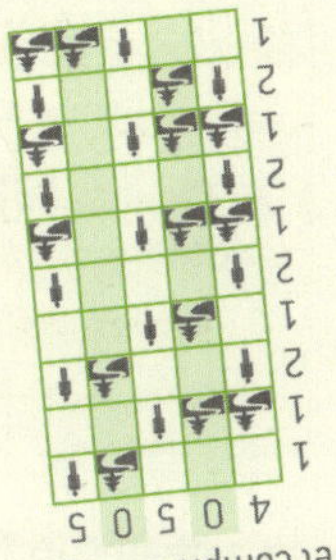

27 mars

L M M J V S D

1 2 3

Sommets en folie

Nous avons associé une lettre à chacun de ces sommets. En les replaçant par ordre croissant de hauteur, vous reconstituerez le nom de l'un des deux premiers alpinistes à avoir vaincu le mont Blanc :

D – K2 (Pakistan).
C – Fuji-Yama (Japon).
A – Mont Olympe (Grèce).
A – Mont Ararat (Turquie).
C – Mont Blanc (France).
P – Vésuve (Italie).
R – Kilimandjaro (Tanzanie).

Opération danger

Quel est le nombre qui se cache derrière la figure « ✧■ », sachant que chaque symbole représente toujours le même chiffre ?

✧ + ■ = ●
✧ x ✧ = ✧
● + ● = ✧■

Mot logique

Deux cases comprenant une consonne ne se suivent jamais.	Trois des voyelles sont sur des cases paires.	Deux cases comprenant une voyelle ne se suivent jamais.	Il y a un O dans cette case.	O suit I.	Le mot finit par E.

À l'aide des indices donnés, placez dans chaque case de la grille ci-dessous une lettre des mots LE COIN. Vous pourrez alors découvrir un prénom.

Star en désordre

Pouvez-vous retrouver, en agençant les lettres de ces mots autrement (sans tenir compte des coupures entre eux ni des accents), le nom de cette chanteuse française ?

Friands à choyer

Solutions aux jeux

Sommets en folie
Paccard (Gabriel-Michel)
P – Vésuve (1 281 m).
A – Mont Olympe (2 917 m).
C – Fuji-Yama (3 776 m).
C – Mont Blanc (4 810 m).
A – Mont Ararat (5 165 m).
R – Kilimandjaro (5 895 m).
D – K2 (8 611 m).

Opération danger
« ✧■ » = 18
1 + 8 = 9
1 x 1 = 1
9 + 9 = 18

Mot logique
N I C O L E

Star en désordre
Françoise Hardy.

28
mars

L M M J V S D

Célébrité en désordre

Pouvez-vous retrouver, en agençant les lettres de ces mots autrement (sans tenir compte des coupures entre eux ni des accents), le nom de cet homme politique français ?

Ocarina surf boy

Rébus contraire

Quel est le titre de film qu'illustre le contraire de ce rébus ?

un jour sans soleil

Mot en serpentin

En utilisant toutes les lettres mais une seule fois, formez un mot en serpentant dans cette grille. Les cases des lettres doivent se toucher par un angle ou un côté.

N	O	G	R
N	U	U	B
I	G	O	

Chamboule-tout

Paul est à la fête foraine. Il s'arrête au stand du chamboule-tout. Chaque joueur reçoit 3 pierres qu'il doit lancer sur la pyramide de cylindres en bois. Dès qu'un joueur réussit à renverser tous les cylindres en bois en un seul jet de pierre, il reçoit 2 nouvelles pierres.

Paul a battu tous les records : il a lancé 27 pierres. Combien de fois a-t-il réussi à renverser la totalité de la pyramide ?

solutions aux jeux

Célébrité en désordre
François Bayrou.

Mot en serpentin
Bourguignon.

Chamboule-tout
Douze fois.
27 – 3 de départ : il a gagné 24 pierres. À raison de 2 pierres à chaque réussite, il a renversé douze fois la pyramide.

Rébus contraire
« Un jour » et « sans soleil » vs *Les Nuits de la pleine lune.*

29 mars

L M M J V S D

Sudoku

Complétez cette grille par les chiffres de 1 à 4 de telle sorte qu'un même chiffre n'apparaisse qu'une et une seule fois dans chacune des lignes et colonnes et dans chaque carré 2 x 2.

1			2
		3	
3			4

Star en désordre

Pouvez-vous retrouver, en agençant les lettres de ces mots autrement (sans tenir compte des coupures entre eux ni des accents), le nom de ce chanteur français ?

Croc jusqu'à dent

Le phrasophone

À l'aide du clavier de téléphone ci-dessous, sachant qu'une touche peut valoir plusieurs lettres, décodez la séquence de chiffres pour obtenir une citation célèbre.

86452 666 268, 86452 62 8383 ; 53 6687724, 6247 53 6687724 7273 !

DOUBLE charade

Deux charades se sont mélangées. Elles vous permettront, une fois recomposées, de trouver deux noms d'oiseaux.

A. Mon premier est un paquet.
B. On a célébré des noces à mon premier.
C. Mon second est une céréale.
D. Mon second peut être de glace.

Faut-il associer A et C, ou A et D ? À vous de chercher...

solutions aux jeux

Sudoku

1	3	4	2
4	2	1	3
2	4	3	1
3	1	2	4

Star en désordre
Jacques Dutronc.

Double charade
A-D : colis-bris → colibri.
B-C : Cana-riz → canari.

Le phrasophone
« Voilà mon cou, voilà ma tête ; je mourrai, mais je mourrai pape ! » (Boniface VIII.)

30 mars

L M M J V S D

Célébrité en désordre

Pouvez-vous retrouver, en agençant les lettres de ces mots autrement (sans tenir compte des coupures entre eux ni des accents), le nom de cette reine de France ?

Un thé de canari

Le phrasophone

À l'aide du clavier de téléphone ci-dessus, sachant qu'une touche peut valoir plusieurs lettres, décodez la séquence de chiffres pour obtenir une citation célèbre.

728647 3477468537 378 53 728647 337 7647.

Rébus

Quel est le prénom donné par ce rébus ?

π R

Grille logique

Il n'y a que deux chiffres impairs dans cette grille.	Je vaux le double de ma voisine de gauche.	Je vaux le double de ma voisine de gauche.	Le chiffre qui se trouve ici est égal à la somme des valeurs des autres cases.

À l'aide des indices de la grille ci-dessus, remplissez la grille ci-dessous.

solutions aux jeux

Célébrité en désordre
Anne d'Autriche.

Grille logique

1	2	4	7

Le phrasophone
« Savoir dissimuler est le savoir des rois. » (Richelieu.)

Rébus
PI R : Pierre.

31 mars

L M M J V S D

Carré magique

Complétez ce carré de telle sorte que des chiffres tous différents soient placés dans la grille et que la somme de chacune des lignes, des colonnes et des grandes diagonales soit égale à 15.

8		
4		2

Qui est le cadet ?

Paul affirme : « La somme de la moitié, du quart et du cinquième de mon âge est 19. » Benoît dit : « La somme du tiers, du sixième et du dixième de mon âge est 18. » Quel est le cadet des deux ?

Star en désordre

Pouvez-vous retrouver, en agençant les lettres de ces mots autrement (sans tenir compte des coupures entre eux ni des accents), le nom de ce groupe de rock ?

Son thon est grillé

Le phrasophone

À l'aide du clavier de téléphone ci-dessous, sachant qu'une touche peut valoir plusieurs lettres, décodez la séquence de chiffres pour obtenir une citation célèbre.

84739 53 743328, 52 32723 378 56833.

solutions aux jeux

Carré magique

8	1	6
3	5	7
4	9	2

Star en désordre

The Rolling Stones.

Le phrasophone

« Tirez le rideau, la farce est jouée. » (Rabelais.)

Qui est le cadet ?

C'est Paul. P = l'âge de Paul, B = l'âge de Benoît.

$1/2\ P + 1/4\ P + 1/5\ P = 19$ donc $10/20\ P + 5/20\ P + 4/20\ P = 19$ donc $19/20\ P = 19$ donc P = 20 ans.

$1/3\ B + 1/6\ B + 1/10\ B = 18$ donc $10/30\ B + 5/30\ B + 3/30\ B = 18$ donc $18/30\ B = 18$ donc B = 30 ans.

1 avril

L M M J V S D

CHASSEZ l'intrus

A

B

C

D

Pronoms cachés

Remplacez chaque ☺ par un pronom afin de former les mots qui correspondent aux définitions.

Tissu ajouré :
DENT☺

Avertissement :
☺MONCE

Suite de noms :
LIS☺

Pourrir :
☺SIR

Patate :
BINT☺

Jeu du dictionnaire

Trouvez cinq mots du dictionnaire, mais sans son aide et le plus rapidement, compris entre : IONESCO et ISABELLE DE BAVIERE

Mots pyramide

Reformez quatre mots commençant par GRA, mais pour corser le jeu, les indices donnés sont dans le désordre...
Indices : élancé, mauvaise cuisine, débris, fruit.

G	R	A					
G	R	A					
G	R	A					
G	R	A					

solutions aux jeux

Chassez l'intrus
La figure C : même en la faisant pivoter, elle ne peut ressembler aux autres.

Pronoms cachés
DENT-ELLE. SE-MONCE. LIS-TE. MOI-SIR. BINT-JE.

Jeu du dictionnaire
Iowa, Ipswich, Irak, Iran, Irkoutsk, Irlande, Iroise, Iroquois, Isaac...

Mots pyramide

G R A I N	fruit
G R A V A T	débris
G R A C I L E	élancé
G R A I L L O N	mauvaise cuisine

2 avril

L M M J V S D

Mots éventail

Voici quatre mots en éventail à compléter, en retrouvant le début qu'ils ont en commun.

? — léfice / rabout / tador / niaque

La touche finale

Si on compose un mot sur un téléphone portable, il suffit parfois d'appuyer sur une touche de plus pour obtenir un tout autre mot. Retrouvez le résultat de ces combinaisons de touches. Si vous ne trouvez pas, essayez sur votre portable : il a la réponse !

CECI + 3 = ?
CLAN + 3 = ?

Star en désordre

Pouvez-vous retrouver, en agençant les lettres de ces mots autrement (sans tenir compte des coupures entre eux ni des accents), le nom de ce groupe anglais ?

Thèse balte

Mots pyramide à l'envers

Reformez quatre mots finissant par ADE. Attention, pour corser le jeu, les indices donnés sont dans le désordre...

Indices : jeu d'esprit, borde souvent les passages couverts, mouvement brusque d'un cheval, grimpette.

		A	D	E			
			A	D	E		
				A	D	E	
					A	D	E

solutions aux jeux

Mots éventail
MA

La touche finale
CECI + 3 = adage.
CLAN + 3 = blâme.

Star en désordre
The Beatles.

Mots pyramide à l'envers

RUADE	mouvement brusque d'un cheval
ARCADE	borde souvent les passages couverts
CHARADE	jeu d'esprit
ESCALADE	grimpette

3 avril

L M M J V S D

Maison, maison !

Un extraterrestre s'est perdu.
Dès qu'il voit une intersection, il est programmé pour tourner, et s'il a le choix, il prend sur sa gauche.
De quel côté doit-il partir pour rejoindre au plus vite sa soucoupe ?

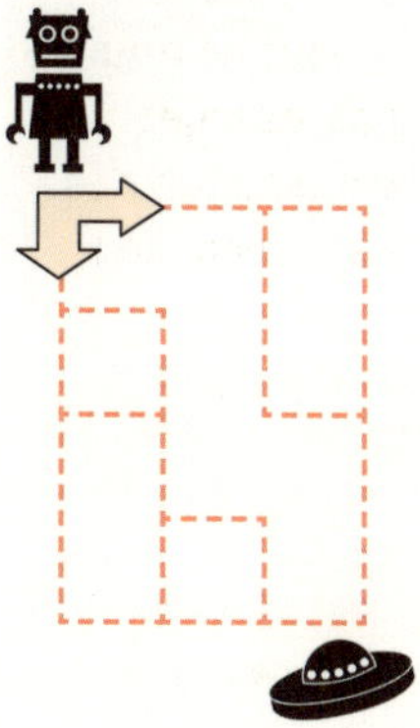

Le comble

Quel est le comble pour un charcutier ?

COMBICOLOR

Ces couleurs primaires (jaune, bleu, rouge) se combinent pour donner trois couleurs complémentaires (vert, violet, orange).
Quel est le triplet de ballons manquant ?

(vert) / (bleu) (jaune) va avec (orange) / (jaune) (rouge)

donc

(vert) / (jaune) (bleu) va avec ?

Chaque arbre cache un chasseur

Les chiffres indiquent le nombre de chasseurs qui se cachent dans la grille. Débusquez-les, sachant que :
Il y a autant d'arbres que de chasseurs. Toute case contenant un (chasseur) est accolée à une case contenant un (arbre).
Deux cases contenant un (chasseur) ne peuvent se toucher ni par les angles ni par les côtés.

Solutions aux jeux

Maison, maison !
Il doit partir à la verticale. De l'autre côté, il va tourner en rond et ne rejoindra jamais sa soucoupe.

Le comble
C'est d'avoir une tête de cochon.

Combicolor
Violet
Bleu, Rouge
Le 2e ballon de la base devient 1er complété par la 3e couleur primaire et la couleur résultante des deux autres comme sommet.

Chaque arbre cache un chasseur

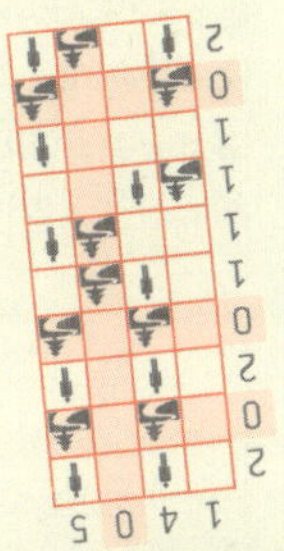

4 avril

L M M J V S D

La France en désordre

Pouvez-vous retrouver, en agençant les lettres de ces mots autrement (sans tenir compte des coupures entre eux ni des accents), le nom de cette ville française ?

Agent de bordel

Son secret

Quel secret unit ces différents éléments ?
Cristal. – À pied. – Racine. – Tapis. – De terre.

Opération codée

Trouvez le numéro de la clé 🔑 qui ouvre le cadenas 🔓, sachant que chaque clé et chaque cadenas a un numéro unique compris entre 1 et 9.

🔑 + 🔑 = 🔓

🔑 x 🔑 = 🔓

Zonages

Sachant que chacun des chiffres indique le nombre de cases de la même couleur qui se touchent (une zone), complétez le coloriage de la grille. Deux zones ayant la même couleur ne peuvent se toucher ni par les côtés ni par les angles.

		2	
2			1
5			2

solutions aux jeux

La France en désordre
Dol-de-Bretagne.

Opération codée
🔑 = 2
🔑 + 🔑 = 🔑 X 🔑 c'est-à-dire que l'on cherche un chiffre représenté par 🔑, dont le carré est égal à la somme.
Les seules solutions sont 🔑 = 2 ou 🔑 = 0.
🔑 est différent de 0 (et 0 est impossible sinon 🔑 = 🔓), donc 🔑 = 2.

Zonages

		2	
2			1
5			2

Son secret
Le son « ver » : le verre de cristal, le verre à pied, le vers de Racine, le tapis vert et le ver de terre.

5 avril

L M M J V S D

Mots en losange

Ce sont les mêmes mots à la verticale et à l'horizontale. En voici les définitions dans l'ordre :
La première. – Il est vital. – Équipai d'un fusil. – Souriant. – Celui du lapin est charnu. – Elle est souvent déserte. – Chute de pierre.

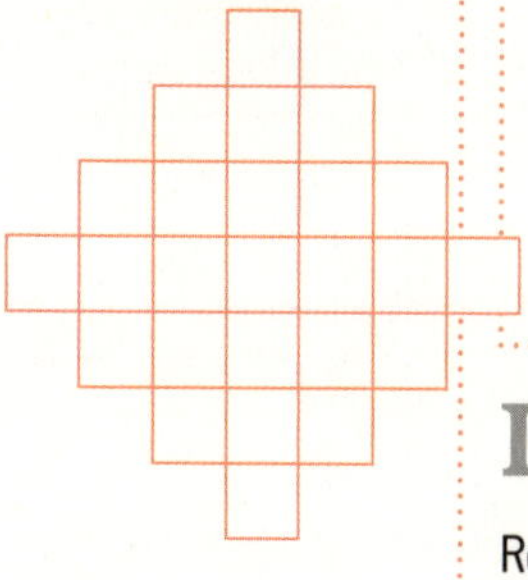

K'z noire

Complétez la grille en y plaçant les cases noires : chaque chiffre indique le nombre de cases noires qui l'entourent, par un angle ou un côté.

	2		2
	3	2	1
2		1	

Les deux font la paire

Reliez chaque matière au nombre d'années de mariage qui lui correspond.

Porcelaine	o	o	25 ans
Émeraude	o	o	5 ans
Bois	o	o	40 ans
Cristal	o	o	15 ans
Argent	o	o	20 ans

Jeu des prénoms

À l'aide des indices, pourrez-vous retrouver quelques David célèbres ?

1 – Le réalisateur de *La Mouche* en 1986.

2 – Un acteur américain célèbre pour son rôle dans *Kung Fu*.

3 – Il peut faire « disparaître » la statue de la Liberté.

solutions aux jeux

Mots en losange

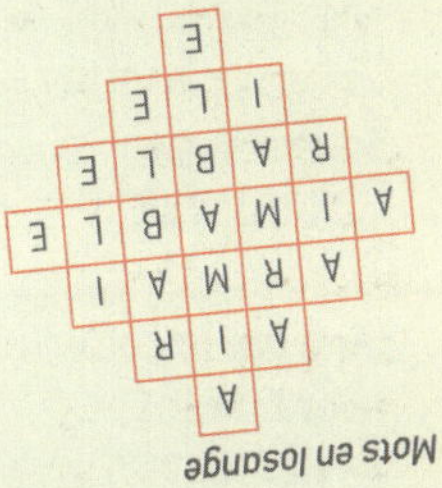

Jeu des prénoms

1 – David Cronenberg.
2 – David Carradine.
3 – David Copperfield.

K'z noire

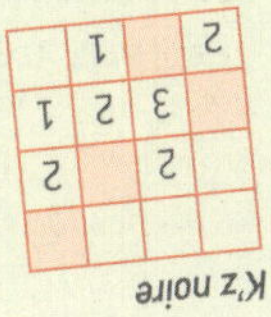

Les deux font la paire

Porcelaine = 20 ans.
Émeraude = 40 ans.
Bois = 5 ans.
Cristal = 15 ans.
Argent = 25 ans.

6 avril

L M M J V S D

Sudolettres

Complétez cette grille par les lettres T, O, R, D, U et E, sachant que toutes les lettres se trouvent dans chacune des lignes et colonnes et dans chaque rectangle de six cases. Vous découvrirez le mot qui se trouve dans la diagonale grisée.

		U	E		R
O	U		R	D	
		O	D		
	T			E	U

Indice : il ne faut pas le faire lorsqu'on écrit une lettre dans cette grille !

Le comble

Quel est le comble pour un prof de maths ?

Pont-levis

En utilisant une seule fois chacune de toutes les lettres ci-dessous, reformez trois mots de huit lettres.

S	B	R	U
P	N	I	O
E	T	L	T

R	U					E	S

La France en désordre

Pouvez-vous retrouver, en agençant les lettres de ces mots autrement (sans tenir compte des coupures entre eux ni des accents), le nom de cette ville française ?

Azur de néon

solutions aux jeux

Sudolettres

E	O	R	T	U	D
T	D	U	E	O	R
D	R	E	U	T	O
O	U	T	R	D	E
U	E	O	D	R	T
R	T	D	O	E	U

Pont-levis

Rustines, ruptures, rubéoles.

La France en désordre

Douarnenez.

Le comble

C'est d'avoir la tête au carré.

7 avril

L M M J V S D

Mots éventail

Voici quatre mots en éventail à compléter, en retrouvant le début qu'ils ont en commun.

? — trouille / gale / vil / gare

Monsieur et Madame

Monsieur et Madame Hervé ont une fille, comment s'appelle-t-elle ?

Mots pyramide

Reformez quatre mots commençant par GRI, mais pour corser le jeu, les indices donnés sont dans le désordre...

Indices : spécialité de vieux singe, clôtures, peut être asiatique ou mexicaine, livre de formules.

G	R	I						
G	R	I						
G	R	I						
G	R	I						

Grille logique

Le chiffre qui est dans cette case est un multiple de 3.	Le chiffre qui est dans cette case n'est pas un multiple de 3.	La valeur de cette case est égale à la moitié de la précédente.	Le chiffre de cette case est un multiple des trois autres, égal à la somme des chiffres des autres cases.

À l'aide des indices de la grille ci-dessus, remplissez la grille ci-dessous.

solutions aux jeux

Mots éventail

CI

Monsieur et Madame

Thérèse... t'es réservé !

Grille logique

3	2	1	6

Mots pyramide

G	R	I	P	P	E			
G	R	I	M	A	C	E		
G	R	I	M	O	I	R	E	
G	R	I	L	L	A	G	E	S

peut être asiatique ou mexicaine
spécialité de vieux singe
livre de formules
clôtures

8 avril

L M M J V S D

La France en désordre

Pouvez-vous retrouver, en agençant les lettres de ces mots autrement (sans tenir compte des coupures entre eux ni des accents), le nom de cette ville française ?

Super corrigé

Mots éventail

Voici quatre mots en éventail à compléter, en retrouvant le début qu'ils ont en commun.

? → caque / ssif / rasme / lgache

Rébus

Quel est le prénom donné par ce rébus ?

1

Déplacements

En respectant les règles de déplacement du cavalier aux échecs, complétez cette grille sachant que :

- Lorsque le cavalier part d'une case, elle prend pour valeur le nombre correspondant au numéro du déplacement qu'il a effectué pour arriver sur cette case : si c'est le 1er déplacement, la case de départ prendra le chiffre 1 ; si c'est le 2e, elle prendra le chiffre 2, etc.
- Le cavalier ne peut s'arrêter qu'une seule fois sur chaque case.

Trois valeurs ont déjà été reportées dans la grille.

	a	b	c	d
1	1			
2				5
3			9	

Solutions aux jeux

La France en désordre
Perros-Guirec.

Déplacements

	a	b	c	d
1	1	4	7	10
2	8	11	2	5
3	3	6	9	12

Ne commencez pas par le 1 ; cherchez l'origine plutôt que la destination. Partez de la case 5 (d2) ; si le cavalier arrive en d2, il vient de b1 ou de b3. S'il vient de b3, b3 = 4, c1 = 3, a2 = 2 (ce qui est impossible avec a1 = 1). S'il vient de b1, b1 = 4, a3 = 3, c2 = 2, a1 = 1 et b3 = 6, c1 = 7. Soit d3 = 8 et c3 différent de 9 ; soit a2 = 8, c3 = 9, d1 = 10, b2 = 11 et d3 = 12.

Mots éventail
MA

Rébus
Juste 1 : Justin.

9 avril

L M M J V S D

Le phrasophone

À l'aide du clavier de téléphone ci-dessus, sachant qu'une touche peut valoir plusieurs lettres, décodez la séquence de chiffres pour obtenir une citation célèbre.

8687 6283487
58778'2 52
873494363
4363728466 33
867 72237.

Célébrité en désordre

Pouvez-vous retrouver, en agençant les lettres de ces mots autrement (sans tenir compte des coupures entre eux ni des accents), le nom de cet homme politique français ?

Insectivore
à noble

BULLETINS trimestriels

Les bulletins trimestriels viennent d'arriver. Pour marquer le coup, le père de famille décide de répartir l'argent de poche entre ses quatre enfants, proportionnellement à leur moyenne générale et non plus suivant leur âge :

Prénom de l'enfant	Âge	Nouvelle attribution	Moyenne trimestrielle
Alice	7 ans	Le quart	?
Max	10 ans	2/5^e	?
Yannick	13 ans	15 %	?
Tom	15 ans	Le reste	?

Sachant que chaque enfant a une moyenne au moins égale à 10/20 et que la meilleure moyenne est 18/20, quelle est la moyenne de chacun, et comment le père s'y est-il pris ?

solutions aux jeux

Bulletins trimestriels

Prénom de l'enfant	Âge	Nouvelle attribution	Le calcul	Moyenne trimestrielle
Alice	7 ans	Le quart	$1/4 = 5/20$	15
Max	10 ans	2/5^e	$2/5 = 8/20$	18
Yannick	13 ans	15 %	$15/100 = 3/20$	13
Tom	15 ans	Le reste	$4/20$	14

Pour trouver la méthode du père, il faut remettre chaque part d'argent de poche sous la même forme (par exemple le même dénominateur). Appelons X la somme totale de l'argent de poche distribué aux quatre enfants et t la part de Tom : $X = 1/4\,X + 2/5\,X + 15/100\,X + t\,X$ ($= X/4 + 2X/5 + 15X/100 + tX$). Cherchons le plus petit dénominateur commun : 20. $1/4 = 5/20$; $2/5 = 8/20$; $15/100 = 3/20$. Donc le père a eu à faire 20 parts pour répartir l'argent de poche : $20/20 = 5/20 + 8/20 + 3/20 + t$ où $t = 20/20 - (5/20 + 8/20 + 3/20) = 4/20$. Ainsi la répartition a été : $20/20\,X = 5/20\,X + 8/20\,X + 3/20\,X + 4/20\,X$. Sachant que chaque moyenne est au moins égale à 10/20, le père a récompensé les enfants en fonction des points au-dessus de 10 (et non pas en fonction de la totalité des points) : il a pris la totalité de l'argent de poche attribué aux enfants, a fait 20 parts et a donné à chacun autant de parts (de 20e) que de points au-dessus de 10 !

Le phrasophone

« Tous maudits jusqu'à la treizième génération de vos races ! » (Jacques de Molay.)

Célébrité en désordre

Olivier Besancenot.

10 avril

L M M J V S D

COMBICOLOR

Ces couleurs primaires (jaune) (bleu) (rouge) se combinent pour donner trois couleurs complémentaires (vert) (violet) (orange)

Quel est la paire de ballons manquant ?

(bleu)
(rouge) (bleu) va avec (jaune) (vert)

donc
(rouge)
(jaune) (rouge) va avec ?

Qui est l'aînée ?

Nathalie dit : « La somme de la moitié, du tiers et du quart de mon âge est 13. » Véronique affirme : « La somme de la moitié, du tiers et du sixième de mon âge est 13. » Qui est l'aînée, et quel âge a chacune des deux femmes ?

Le comble

Quel est le comble pour un pompier ?

Ni 5 ni 0

Aucune des cinq cases ne vaut 0 ou 5.	Je vaux deux fois la valeur de la 3e case.	Les cases de cette grille contiennent toutes des chiffres différents.	Je vaux quatre fois la valeur de la 1re case.	La somme de toutes les cases de cette grille est 20.

À l'aide des indices de la grille ci-dessus, remplissez la grille ci-dessous.

solutions aux jeux

Combicolor

Bleu, violet.

Le 1er ballon de la base est la couleur primaire manquante et le 2e est la résultante de celle-ci et de l'ancien 2e ballon de la base.

Ni 5 ni 0

2	6	3	8	1

Qui est l'aînée ?

Véronique.

N = l'âge de Nathalie,
V = l'âge de Véronique.

$1/2\,N + 1/3\,N + 1/4\,N = 13$
donc $12/24\,N + 8/24\,N + 6/24\,N = 13$ donc $26/24\,N = 13$, donc N = 12 ans.

$1/2\,V + 1/3\,V + 1/6\,V = 13$
donc $3/6\,V + 2/6\,V + 1/6\,V = 13$ donc $6/6\,V = 13$, donc V = 13 ans.

Le comble

C'est de rouler tous feux éteints.

11 avril

L M M J V S D

Star en désordre

Pouvez-vous retrouver, en agençant les lettres de ces mots autrement (sans tenir compte des coupures entre eux ni des accents), le nom de ce réalisateur américain ?

Brevets épinglés

Jeu du dictionnaire

Trouvez cinq mots du dictionnaire mais sans son aide et le plus rapidement possible, compris entre :

JUMEAU
et
JUSTIFICATION

Border line

Découvrez le motif caché dans cette grille en noircissant ses cases ; chaque chiffre indique le nombre de bordures qui l'entourent.

1	2	1	0
1	2	2	2
2	3	2	2
1	1	1	1

Ville mystère

Trouvez les lettres manquantes de ces mots. Reportées dans la colonne, les lettres obtenues formeront le nom d'une ville.

_ E C K ⇒
⇐ N E _ N
J E R _ ⇒
⇐ _ E T I
N _ E L ⇒

Solutions aux jeux

Star en désordre
Steven Spielberg.

Border line

1	2	1	0
1	2	2	2
2	3	2	2
1	1	1	1

Ville mystère
TECK ⇒ T
NEON ⇒ O
JERK ⇒ K
YETI ⇒ Y
NOEL ⇒ O

Jeu du dictionnaire
Jumelle, jungle, junior, jupe, juridique, justice...

12 avril

L M M J V S D

LES DOUBLETS

En utilisant les mêmes touches, vous pouvez composer plusieurs mots différents. Lesquels ? Retrouvez les doublets de ces deux mots en vous aidant des indices. À défaut, essayez sur votre portable : il a la réponse !

NOIR
Indice : oublié.
AERE
Indice : brame.

Star en désordre

Pouvez-vous retrouver, en agençant les lettres de ces mots autrement (sans tenir compte des coupures entre eux ni des accents), le nom de ce chanteur français ?

Le fichu gamin

Mots éventail

Voici quatre mots en éventail à compléter, en retrouvant le début qu'ils ont en commun.

? → gnasse / tane / relire / cket

Mots pyramide

Reformez quatre mots commençant par GRO, mais pour corser le jeu, les indices donnés sont dans le désordre…

Indices : délicieuse en sirop, vulgaire, fan, caverne.

G	R	O						
G	R	O						
G	R	O						
G	R	O						

solutions aux jeux

Les doublets
NOIR → omis.
AERE → cerf.

Mots éventail
TI

Mots pyramide

GROTTE	caverne
GROUPIE	fan
GROSSIER	vulgaire
GROSEILLE	délicieuse en sirop

Star en désordre
Michel Fugain.

13 avril

L M M J V S D

HA_ _MA_

Rébus

Quel est le prénom donné par ce rébus ?

ÉNIGRAMMES

Quel est le nombre qui, multiplié par 4, puis divisé par 2, puis multiplié par 8, puis duquel on a soustrait 30, et puis, enfin, divisé par 10, donne 5 pour résultat ?

Souvenez-vous...

« La p'tite hirondelle... »
L'une de ces phrases ne fait pas partie de cette ronde, laquelle ?
1. la dernière ne passera pas
2. elle nous a volé
3. et nous lui donnerons
4. trois p'tits sacs de blé
5. trois p'tits coups de bâton
6. passe, passera

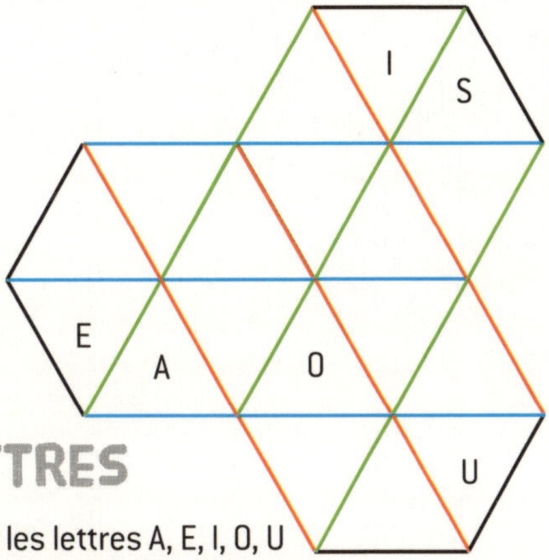

HEXASUDOLETTRES

Complétez cette grille par les lettres A, E, I, O, U et S sachant que toutes ces lettres se trouvent dans chaque ligne horizontale, chaque diagonale et chaque hexagone. Un mot doit apparaître dans l'une des lignes.

solutions aux jeux

Souvenez-vous...
La n° 1.
Passe, passera
La dernière, la dernière
Passe, passera,
La dernière y restera.
Qu'est-ce qu'elle a donc fait la p'tite hirondelle ?
Elle nous a volé
Trois p'tits sacs de blé
Nous la rattrap'rons
La p'tite hirondelle
Et nous lui donnerons
Trois p'tits coups de bâton
Un, deux, trois...

Rébus
Âne Marie : Anne-Marie.

Énigrammes
5

Hexasudolettres

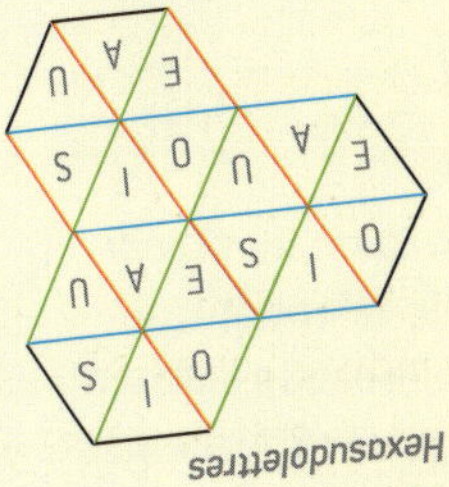

Le mot est : OISEAU.

14
avril
L M M J V S D

Star en désordre

Pouvez-vous retrouver, en agençant les lettres de ces mots autrement (sans tenir compte des coupures entre eux ni des accents), le nom de ce chanteur français ?

Canal de gourou

Le phrasophone

À l'aide du clavier de téléphone ci-dessus, sachant qu'une touche peut valoir plusieurs lettres, décodez la séquence de chiffres pour obtenir une citation célèbre.
8688 378 73738
3677 5'4666387.

Mots éventail

Voici quatre mots en éventail à compléter, en retrouvant le début qu'ils ont en commun.

? gnon
? rage
? tard
? lice

Mots en carré

Ce sont les mêmes mots à la verticale et à l'horizontale.
En voici les définitions dans l'ordre :
Sa clef donne la liberté. – Oiseau nocturne. – Rendu idiot. – Et bouche cousue. – Soutire.

solutions aux jeux

Star en désordre
Claude Nougaro.

Le phrasophone
« Tout est perdu, fors l'honneur. » (François Ier.)

Mots en carré

C	H	A	M	P
H	I	B	O	U
A	B	E	T	I
M	O	T	U	S
P	U	I	S	E

Mots éventail
MI

15 avril

L M M J V S D

CHASSEZ l'intrus

A B C D

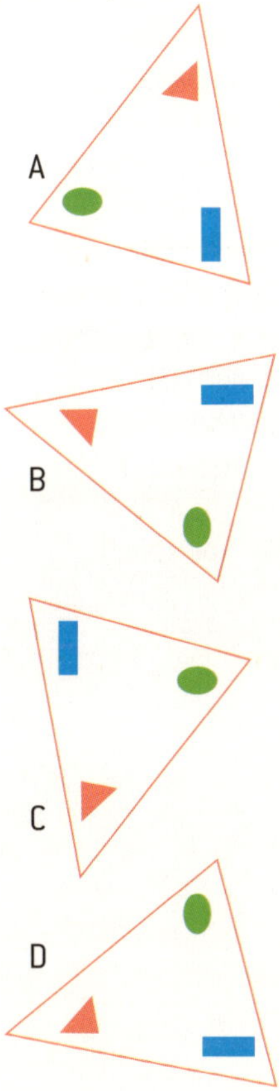

Star en désordre

Pouvez-vous retrouver, en agençant les lettres de ces mots autrement (sans tenir compte des coupures entre eux ni des accents), le nom de ce réalisateur américain ?

Drap maniable

Derrière les tours…

Les tours cachent les résidences qui cachent les maisons individuelles. Attribuez dans la grille la place de chaque type d'habitation, sachant que :
– Chaque flèche vous dirige et vous indique le nombre d'habitations visibles.
– Chaque type d'habitation se trouve dans chacune des lignes et colonnes.

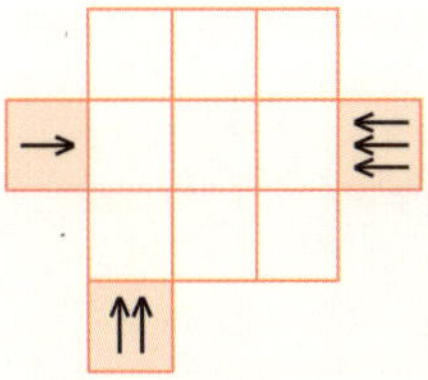

Monsieur et Madame

Monsieur et Madame Dipa ont un fils, comment s'appelle-t-il ?

Solutions aux jeux

Chassez l'intrus
La figure D : même en la faisant pivoter, elle ne peut ressembler aux autres.

Star en désordre
Brian de Palma.

Derrière les tours…

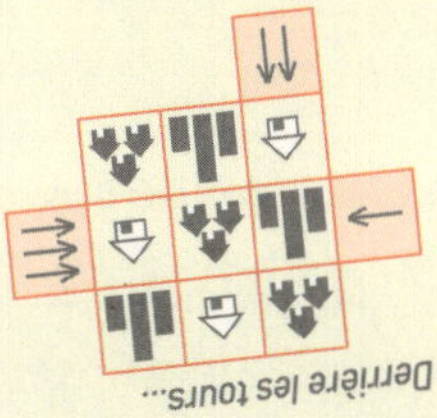

Monsieur et Madame
Sam… ça m'dit pas !

16 avril

L M M J V S D

Mots éventail

Voici quatre mots en éventail à compléter, en retrouvant le début qu'ils ont en commun.

? → teil / né / dinaire / gane

Star en désordre

Pouvez-vous retrouver, en agençant les lettres de ces mots autrement (sans tenir compte des coupures entre eux ni des accents), le nom de ce chanteur français?

Cire de ranch

Allô 007 !

Votre mission : découvrir le nom d'une ville française grâce aux trois indices chiffrés. Décodez-les à l'aide du clavier de ce téléphone et en sachant qu'une même touche peut donner plusieurs lettres (exemple : 2 pour A, B ou C...). À défaut, essayez sur votre portable : il a la réponse !

227768538
84553 7673
6684276

Mots pyramide

Reformez quatre mots commençant par MARA, mais pour corser le jeu, les indices donnés sont dans le désordre...

Indices : rapine, quartier de Paris, devin, instruments de musique.

M	A	R	A					
M	A	R	A					
M	A	R	A					
M	A	R	A					

solutions aux jeux

Mots éventail
OR

Mots pyramide

M	A	R	A	I	S				quartier de Paris
M	A	R	A	C	A	S			instruments de musique
M	A	R	A	B	O	U	T		devin
M	A	R	A	U	D	A	G	E	rapine

Allô 007 !
Toulouse
Les trois indices sont : cassoulet, Ville rose et Nougaro.

Star en désordre
Éric Charden.

Rébus contraire

Quel est le titre de film qu'illustre le contraire de ce rébus ?

DOUBLE charade

Deux charades se sont mélangées. Elles vous permettront, une fois recomposées, de trouver deux noms de légumes.
A. Mon premier tient fermement.
B. Mon premier est le mari de ma mère.
C. Mon second orne l'œil.
D. Mon second, par 1 000, est un gâteau.
Faut-il associer A et C, ou A et D ? À vous de chercher…

La cible

En tirant successivement une flèche dans chacune des cibles, vous devez obtenir un score de 21 points. Retrouvez la valeur exacte de chaque cible.

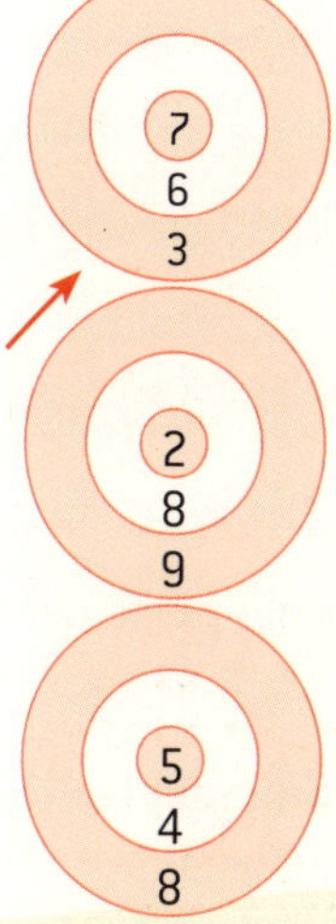

Villes d'Europe

Reconstituez dans cette grille les noms de cinq villes d'Europe. Les lettres se suivent de bas en haut, de gauche à droite ou vice-versa mais jamais en diagonale.

			E	R	E	S			
R	V	L	L	D	N	O	L	G	E
E	I	I	M	M	E	N	N	E	N
T	N	T	I	A	S	S	O	V	E
S	E	H	C	N	A	C	R	A	C

solutions aux jeux

Rébus contraire
« Une femme » et « trois couffins » vs Trois hommes et un couffin.

Double charade
A-D : serre-feuille → cerfeuil.
B-C : père-cil → persil.

Villes d'Europe
GENEVE MANCHESTER
LONDRES VINTIMILLE
CARCASSONNE

La cible
7 + 9 + 5 = 21

18 avril

L M M J V S D

Star en désordre

Pouvez-vous retrouver, en agençant les lettres de ces mots autrement (sans tenir compte des coupures entre eux ni des accents), le nom de ce chanteur français ?

Hache du timide

Histoire d'âges

Dans deux ans, ma fille aura deux fois l'âge de son frère alors qu'il y a deux ans elle avait quatre fois son âge. Quel est l'âge de ma fille aujourd'hui ?

Replace-lettres

Remplissez la grille pour reformer quatre mots de six lettres à l'aide des indices suivants : évier, aigle, coupe, approche.

A B

C D

Grille logique

Je vaux la somme des valeurs des deux dernières cases.	Tous les chiffres de cette grille sont différents et supérieurs à 1.	Je vaux la somme des valeurs des deux cases autour de moi.	Tous les chiffres de cette grille sont des nombres premiers.

À l'aide des indices de la grille ci-dessus, remplissez la grille ci-dessous.

solutions aux jeux

Star en désordre

Mathieu Chédid.

Replace-lettres

LAVABO, SCINDE, RAPACE, ABORDE.

Histoire d'âges

10 ans.

Soit A l'âge de mon fils il y a deux ans : l'âge de ma fille était alors 4 A. Dans deux ans, l'âge de mon fils sera A + 4, et celui de ma fille sera à la fois 4 A + 4 (d'après son âge d'il y a deux ans) et 2 (A + 4) d'après l'énoncé. 2 (A + 4) = 4 A + 4 donc 2 A + 8 = 4 A + 4 ; 2 A = 4. Mon fils avait donc 2 ans il y a deux ans, et ma fille 8 ans ; elle a donc 10 ans aujourd'hui ; elle aura 12 ans dans deux ans et son frère aura 6 ans.

Grille logique

7	3	5	2

19 avril

L M M J V S D

Illikodoku

Complétez cette grille par des chiffres de 1 à 9 sachant que tous ces chiffres se trouvent dans chaque colonne et dans chaque carré 3 x 3.

8		3
2	4	
	7	1
		4
3	6	
7	2	8
4	3	
1	8	2
9		7

Le comble

Quel est le comble pour un comptable?

Pronoms cachés

Remplacez chaque ☺ par un pronom afin de former les mots qui correspondent aux définitions.

Rongeur :
☺ PIN

Fête gourmande :
CHANDE ☺

Attentif à ses affaires :
☺ GNEUX

Bel arbre :
CHAR ☺

Nettoyage :
☺ SIVE

CHASSEZ l'intrus

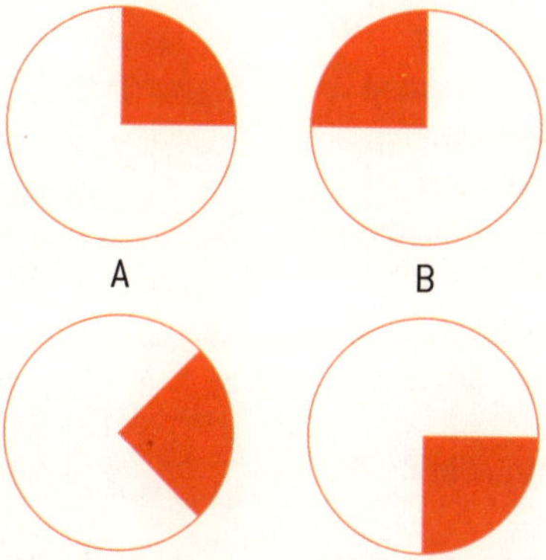

solutions aux jeux

Illikodoku

8	9	3
2	4	5
6	7	1
5	1	4
3	6	9
7	2	8
4	3	6
1	8	2
9	5	7

Chassez l'intrus
B : le quart ne concerne pas la moitié droite du cercle.

Pronoms cachés
LA-PIN. CHANDE-LEUR. SOI-GNEUX. CHAR-ME. LES-SIVE.

Le comble
C'est d'aimer les contes de fées.

20 avril

L M M J V S D

Derrière les tours…

Les tours cachent les résidences qui cachent les maisons individuelles. Attribuez dans la grille la place de chaque type d'habitation, sachant que :
– Chaque flèche vous dirige et vous indique le nombre d'habitations visibles.
– Chaque type d'habitation se trouve dans chacune des lignes et colonnes.

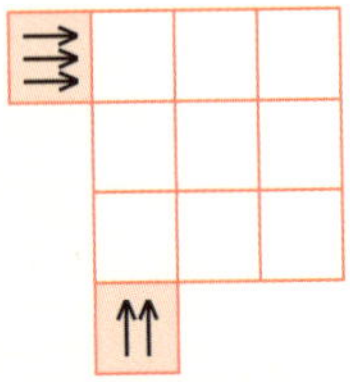

Star en désordre

Pouvez-vous retrouver, en agençant les lettres de ces mots autrement (sans tenir compte des coupures entre eux ni des accents), le nom de ce chanteur français ?

Souhait bergamote

Grimper de corde à nœuds

La pénible épreuve de grimper de corde à nœuds a lieu aujourd'hui en éducation physique. C'est une épreuve chronométrée : 3 m en moins de 2 min ; il y a un nœud tous les 60 cm ; le dernier se trouvant à 3 m. Nadine est peu sportive : elle monte péniblement 2 nœuds en 20 s. Mais ce stade atteint, ses mains glissent ensuite à chaque fois jusqu'au nœud du dessous où elle se repose 5 s avant de repartir. Peut-elle réussir l'épreuve ?

JUGEMENT de valeur

Chaque arbre représente toujours la même valeur, mais laquelle ?

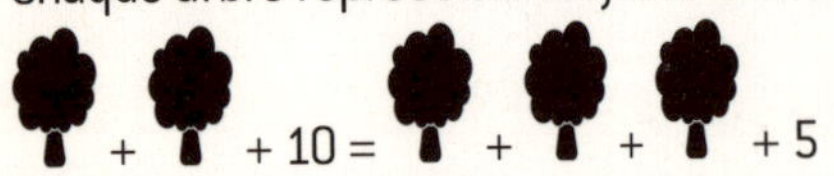

solutions aux jeux

Derrière les tours…

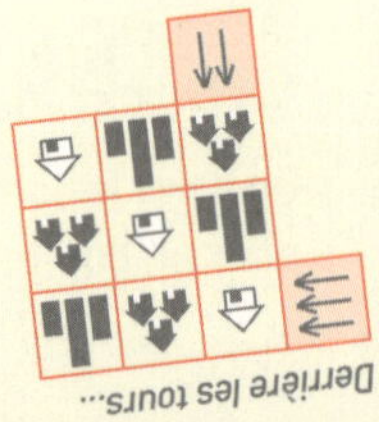

Grimper de corde à nœuds
Oui, elle met 95 s, soit 1 min et 35 s. Elle met effectivement 25 s pour 1 nœud. Donc elle va mettre 3 x 25 s = 75 s pour atteindre le nœud « 1,80 m » et 20 s pour les derniers 1,20 m et peu importe si elle glisse aussitôt le nœud des 3 m atteint !

Jugement de valeur
5.
Soit X = 1 arbre.
3 X – 2 X = 10 – 5 = 5.

Star en désordre
Mathieu Boogaerts.

21 avril

L M M J V S D

Carré décalé

Complétez ce carré avec les chiffres 1, 2, 3 et 4 de telle sorte que chaque chiffre se trouve une et une seule fois par colonne, par ligne et par grande diagonale. Vous trouverez alors la place des cases noires.

		1	2	
	4			
■			3	
	3			2
4				

La touche finale

Si on compose un mot sur un téléphone portable, il suffit parfois d'appuyer sur une touche de plus pour obtenir un tout autre mot. Retrouvez le résultat de ces combinaisons de touches. Si vous ne trouvez pas, essayez sur votre portable : il a la réponse !

ABBE + 5 = ?
AMER + 1 = ?

Mots éventail

Voici quatre mots en éventail à compléter, en retrouvant le début qu'ils ont en commun.

? → he / on / eur / ale

Mots pyramide

Reformez quatre mots commençant par MIN, mais pour corser le jeu, les indices donnés sont dans le désordre…

Indices : seuil, menu, médiocres, fille de Jupiter.

M	I	N					
M	I	N					
M	I	N					
M	I	N					

solutions aux jeux

Carré décalé

3	■	1	2	4
2	4	3	1	■
■	2	4	3	1
1	3	■	4	2
4	1	2	■	3

Mots pyramide

MINCE – menu
MINIMA – seuil
MINERVE – fille de Jupiter
MINABLES – médiocres

La touche finale

ABBE + 5 = Babel.
AMER + 1 = André.

Mots éventail

MENT

22 avril

L M M J V S D

Star en désordre

Pouvez-vous retrouver, en agençant les lettres de ces mots autrement (sans tenir compte des coupures entre eux ni des accents), le nom de ce chanteur français ?

Cobra linguiste

____

____

____

ÉNIGRAMMES

Je suis le nid
de l'aigle, ainsi
que du vautour ;
En mélangeant
mes pieds,
tu donneras le jour,
À ce poisson
de mer, à la chair
estimée,
Telle, entre
les sillons, cette
ligne tracée.

Suite logique

Quelle est la paire manquante ?

♦♣

♣♥

♥♠

?

Mot logique

Deux cases comprenant une consonne ne se suivent jamais.	A et O sont dans des cases paires.	Il y a un N dans cette case.	Toutes les lettres de MARION sont utilisées.	R suit N.	Le mot finit par une consonne.

À l'aide des indices donnés, placez dans chaque case de la grille ci-dessous une lettre du prénom MARION. Vous pourrez alors découvrir un nouveau mot.

solutions aux jeux

Star en désordre
Louis Bertignac.

Mot logique

M	A	N	O	I	R

Énigrammes
Aire et raie.

Suite logique
Pique noir, carreau rouge. Le 2e définit le 1er de la paire suivante et les couleurs alternent : carreau trèfle, trèfle cœur, cœur pique donc pique carreau.

23 avril

L M M J V S D

Jeu des prénoms

À l'aide des indices, pourrez-vous retrouver quelques Hélène célèbres ?

1 – Une joueuse de tennis russe qui a gagné la médaille d'or aux jeux Olympiques de Pékin.
2 – Une navigatrice britannique.
3 – Une chanteuse qui se fit connaître en incarnant Esmeralda.

La tête au carré

Complétez ce tableau avec tous les chiffres compris entre 1 et 9 pour que les résultats des opérations des lignes et des colonnes soient justes.

	+		x		=	44
–		+		x		
	x		/		=	3
–		x		+		
	x		–		=	4
=		=		=		
0		11		18		

Allô 007 !

Votre mission : découvrir le nom d'une ville française grâce aux trois indices chiffrés. Décodez-les à l'aide du clavier de ce téléphone et en sachant qu'une même touche peut donner plusieurs lettres (exemple : 2 pour A, B ou C...). À défaut, essayez sur votre portable : il a la réponse !

5'2852684783
787 53 7668
537 3827

Monsieur et Madame

Monsieur et Madame Jedorpa ont une fille, comment s'appelle-t-elle ?

solutions aux jeux

Jeu des prénoms
1 – Elena Dementieva.
2 – Ellen MacArthur.
3 – Hélène Ségara.

Monsieur et Madame
Sandra... sans drap je dors pas !

Allô 007 !
Nantes
Les trois indices sont : l'Atlantique, sur le pont et les ducs.

La tête au carré

9	+	7	x	5	=	44
–		+		x		
6	x	1	/	2	=	3
–		x		+		
3	x	4	–	8	=	4
=		=		=		
0		11		18		

24 avril
L M M J V S D

Star en désordre

Pouvez-vous retrouver, en agençant les lettres de ces mots autrement (sans tenir compte des coupures entre eux ni des accents), le nom de ce musicien jamaïcain ?

Lobby armé

Zonages

Sachant que chacun des chiffres indique le nombre de cases de la même couleur qui se touchent (une zone), complétez le coloriage de la grille. Deux zones ayant la même couleur ne peuvent se toucher ni par les côtés ni par les angles.

		2	
		3	
3		4	

Le phrasophone

À l'aide du clavier de téléphone ci-dessus, sachant qu'une touche peut valoir plusieurs lettres, décodez la séquence de chiffres pour obtenir une citation célèbre.

868837 537 3647 783 86873 6253783 2733 86 633423, 45 73 876883 86 46232453 7687 5'2243837.

Le cadeau du frère

Avec leurs économies, trois sœurs achètent un cadeau à leur frère. Ému, le frère s'inquiète du coût de son cadeau. L'aînée le rassure : « Je ne peux pas te dire le prix de ton cadeau, mais sache que j'ai mis deux fois plus que mes petites sœurs et que le produit du montant de nos économies ne s'élevait qu'à 24. » Le frère sourit : il connaît le prix de son cadeau. Et vous ?

solutions aux jeux

Star en désordre
Bob Marley.

Zonages

		2	
		3	
3		4	

Le phrasophone
« Toutes les fois que Votre Majesté crée un office, il se trouve un imbécile pour l'acheter. » (Comte de Pontchartrain.)

Le cadeau du frère
12 €.
La seule combinaison de trois nombres dont le produit est 24 et dont l'un des nombres est égal à deux fois la somme des deux autres est (1, 3, 8) ; leur somme est égale à 12.

25 avril

L M M J V S D

Mots éventail

Voici quatre mots en éventail à compléter, en retrouvant le début qu'ils ont en commun.

? — bit / gage / but / bat

Son secret

Quel secret unit ces différents éléments ?
Vache. – Moche. – Truie. – Marie de France.

ÉNIGRAMMES

Je suis, ami lecteur, un beau département,
Que tu pourras trouver, je crois, facilement,
Lorsque je t'aurai dit, autrement, que je suis
Soit la pointe du jour, soit un blanc vêtement.

HEXAKOLORUDOKU

Chaque couleur doit se trouver dans chaque double ligne horizontale, chaque diagonale et chaque hexagone de six triangles.

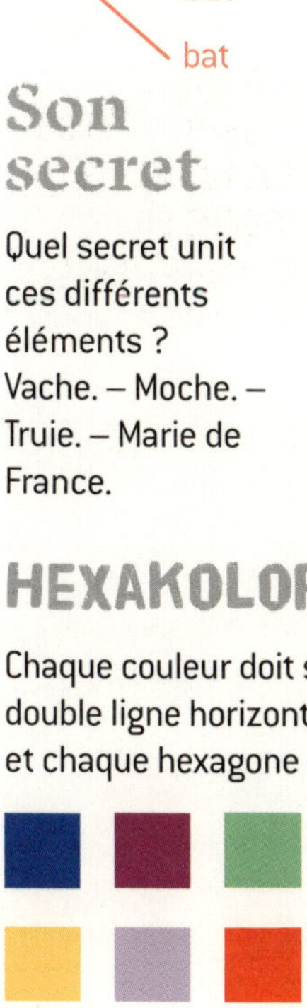

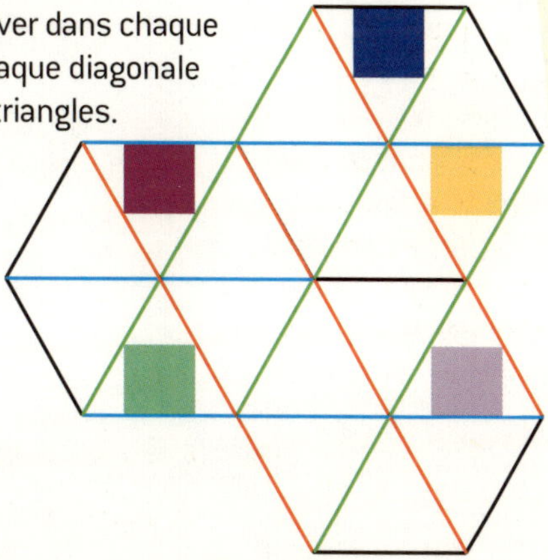

solutions aux jeux

Mots éventail
DE

Son secret
Le son « lai » : le lait, laid, la laie, les lais.

Énigrammes
L'aube.

Hexakolorudoku

26 avril

L M M J V S D

Rébus

Quel est le prénom donné par ce rébus ?

...+ 1000

Le phrasophone

À l'aide du clavier de téléphone ci-dessous, sachant qu'une touche peut valoir plusieurs lettres, décodez la séquence de chiffres pour obtenir une citation célèbre.

7267 52 5423783
33 252637, 45
6' 378 76468
3' 35643 35288387.

CHASSEZ l'intrus

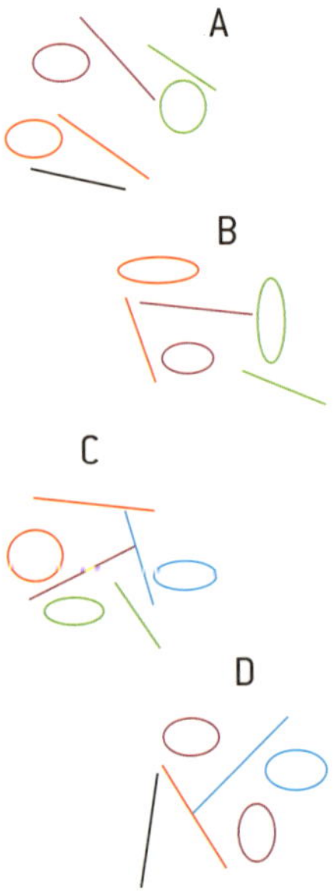

Mots pyramide

Reformez quatre mots commençant par MON, mais pour corser le jeu, les indices donnés sont dans le désordre...

Indices : assemblage, tocante, homme, rois.

M	O	N						
M	O	N						
M	O	N						
M	O	N						

solutions aux jeux

Rébus
Et mille : Émile.

Chassez l'intrus
D : le cercle rose est le seul à ne pas avoir de trait associé de sa couleur.

Le phrasophone
« Sans la liberté de blâmer, il n'est point d'éloge flatteur. » (Beaumarchais, *Le Mariage de Figaro*.)

Mots pyramide

MONTRE	tocante
MONTAGE	assemblage
MONSIEUR	homme
MONARQUES	rois

1

27 avril

2

3

L M M J V S D

Célébrité en désordre

Pouvez-vous retrouver, en agençant les lettres de ces mots autrement (sans tenir compte des coupures entre eux ni des accents), le nom de cette célébrité ?

Le tailleur Tergal

COMBICOLOR

Ces couleurs primaires se combinent pour donner trois couleurs complémentaires

Quel est le ballon manquant ?

va avec

donc

va avec ?

Monsieur et Madame

Monsieur et Madame Venretar ont un fils, comment s'appelle-t-il ?

Grille logique

Tous les chiffres de cette grille sont des nombres premiers.	Je vaux la différence des valeurs des deux cases qui m'entourent.	Je vaux la somme des valeurs des deux cases qui m'entourent.	Tous les chiffres de cette grille sont inférieurs à 5.

À l'aide des indices de la grille ci-dessus, remplissez la grille ci-dessous.

Solutions aux jeux

Célébrité en désordre
Arlette Laguiller.

Grille logique

1	2	3	1

Combicolor
Bleu. La couleur primaire qui n'est pas concernée.

Monsieur et Madame
Harry... arrive en retard.

28 avril

L M M J V S D

Rébus contraire

Quel est le titre de film qu'illustre le contraire de ce rébus ?

20 h 30 : 40°

Chasse aux papillons !

Céline et Maeva ne sont pas en forme aujourd'hui ! Céline met 8 min à capturer 4 papillons, Maeva met le double de temps. À ce rythme, combien de temps vont-elles mettre, à elles deux, à capturer 50 papillons ?

Star en désordre

Pouvez-vous retrouver, en agençant les lettres de ces mots autrement (sans tenir compte des coupures entre eux ni des accents), le nom de ce chanteur américain ?

Western Vidéo

Mot en serpentin

En utilisant toutes les lettres mais une seule fois, formez un mot en serpentant dans cette grille. Les cases des lettres doivent se toucher par un angle ou un côté.

I	C	O	T
H	L	P	E
E	E	R	

solutions aux jeux

Rébus contraire
« 40° le soir » vs 37,2° le matin.

Star en désordre
Stevie Wonder.

Mot en serpentin
Hélicoptère.

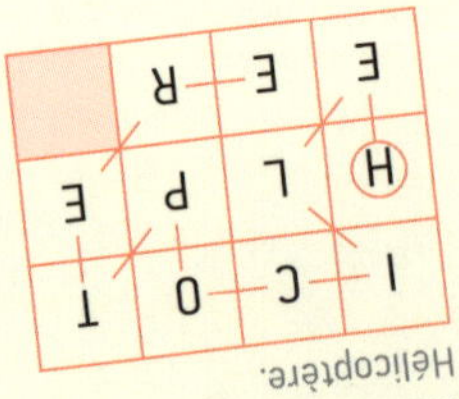

Chasse aux papillons !
1 h 8 min ! En 8 min, elles capturent ensemble 6 papillons. En 64 min, 48 papillons ; en 68 min, 51 (soit un papillon de plus).

29 avril

L M M J V S D

Illikodoku

Complétez cette grille par des chiffres de 1 à 9 sachant que tous ces chiffres se placent dans chaque colonne et dans chaque carré 3 x 3.

	4	1
7	9	6
8		3
2	7	4
1	3	
	6	8
4	1	
6		7
3	8	

DOUBLE charade

Deux charades se sont mélangées. Elles vous permettront, une fois recomposées, de trouver deux noms de légumes.

A. Mon premier est une note de musique.
B. Mon premier est une lettre.
C. Mon second est une sorte de peur.
D. Mon second a donc fini son biberon.

Faut-il associer A et C, ou A et D ? À vous de chercher...

Rendre à César...

Reliez chaque film à son réalisateur et à l'un de ses comédiens.

Réalisateur	Film	Comédien
Verneuil o	*Tchao Pantin* o	Coluche o
Besson o	*À bout de souffle* o	Delon o
Godard o	*Le Clan des Siciliens* o	Belmondo o
Berri o	*Nikita* o	Parillaud o

solutions aux jeux

Illikodoku

5	4	1
7	9	6
8	2	3
2	7	4
1	3	5
9	6	8
4	1	2
6	5	7
3	8	9

Rendre à César...

Jean-Luc Godard – *À bout de souffle* – Jean-Paul Belmondo.

Luc Besson – *Nikita* – Anne Parillaud.

Claude Berri – *Tchao Pantin* – Coluche.

Henri Verneuil – *Le Clan des Siciliens* – Alain Delon.

Double charade

A-C : si-trouille → citrouille.

B-D : K-rote → carotte.

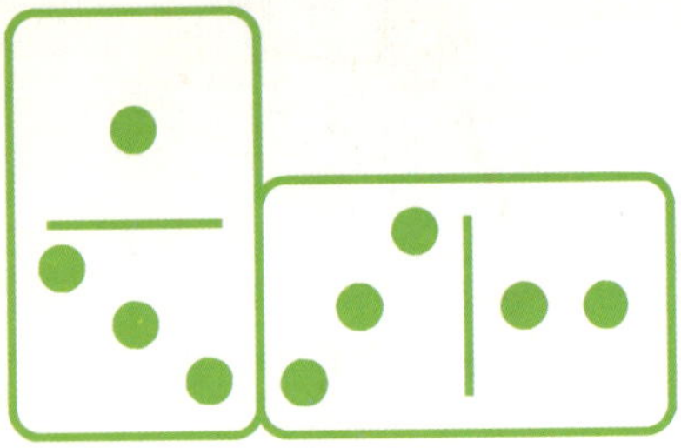

30 avril

L M M J V S D

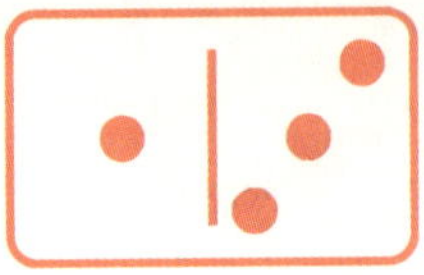

Rébus

Quel est le prénom donné par ce rébus ?

Star en désordre

Pouvez-vous retrouver, en agençant les lettres de ces mots autrement (sans tenir compte des coupures entre eux ni des accents), le nom de ce musicien et chanteur américain ?

Gloutons marris

La touche finale

Si on compose un mot sur un téléphone portable, il suffit parfois d'appuyer sur une touche de plus pour obtenir un tout autre mot. Retrouvez le résultat de ces combinaisons de touches. Si vous ne trouvez pas, essayez sur votre portable : il a la réponse !

DORT + 6 = ?

OBTUS + 3 = ?

Kakuro

Complétez cette grille avec des chiffres compris entre 1 et 9 sachant que :

- La somme de chaque ligne ou de chaque colonne égale le nombre dans la case grisée correspondante.
- Un chiffre ne doit apparaître qu'une fois dans une ligne ou une colonne.
- Une série de chiffres (de 1 à 9 donc) ne peut exister qu'une fois dans la grille.

		25	34	
	14 \ 14			15
24		9	8	
26	9			8
10				
	14			

solutions aux jeux

Rébus
Raie mont : Raymond.

Star en désordre
Louis Armstrong.

La touche finale
DORT + 6 = forum.
OBTUS + 3 = nature.

Kakuro

		25	34	
	14 \ 14	5	9	15
24	3	9	8	4
26	9	2	7	8
10	2	1	4	3
	14	8	9	

1 mai

L M M J V S D

Carré parfait

4		
	5	
		6

Complétez ce carré magique avec des chiffres entiers compris entre 1 et 9 de telle sorte que chacune des trois lignes, des trois colonnes et des deux diagonales de trois cases fasse la même somme et sachant que le 2e chiffre de la 1re ligne est un multiple du 2e chiffre de la 1re colonne.

Monsieur et Madame

Monsieur et Madame Drépalontan ont un fils, comment s'appelle-t-il ?

CHASSEZ l'intrus

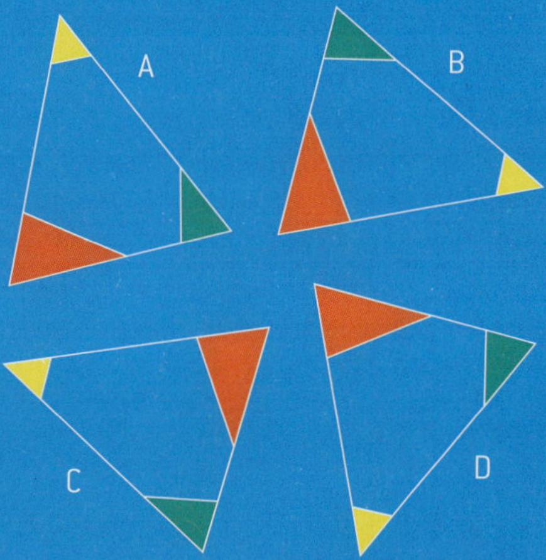

Mots éventail

Voici quatre mots en éventail à compléter, en retrouvant le début qu'ils ont en commun.

? — so / né / ser / gnon

solutions aux jeux

Carré parfait

4	9	2	= 15
3	5	7	= 15
8	1	6	= 15

= 15 = 15 = 15 = 15 = 15

Chassez l'intrus

La figure A : même en la faisant pivoter, elle ne peut ressembler aux autres.

Mots éventail

AVI

Monsieur et Madame

Jonathan... je n'attendrai pas longtemps !

2
mai
L M M J V S D

Théâtre en désordre

Pouvez-vous retrouver, en agençant les lettres de ces mots autrement (sans tenir compte des coupures entre eux ni des accents), le titre de cette pièce d'Eugène Ionesco ?

Avalanche rue
Tic-Tac

K'z noire

Complétez la grille en y plaçant les cases noires : chaque chiffre indique le nombre de cases noires qui l'entourent, par un angle ou un côté.

	2		
2	3		
	3	2	
2		1	

Mots pyramide à l'envers

Reformez quatre mots finissant par AGE. Attention, pour corser le jeu, les indices donnés sont dans le désordre…
Indices : emblématique de la Normandie, petite culture, division, assaut maritime.

			A	G	E			
				A	G	E		
					A	G	E	
						A	G	E

LES DOUBLETS

En utilisant les mêmes touches, vous pouvez composer plusieurs mots différents. Lesquels ? Retrouvez les doublets de ces deux mots en vous aidant des indices. À défaut, essayez sur votre portable : il a la réponse !

COUDE
Indice : pour flotter.
AMUSE
Indice : du monde.

solutions aux jeux

Théâtre en désordre
La Cantatrice chauve.

Les doublets
COUDE -> bouée.
AMUSE -> coupé.

K'z noire

■	2		
2	3	■	
■	3	2	
2	■	1	

Mots pyramide à l'envers

BOCAGE — emblématique de la Normandie
PARTAGE — division
ABORDAGE — assaut maritime
JARDINAGE — petite culture

3 mai

L M M J V S D

Mots éventail

Voici quatre mots en éventail à compléter, en retrouvant le début qu'ils ont en commun.

? — ricain / front / faire / in

Le phrasophone

À l'aide du clavier de téléphone ci-dessous, sachant qu'une touche peut valoir plusieurs lettres, décodez la séquence de chiffres pour obtenir une citation célèbre.

52 89746433, 53 5' 24 383. 66 36 63878 68 66 36 73783 43468...

Opération codée

Estimez la valeur des lettres A, B et C sachant que chacune représente un chiffre différent, compris entre 1 et 9, et que :

1) A x A = B
2) B + A = C
3) B – A = A

Indice : l'une des réponses est le double de l'autre.

Chaque arbre cache un chasseur

Les chiffres indiquent le nombre de chasseurs qui se cachent dans la grille. Débusquez-les, sachant que :
Il y a autant d'arbres que de chasseurs. Toute case contenant un est accolée à une case contenant un .
Deux cases contenant un ne peuvent se toucher ni par les angles ni par les côtés.

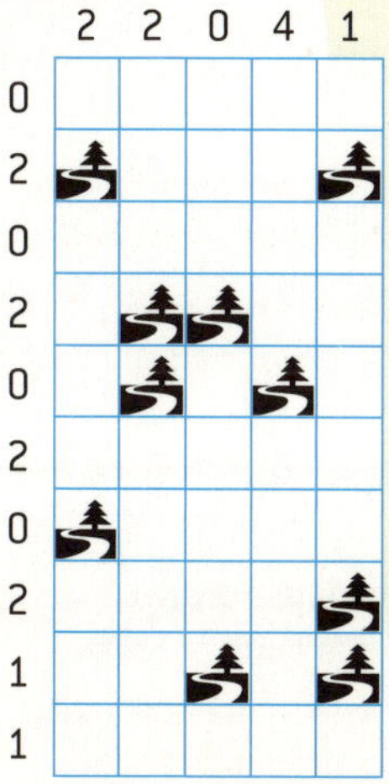

solutions aux jeux

Mots éventail
AF

Le phrasophone
« La typhoïde, je l'ai eue. On en meurt ou on en reste idiot... » (Mac-Mahon.)

Opération codée
A = 2, B = 4, C = 6
D'après 1) : *B* est un carré et vaut donc 1, 4 ou 9. D'après 3) : B est un double et vaut donc 4. On en déduit la valeur des autres symboles.

Chaque arbre cache un chasseur
Annulez les lignes et la colonne où il n'y a pas de chasseurs et complétez la grille :

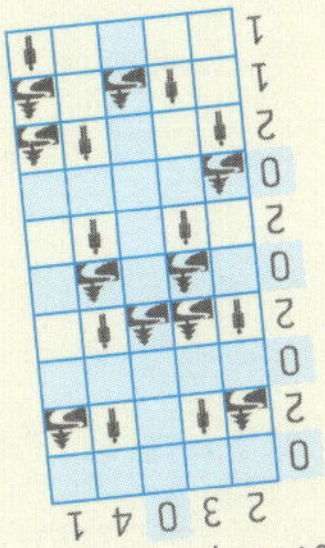

4 mai

L M M J V S D

Star en désordre

Pouvez-vous retrouver, en agençant les lettres de ces mots autrement (sans tenir compte des coupures entre eux ni des accents), le nom de ce chanteur belge ?

Script délabrant

Le phrasophone

À l'aide du clavier de téléphone ci-dessus, sachant qu'une touche peut valoir plusieurs lettres, décodez la séquence de chiffres pour obtenir une citation célèbre.

45 9 2 33 52
7386583 2 7'
46244637 78' 66
784773 73
73865837.

Mots éventail

Voici quatre mots en éventail à compléter, en retrouvant le début qu'ils ont en commun.

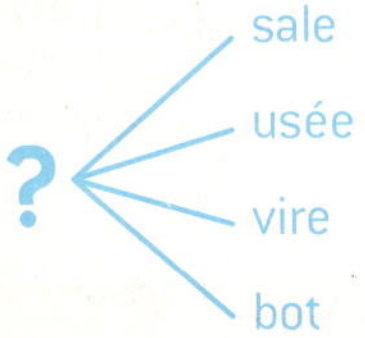

Mots en losange

Ce sont les mêmes mots à la verticale et à l'horizontale.
En voici les définitions dans l'ordre :
Deux fois en terre. – Et la suite. – Solaire ou vidéo. – Rabougri. – Pour les harengs. – Comme la vérité. – Entrée d'Espagne.

Solutions aux jeux

Mots en losange

E
ETC
ECRAN
ETRIQUE
CAQUE
NUE
E

Le phrasophone
« Il y a de la révolte à s'imaginer qu'on puisse se révolter. »
(Anne d'Autriche.)

Mots éventail
NA

Star en désordre
Plastic Bertrand.

5 mai

L M M J V S D

Star
en désordre

Pouvez-vous retrouver, en agençant les lettres de ces mots autrement (sans tenir compte des coupures entre eux ni des accents), le nom de ce réalisateur américain ?

Grec soulagé

COMBICOLOR

Ces couleurs primaires se combinent pour donner trois couleurs complémentaires

Quelle est la paire de ballons manquant ?

va avec

donc

va avec ?

Zonages

Sachant que chacun des chiffres indique le nombre de cases de la même couleur qui se touchent (une zone), complétez le coloriage de la grille. Deux zones ayant la même couleur ne peuvent se toucher ni par les côtés ni par les angles.

4			2
		4	
2	1		3

DOUBLE
charade

Deux charades se sont mélangées. Elles vous permettront, une fois recomposées, de trouver deux noms d'oiseaux.

A. Mon premier est le contraire de rien.
B. Mon premier n'est pas long.
C. Mon second interroge sur la date.
D. Mon second sert à dormir.

Faut-il associer A et C, ou A et D ?
À vous de chercher…

solutions aux jeux

Star en désordre
George Lucas.

Combicolor
Vert et violet.
Jaune et rouge donnent orange, jaune et bleu donnent vert.
Le 1er ballon colore les deux du dessous.

Double charade
A-C : tout-quand → toucan.
B-D : court-lit → courlis.

Zonages

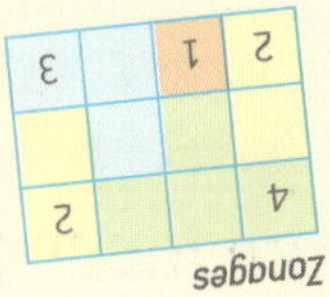

6
mai
L M M J V S D

Monsieur et Madame

Monsieur et Madame Kenjorémégri ont une fille, comment s'appelle-t-elle ?

Le phrasophone

À l'aide du clavier de téléphone ci-dessous, sachant qu'une touche peut valoir plusieurs lettres, décodez la séquence de chiffres pour obtenir une citation célèbre.
52 83773 2 737 5464837, 6247 52 238473 4862463 378 4634643.

Star en désordre

Pouvez-vous retrouver, en agençant les lettres de ces mots autrement (sans tenir compte des coupures entre eux ni des accents), le nom de cette chanteuse canadienne ?

Indice Noël

HEXASuDOKu

Complétez cette grille par les chiffres de 1 à 6 de telle sorte que chaque chiffre se trouve dans chaque ligne horizontale, chaque diagonale et chaque hexagone.

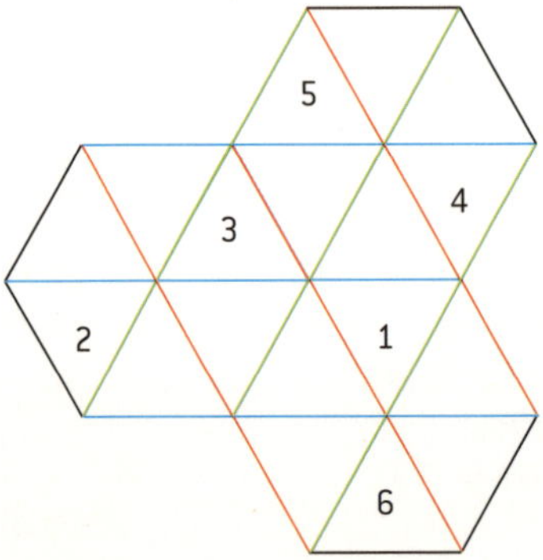

solutions aux jeux

Monsieur et Madame
Samira… ça m'ira quand j'aurai maigri !

Le phrasophone
« La Terre a ses limites, mais la bêtise humaine est infinie. »
(Gustave Flaubert.)

Star en désordre
Céline Dion.

Hexasudoku

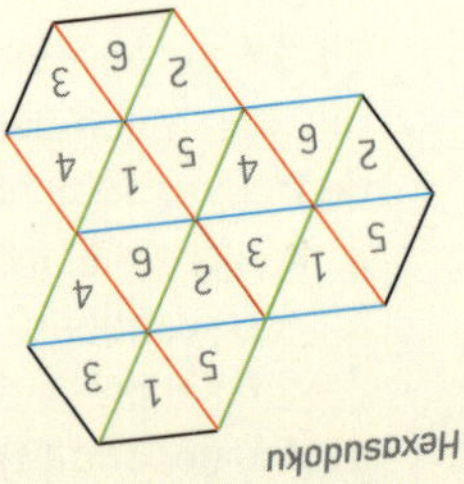

7 mai

L M M J V S D

Jeu des prénoms

À l'aide des indices, pourrez-vous retrouver quelques Robert célèbres ?

1 – Un chanteur hirsute anglais très populaire dans les années 1980.
2 – Un acteur américain qui excelle dans les rôles de gangster.
3 – L'inoubliable Geoffrey de Peyrac au cinéma.

CHASSEZ l'intrus

A
B
C
D

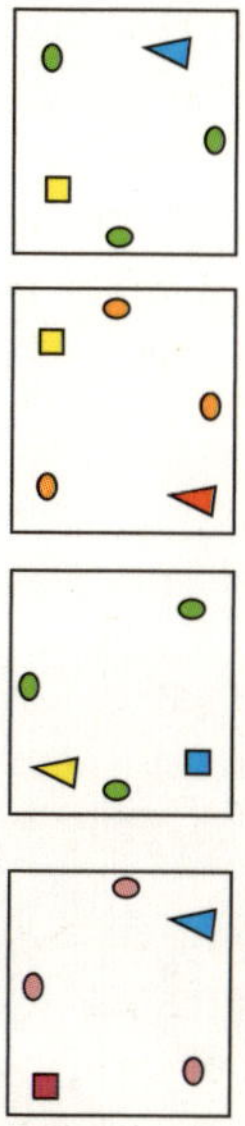

Mots éventail

Voici quatre mots en éventail à compléter, en retrouvant le début qu'ils ont en commun.

? – ron / vada / gligé / pal

Mots pyramide

Reformez quatre mots commençant par PARA, mais pour corser le jeu, les indices donnés sont dans le désordre…

Indices : jardin, signer, esquive, antinomique.

P	A	R	A					
P	A	R	A					
P	A	R	A					
P	A	R	A					

solutions aux jeux

Jeu des prénoms
1 – Robert Smith
2 – Robert de Niro
3 – Robert Hossein

Chassez l'intrus
D : le mélange du rouge et du bleu ne donne pas du rose, alors que les couleurs sont complémentaires dans les autres figures !

Mots éventail
NE

Mots pyramide
PARADE
PARADIS
PARAPHER
PARADOXAL

esquive
jardin
signer
antinomique

8 mai

L M M J V S D

Le comble

Quel est le comble pour un couturier ?

Rébus

Quel est le prénom donné par ce rébus ?

Star en désordre

Pouvez-vous retrouver, en agençant les lettres de ces mots autrement (sans tenir compte des coupures entre eux ni des accents), le nom de cette chanteuse française ?

Âge véniel

BATAILLE navale

Des bateaux sont placés horizontalement ou verticalement. Ils ne peuvent pas se toucher, même en diagonale. Le nombre de cases occupées est indiqué en tête de ligne. Retrouvez les 4 bateaux occupant une case (A), les 3 bateaux occupant deux cases (BB), les 2 bateaux occupant trois cases (CCC) et le bateau occupant quatre cases (DDDD).

	4	0	3	1	5	0	0	3	3	1
3	A									
3				C						
4										
0										
0										
3										
4					D					
1										
2	A									
0										

Solutions aux jeux

Le comble
C'est d'avoir un fil à la patte.

Rébus
La rat : Lara.

Star en désordre
Eve Angeli.

Bataille navale

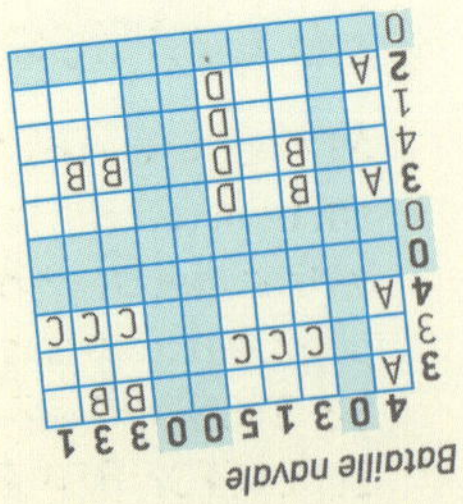

9 mai

L M M J V S D

Carré magique décalé

Complétez ce carré avec des chiffres et nombres de 1 à 20 de telle sorte que chacun d'entre eux se trouve une et une seule fois dans la grille ; la somme de chacune des colonnes, des lignes et des grandes diagonales doit être égale à 42.

8			12	
			15	
3		16		18
		19		
	20			11

Mots éventail

Voici quatre mots en éventail à compléter, en retrouvant le début qu'ils ont en commun.

? → êt / tune / um / mat

Star en désordre

Pouvez-vous retrouver, en agençant les lettres de ces mots autrement (sans tenir compte des coupures entre eux ni des accents), le nom de ce cinéaste américain ?

Art montrable

Le phrasophone

À l'aide du clavier de téléphone ci-dessus, sachant qu'une touche peut valoir plusieurs lettres, décodez la séquence de chiffres pour obtenir une citation célèbre.

52 53863773 27648 23282687
33 246737 784 7668 3287737 ;
52 8434553773 36883 33 23282687
33 246737 784 7668 872437.

Solutions aux jeux

Carré magique décalé

8	13		12	9
14	7	6	15	
3		16	5	18
17	2	19		4
	20	1	10	11

Mots éventail

FOR

Le phrasophone

« La jeunesse croit beaucoup de choses qui sont fausses ; la vieillesse doute de beaucoup de choses qui sont vraies. » (Proverbe allemand.)

Star en désordre

Robert Altman.

10 mai

L M M J V S D

Star en désordre

Pouvez-vous retrouver, en agençant les lettres de ces mots autrement (sans tenir compte des coupures entre eux ni des accents), le nom de cette chanteuse française ?

Large flanc

Le phrasophone

À l'aide du clavier de téléphone ci-dessus, sachant qu'une touche peut valoir plusieurs lettres, décodez la séquence de chiffres pour obtenir une citation célèbre.

872837739 52
7484373 36
36853, 53
276263453 63
8687 6264372 727.

Pairs impairs

Il y a autant de nombres pairs que de nombres impairs dans la grille.	♣	La somme des valeurs de deux cases voisines est un diviseur de 21.	♣
♣	Quand on additionne la valeur de deux cases voisines on obtient toujours le même nombre.	♣	Je suis plus petite que mes voisines.
Il n'y a ni 1 ni 3 dans cette grille.	♣	Toutes les valeurs de cette grille sont comprises entre 1 et 9.	♣

À l'aide des indices de la grille ci-dessus, remplissez la grille ci-contre.

solutions aux jeux

Star en désordre
France Gall.

Pairs impairs

2	5	2	5
5	2	5	2
2	5	2	5

La somme des valeurs de deux cases voisines est toujours la même et il y a autant de nombres pairs que de nombres impairs : il n'y a que deux valeurs dans la grille.

Les diviseurs de 21 sont 1, 3, 7 et 21. La somme recherchée est 7 (ni 1 ni 3).

Le phrasophone
« Traversez la rivière en foule, le crocodile ne vous mangera pas. » (Proverbe malgache.)

11 mai

L M M J V S D

Star en désordre

Pouvez-vous retrouver, en agençant les lettres de ces mots autrement (sans tenir compte des coupures entre eux ni des accents), le nom de cet acteur et réalisateur américain ?

Tour en basket

Border line

Découvrez le motif caché dans cette grille en noircissant ses cases ; chaque chiffre indique le nombre de bordures qui l'entourent.

0	2	2	1
2	3	3	1
2	2	3	1
1	2	2	1

Monsieur et Madame

Monsieur et Madame Ferlécource ont un fils, comment s'appelle-t-il ?

COMBICOLOR

Ces couleurs primaires 🟡 🔵 🔴 se combinent pour donner trois couleurs complémentaires 🟢 🟣 🟠

Quelle est la paire de ballons manquant ?

🔴
🔵 🔴 va avec 🟡 🟠

donc

🔵
🟡 🔵 va avec ?

solutions aux jeux

Border line

Star en désordre
Buster Keaton.

Monsieur et Madame
Yvon ... y vont faire les courses !

Combicolor
Rouge, violet.
La 1re boule de la base est la couleur primaire manquante et la 2nde est la résultante de celle-ci et l'ancienne 2e boule de la base.

12 mai

L M M J V S D

Star en désordre

Pouvez-vous retrouver, en agençant les lettres de ces mots autrement (sans tenir compte des coupures entre eux ni des accents), le nom de ce chanteur italien ?

Aoûtat provincial

Allô 007 !

Votre mission : découvrir le nom d'une ville française grâce aux trois indices chiffrés. Décodez-les à l'aide du clavier de ce téléphone et en sachant qu'une même touche peut donner plusieurs lettres (exemple : 2 pour A, B ou C...). À défaut, essayez sur votre portable : il a la réponse !

4844665
2682466
368784373

Souvenez-vous...

« Il était une bergère... »
L'une de ces phrases ne fait pas partie de cette chanson, laquelle ?

1. du lait de ses moutons
2. tu auras du bâton
3. il y mit le menton
4. d'un petit air fripon
5. il mangea le fromage

Mots pyramide

Reformez quatre mots commençant par PARA, mais pour corser le jeu, les indices donnés sont dans le désordre...

Indices : parachute, signature, allégorie, muret.

P	A	R	A					
P	A	R	A					
P	A	R	A					
P	A	R	A					

solutions aux jeux

Star en désordre
Luciano Pavarotti.

Allô 007 !
Lyon
Les trois indices sont : Guignol, bouchon et Fourvière.

Mots pyramide

PARAFE	signature
PARAPET	muret
PARABOLE	allégorie
PARAPENTE	parachute

Souvenez-vous...
La n° 5 :
Il était une bergère,
Il était une bergère
Qui gardait ses moutons,
Ron ron, qui gardait
ses moutons.
Elle fit un fromage,
Et ron et ron,
petit pataton,
Elle fit un fromage
Du lait de ses moutons,
Ron ron, du lait
de ses moutons.
Le chat qui la regarde
D'un petit air fripon,
Si tu y mets la patte
Tu auras du bâton,
Il n'y mit pas la patte
Il y mit le menton,
La bergère en colère
Tua son petit chaton.

13 mai

L M M J V S D

HA _ _ MA _

Célébrité en désordre

Pouvez-vous retrouver, en agençant les lettres de ces mots autrement (sans tenir compte des coupures entre eux ni des accents), le nom de cette reine de France ?

Cahier du néant

Mots éventail

Voici quatre mots en éventail à compléter, en retrouvant le début qu'ils ont en commun.

? ole / nish / acre / dèle

Rébus

Quel est le prénom donné par ce rébus ?

Illikodoku

Complétez cette grille par des chiffres de 1 à 9 sachant que tous ces chiffres se placent dans chaque colonne et dans chaque carré 3 x 3.

	2	3
5		
7	6	9
6	9	5
	7	8
2	3	
3	5	6
9		2
	4	7

solutions aux jeux

Célébrité en désordre
Anne d'Autriche.

Rébus
A nid : Annie.

Mots éventail
FI

Illikodoku

8	2	3
5	1	4
7	6	9
6	9	5
4	7	8
2	3	1
3	5	6
9	8	2
1	4	7

14 mai

L M M J V S D

Star en désordre

Pouvez-vous retrouver, en agençant les lettres de ces mots autrement (sans tenir compte des coupures entre eux ni des accents), le nom de ce chanteur français ?

La mer sage

Le phrasophone

À l'aide du clavier de téléphone ci-dessus, sachant qu'une touche peut valoir plusieurs lettres, décodez la séquence de chiffres pour obtenir une citation célèbre.
522687243 38
72887243 7668
537 3389
62635537 33 52
372623.

Mots éventail

Voici quatre mots en éventail à compléter, en retrouvant le début qu'ils ont en commun.

? – notte
? – relle
? – nouille
? – stion

Mots en carré

Ce sont les mêmes mots à la verticale et à l'horizontale, les accents et la ponctuation ne sont pas pris en compte. En voici les définitions dans l'ordre :
Île de rêve. – Fait tomber. –
De fond ou de couteau. – Élément.

solutions aux jeux

Star en désordre
Serge Lama.

Mots éventail
QUE

Mots en carré

B	A	L	I
A	B	A	T
L	A	M	E
I	T	E	M

Le phrasophone
« Labourage et pâturage sont les deux mamelles de la France. »
(Duc de Sully.)

Carré magique

	10	
12		16
	18	

= ?

Complétez ce carré magique avec des nombres entiers tous différents compris entre 10 et 18 de telle sorte que chacune des trois lignes, des trois colonnes et des deux diagonales de trois cases fasse la même somme.

Le comble

Quel est le comble pour un serrurier ?

Star en désordre

Pouvez-vous retrouver, en agençant les lettres de ces mots autrement (sans tenir compte des coupures entre eux ni des accents), le nom de ce cycliste français ?

Le non-figurant

CHASSEZ l'intrus

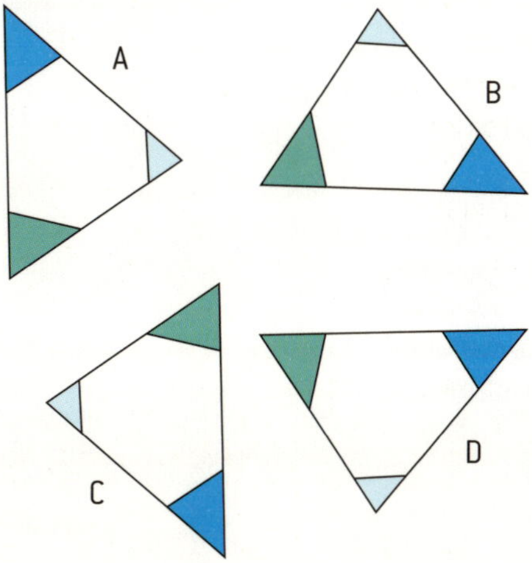

solutions aux jeux

Carré magique

La somme à trouver est 42.

17	10	15	= 42
12	14	16	= 42
13	18	11	= 42

= 42 = 42 = 42 = 42

Les hypothèses doivent porter sur le chiffre du milieu.

- Si le chiffre du milieu est 11, la somme est 39 ; pour compléter la 1re ligne il faut utiliser 14 et 15, on ne peut pas compléter la dernière ligne.
- Si le chiffre du milieu est 13, la somme est 41 ; pour compléter la 1re ligne il faut utiliser 14 et 17, on ne peut pas compléter la dernière ligne.
- Si le chiffre du milieu est 15, la somme est 43, on ne peut pas compléter la 1re ligne.
- Si le chiffre du milieu est 17, la somme est 45, on ne peut pas compléter la 1re ligne.

Chassez l'intrus

La figure B : même en la faisant pivoter, elle ne peut ressembler aux autres.

Star en désordre

Laurent Fignon.

Le comble

C'est d'être mis sous les verrous.

16 mai

L M M J V S D

Mots pyramide

Reformez quatre mots commençant par PER, mais pour corser le jeu, les indices donnés sont dans le désordre…

Indices : pour trahir, pour conduire, pour faire de l'ombre, pour soi.

P	E	R						
P	E	R						
P	E	R						
P	E	R						

Ouille, ouille, ouille… ! Aïe !

Trouvez deux mots qui commencent de la même façon, mais se terminent pour l'un par le son « ouille ! » et pour l'autre par le son « aïe ! ». Un indice mystérieux pour vous guider…

Une bonne tête met sa main devant sa bouche.

Star en désordre

Pouvez-vous retrouver, en agençant les lettres de ces mots autrement (sans tenir compte des coupures entre eux ni des accents), le nom de ce chanteur français ?

Laius Romain

La touche finale

Si on compose un mot sur un téléphone portable, il suffit parfois d'appuyer sur une touche de plus pour obtenir un tout autre mot. Retrouvez le résultat de ces combinaisons de touches. Si vous ne trouvez pas, essayez sur votre portable : il a la réponse !

MOI + 7 = ?
ROTI + 3 = ?

solutions aux jeux

Mots pyramide

P	E	R	M	I	S			
P	E	R	G	O	L	A		
P	E	R	F	I	D	E		
P	E	R	S	O	N	N	E	L

pour conduire
pour faire de l'ombre
pour trahir
pour soi

Star en désordre
Luis Mariano.

La touche finale
MOI + 7 = noir.
ROTI + 3 = rouge.

Ouille, ouille, ouille… ! Aïe !
Bouille / Bâille

17 mai

L M M J V S D

Mots éventail

Voici quatre mots en éventail à compléter, en retrouvant le début qu'ils ont en commun.

? — rme / grin / cal / hut

Le comble

Quel est le comble pour un crémier ?

Star en désordre

Pouvez-vous retrouver, en agençant les lettres de ces mots autrement (sans tenir compte des coupures entre eux ni des accents), le nom de ce réalisateur américain ?

Mon tribut

Grille logique

Je vaux la somme des valeurs des deux cases qui me suivent.	Tous les chiffres de cette grille sont des nombres premiers différents de 1 et inférieurs à 8.	Je vaux la somme des valeurs des deux cases qui m'entourent.	Les chiffres de cette grille sont tous différents.

À l'aide des indices de la grille ci-dessus, remplissez la grille ci-dessous.

Solutions aux jeux

Mots éventail
CHA

Grille logique

7	2	5	3

Le comble
C'est de ne pas faire son beurre.

Star en désordre
Tim Burton.

18 mai

L M M J V S D

SuDOKu rapide

Complétez cette grille par les chiffres de 1 à 6 de telle sorte qu'un même chiffre n'apparaisse qu'une et une seule fois dans chacune des lignes et colonnes et dans chaque carré 2 x 3.

6					4
		2	3		
	5		1	3	
	6				
				5	
4	3			1	

Mots éventail

Voici quatre mots en éventail à compléter, en retrouvant le début qu'ils ont en commun.

? pert
? amen
? acte
? ercice

Star en désordre

Pouvez-vous retrouver, en agençant les lettres de ces mots autrement (sans tenir compte des coupures entre eux ni des accents), le nom de ce chanteur français ?

Note de haine

Le phrasophone

À l'aide du clavier de téléphone ci-dessous, sachant qu'une touche peut valoir plusieurs lettres, décodez la séquence de chiffres pour obtenir une citation célèbre.

2'378 86 73848 727 7687 5'46663
6247 86 2663 33
43268 7687
5'48626483 !

solutions aux jeux

Sudoku rapide

6	1	3	5	2	4
5	4	2	3	6	1
2	5	4	1	3	6
3	6	1	2	4	5
1	2	6	4	5	3
4	3	5	6	1	2

Le phrasophone

« C'est un petit pas pour l'homme mais un bond de géant pour l'humanité ! » (Neil Armstrong.)

Star en désordre

Étienne Daho.

Mots éventail

EX

19 mai

L M M J V S D

Star en désordre

Pouvez-vous retrouver, en agençant les lettres de ces mots autrement (sans tenir compte des coupures entre eux ni des accents), le nom de ce cinéaste français ?

Le gosse émigre

Combicolor

Ces couleurs primaires  se combinent pour donner trois couleurs complémentaires 

Quel est le triplet de ballons manquant ?

va avec

donc

va avec ?

DOUBLE charade

Deux charades se sont mélangées. Elles vous permettront, une fois recomposées, de trouver deux noms d'oiseaux.

A. Mon premier est un instrument à vent.
B. Mon premier ne dit pas la vérité.
C. Mon second n'est pas laid.
D. Mon second n'est pas froid.

Faut-il associer A et C, ou A et D ? À vous de chercher…

Villes d'Europe

Reconstituez dans cette grille les noms de cinq villes d'Europe. Les lettres se suivent de bas en haut, de gauche à droite ou vice-versa mais jamais en diagonale.

			T	R	O	F			
V	A	L	A	U	S	C	N	A	R
E	L	H	E	L	A	S	E	V	F
N	C	I	E	S	N	N	E	I	E
S	E	N	N	I	N	K	I	L	L

solutions aux jeux

Star en désordre
Georges Méliès.

Combicolor
Jaune, Rouge, Bleu
Le sommet redevient sommet et les deux boules de la base perdent la couleur du sommet : orange moins jaune devient rouge et vert moins jaune devient bleu.

Double charade
A-C : cor-beau → corbeau.
B-D : ment-chaud → manchot.

Villes d'Europe
SEVILLE HELSINKI
FRANCFORT
VALENCIENNES
LAUSANNE

20 mai

L M M J V S D

Mots pyramide

Reformez quatre mots commençant par PER, mais pour corser le jeu, les indices donnés sont dans le désordre…

Indices : sournoises, trouer, durable, alimentation.

P	E	R						
P	E	R						
P	E	R						
P	E	R						

Monsieur et Madame

Monsieur et Madame Cékilnépamor ont une fille, comment s'appelle-t-elle ?

Star en désordre

Pouvez-vous retrouver, en agençant les lettres de ces mots autrement (sans tenir compte des coupures entre eux ni des accents), le nom de ce chanteur français ?

Ajoute un sablier

La touche finale

Si on compose un mot sur un téléphone portable, il suffit parfois d'appuyer sur une touche de plus pour obtenir un tout autre mot. Retrouvez le résultat de ces combinaisons de touches. Si vous ne trouvez pas, essayez sur votre portable : il a la réponse !

ABBE + 7 = ?

EAU + 3 = ?

solutions aux jeux

Mots pyramide

PERCER	trouer
PERENNE	durable
PERFIDES	sournoises
PERFUSION	alimentation

Star en désordre
Jean-Louis Aubert.

La touche finale
ABBE + 7 = accès.
EAU + 3 = date.

Monsieur et Madame
Sylvie… s'il vit, c'est qu'il n'est pas mort !

21 mai

L M M J V S D

Mots éventail

Voici quatre mots en éventail à compléter, en retrouvant le début qu'ils ont en commun.

? — inture / chnique / mple / rrasse

Star en désordre

Pouvez-vous retrouver, en agençant les lettres de ces mots autrement (sans tenir compte des coupures entre eux ni des accents), le nom de cet écrivain et cinéaste français ?

Cajou tenace

Opération codée

```
  BONNE
+  FETE
  MAMAN
```

1) Chaque lettre représente toujours un même chiffre : 0, 1, 2, 3, 4, 5, 6, 7, 8 ou 9.
2) Chaque chiffre n'est représenté que par une seule et même lettre.
3) Aucun terme de l'opération ne commence par 0.

Indice : F est un multiple de T.

Derrière les tours…

Les tours cachent les résidences qui cachent les maisons individuelles.
Attribuez dans la grille la place de chaque type d'habitation, sachant que :
– Chaque flèche vous dirige et vous indique le nombre d'habitations visibles.
– Chaque type d'habitation se trouve dans chacune des lignes et colonnes.

	↑	↑↑↑

solutions aux jeux

Mots éventail
TE

Star en désordre
Jean Cocteau.

Opération codée

```
  59442
+  8232
  67674
```

B, M, F sont différents de 0, d'après 3) ; B, M sont consécutifs ;
B + 1 = M (la retenue).
E + E = N et N + E = M
donc (E + E) + E = M
donc 3 x E = M
donc E = 1 ou E = 2 ou E = 3.
Si E = 1, N = 2, M = 3, B = 2 : ce qui est impossible (N = 2).
Si E = 2, N = 4, M = 6, B = 5 alors 0 + F = A = 4 + T.

- Si T = 1 alors A = 5 : impossible car B = 5.
- Si T = 3, A = 7, F = 9 et 0 = 8.
- T = 4, T = 5 : impossible (N = 4, B = 5).
- T < 6 car 4 + T < 10.
Si E = 3, N = 6, M = 9, B = 8 alors 0 + F = A = 6 + T.
- Si T = 1, A = 7, F = 9 ou 0 = 9 : impossible (M = 9).
- Si T = 2, A = 8 : impossible (B = 8).
- T = 3 : impossible (E = 3).
- T < 4 car 6 + T < 10.

Derrière les tours…

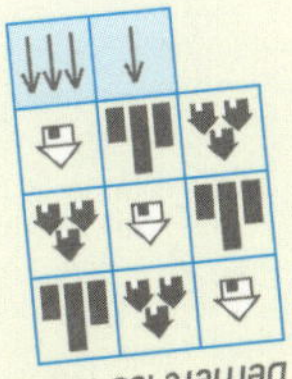

22 mai

L M M J V S D

Star
en désordre

Pouvez-vous retrouver, en agençant les lettres de ces mots autrement (sans tenir compte des coupures entre eux ni des accents), le nom de ce chanteur français ?

Cas moral

Doublez
le résultat

1 + 2 + 3 + 4 + 5 + 6 + 7 + 8 + 9 = 45
Sans ajouter de chiffre et avec toujours le seul signe opératoire de l'addition, doublez le résultat de cette opération.

La tête
au carré

Complétez ce tableau avec tous les chiffres compris entre 1 et 9 pour que les résultats des opérations des lignes et des colonnes soient justes.

	+		x		39
/		−		+	
	/		+		11
x		−		−	
	+		x		26
16		3		8	

COMBICOLOR

Ces couleurs primaires (jaune, bleu, rouge) se combinent pour donner trois couleurs complémentaires (vert, bordeaux, orange).
Quelle est la paire de ballons manquant ?

jaune, rouge, bleu va avec orange, bordeaux

donc

bleu, jaune, rouge va avec ?

solutions aux jeux

Star en désordre
MC Solaar.

Doublez le résultat
Il suffit d'ôter un « + » entre 5 et 6 :
1 + 2 + 3 + 4 + 56 + 7 + 8 + 9 = 90

Combicolor
Vert et orange.
La boule du milieu colore les deux boules extérieures.

La tête au carré

4	+	7	x	5	39
/		−		+	
2	/	1	+	9	11
x		−		−	
8	+	3	x	6	26
16		3		8	

23 mai

L M M J V S D

La touche finale

Si on compose un mot sur un téléphone portable, il suffit parfois d'appuyer sur une touche de plus pour obtenir un tout autre mot. Retrouvez le résultat de ces combinaisons de touches. Si vous ne trouvez pas, essayez sur votre portable : il a la réponse !

JOUG + 7 = ?
CLAN + 2 =?

Star en désordre

Pouvez-vous retrouver, en agençant les lettres de ces mots autrement (sans tenir compte des coupures entre eux ni des accents), le nom de ce cinéaste français ?

Lire écran

Mots éventail

Voici quatre mots en éventail à compléter, en retrouvant le début qu'ils ont en commun.

? peuse
? vérise
? sion
? monaire

Mots en losange

Ce sont les mêmes mots à la verticale et à l'horizontale.
En voici les définitions dans l'ordre :
Début de mur. – 40. – Bruni. – Union. – Exprime vigoureusement.
– Il vaut mieux ne pas faire le sien.
– Au cœur de la mer.

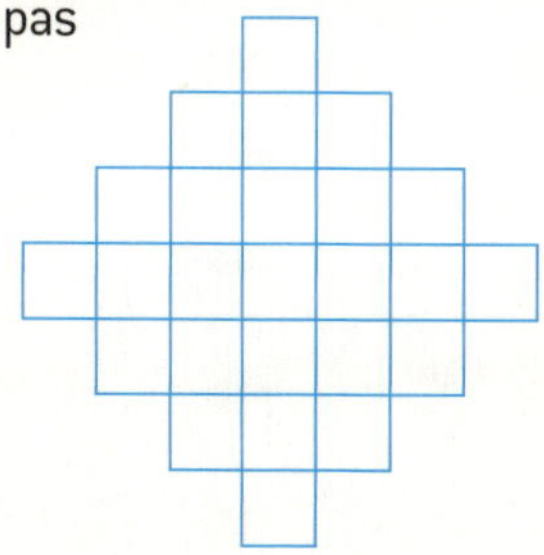

solutions aux jeux

La touche finale
JOUG + 7 = Louis.
CLAN + 2 = blanc.

Star en désordre
René Clair.

Mots éventail
PUL

Mots en losange

M
C A C
C A R L A
M A R I A G E
C L A M E
A G E
E

24 mai

L M M J V S D

Star en désordre

Pouvez-vous retrouver, en agençant les lettres de ces mots autrement (sans tenir compte des coupures entre eux ni des accents), le nom de ce chanteur français ?

Le chaos du RMI

ÉNIGRAMMES

Sur trois pieds,
je ne suis
qu'un simple
événement ;
Renversé,
je deviens
une poche où
l'on met l'argent,
Ou si tu veux
encore, un pillage,
autrement.

Suite logique

Quel est le symbole manquant ?

♠ ♦ ♥ ♣ ♥ ♦ ♠ ?

Météodoku

Sachant que durant cinq semaines, le temps a changé tous les jours (du lundi au vendredi) et qu'aucune semaine n'a eu la même météo le même jour, complétez la grille.

	lundi	mardi	mercredi	jeudi	vendredi
1re semaine			⛅		☁
2e semaine	⛅	☁		☀	⛈
3e semaine	⛈	⛅			🌧
4e semaine	☀	⛈		🌧	⛅
5e semaine	☁				☀

solutions aux jeux

Star en désordre
Michel Sardou.

Météodoku

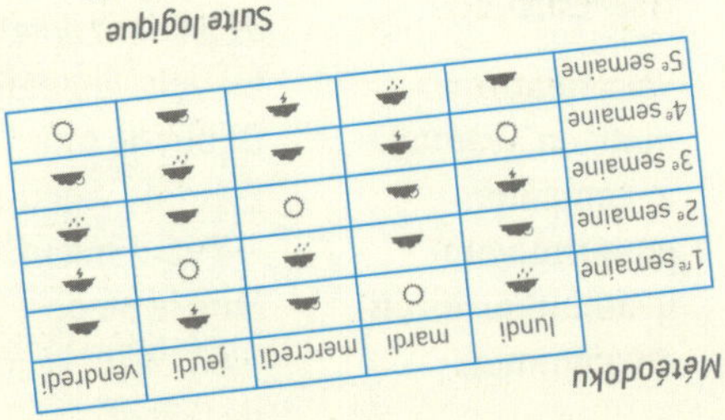

Énigrammes
Cas et sac.

Suite logique
Carreau rouge.
Un noir deux rouges : carreau cœur suit pique, et cœur carreau suit trèfle.

25 mai

L M M J V S D

Illikodoku

Complétez cette grille par des chiffres de 1 à 9 sachant que tous ces chiffres se placent dans chaque colonne et dans chaque carré 3 x 3.

7	9	6
2	8	3
5		1
3	1	
		2
4	5	7
	7	9
1		
6	2	5

Star en désordre

Pouvez-vous retrouver, en agençant les lettres de ces mots autrement (sans tenir compte des coupures entre eux ni des accents), le nom de cet écrivain et cinéaste français ?

Porc mal langé

Mots éventail

Voici quatre mots en éventail à compléter, en retrouvant le début qu'ils ont en commun.

? fit / tact / stituer / corde

Le phrasophone

À l'aide du clavier de téléphone ci-dessous, sachant qu'une touche peut valoir plusieurs lettres, décodez la séquence de chiffres pour obtenir une citation célèbre.

52 483773 ! 2'378 863 24673 8767 47283 7687 52 2663437 2 337 6454824737.

solutions aux jeux

Illikodoku

7	9	6
2	8	3
5	4	1
3	1	8
9	6	2
4	5	7
8	7	9
1	3	4
6	2	5

Le phrasophone

« La guerre ! C'est une chose trop grave pour la confier à des militaires. » (Georges Clemenceau.)

Star en désordre

Marcel Pagnol.

Mots éventail

CON

26 mai

L M M J V S D

Star en désordre

Pouvez-vous retrouver, en agençant les lettres de ces mots autrement (sans tenir compte des coupures entre eux ni des accents), le nom de ce chanteur français ?

Ouragan de clou

____

____

____

Le phrasophone

À l'aide du clavier de téléphone ci-dessus, sachant qu'une touche peut valoir plusieurs lettres, décodez la séquence de chiffres pour obtenir une citation célèbre.

88 666873727 62 8383 28 738753, 3553 36 8288 52 73463.

Rébus

Quel est le prénom donné par ce rébus ?

Grille logique

Tous les chiffres de cette grille sont des nombres premiers.	Je vaux la somme des valeurs des deux cases qui m'entourent.	Je vaux la différence entre les valeurs des deux cases qui m'entourent.	L'une des cases vaut 7.

À l'aide des indices de la grille ci-dessus, remplissez la grille ci-dessous.

solutions aux jeux

Star en désordre
Claude Nougaro.

Grille logique

2	7	5	2

Le phrasophone
« Tu montreras ma tête au peuple, elle en vaut la peine. » (Danton.)

Rébus
R hic : Éric.

27 mai

1 2 3

L M M J V S D

Dans l'ordre

Permutez les couleurs de ces figures à partir des indices ci-dessous.

Le rouge n'est ni la couleur du losange ni celle du rond. Le rouge suit le noir. Le noir n'est ni au-dessus ni immédiatement en dessous du jaune.

Star en désordre

Pouvez-vous retrouver, en agençant les lettres de ces mots autrement (sans tenir compte des coupures entre eux ni des accents), le nom de ce réalisateur français ?

Cabri déluré

K'z noire

Complétez la grille en y plaçant les cases noires : chaque chiffre indique le nombre de cases noires qui l'entourent, par un angle ou un côté.

	1		2
1	4		4
	3		2

Monsieur et Madame

Monsieur et Madame Golote ont un fils, comment s'appelle-t-il ?

solutions aux jeux

Dans l'ordre
Triangle jaune
Losange bleu
Rond noir
Carré rouge

Monsieur et Madame
Terry... tes rigolote !

Star en désordre
Claude Berri.

K'z noire

	1		2
		■	■
1	4	■	4
■	3	■	2

28 mai

L M M J V S D

Star en désordre

Pouvez-vous retrouver, en agençant les lettres de ces mots autrement (sans tenir compte des coupures entre eux ni des accents), le nom de cette chanteuse américaine ?

Étal de lin

Zonages

Sachant que chacun des chiffres indique le nombre de cases de la même couleur qui se touchent (une zone), complétez le coloriage de la grille. Deux zones ayant la même couleur ne peuvent se toucher ni par les côtés ni par les angles.

	3		
4		2	
		4	3

Dans mon HLM

Dans mon HLM, 50 couples ont chacun 1 garçon, 40 ont chacun 1 fille, 20 ont chacun 1 garçon et 1 fille. Il y a 10 célibataires sans enfants. Quelle est la probabilité, si je croise quelqu'un dans les escaliers de l'immeuble par exemple, pour que ce soit une fillette?

Mot en serpentin

En utilisant toutes les lettres mais une seule fois, formez un mot en serpentant dans cette grille. Les cases des lettres doivent se toucher par un angle ou un côté.

	N	D	I
O	A	H	R
I	T	B	Y

solutions aux jeux

Star en désordre
Diane Tell.

Dans mon HLM
Il y a 1 chance sur 6 !
Composition des familles :
Familles avec 1 garçon :
50 – 20 = 30.
Familles avec 1 fille :
40 – 20 = 20.
Familles de 2 enfants :
20.
Célibataires sans enfants : 10.
Nombre de personnes habitant l'immeuble :
150 adultes + 90 enfants = 240 personnes.
Nombre de filles :
20 + 20 = 40.
Probabilité de croiser une fillette :
40/240 = 1/6e.

Mot en serpentin
Hybridation.

Zonages

29 mai

L M M J V S D

COMBICOLOR

Ces couleurs primaires se combinent pour donner trois couleurs complémentaires

Quelle est la paire de ballons manquant ?

va avec

donc

va avec ?

Star en désordre

Pouvez-vous retrouver, en agençant les lettres de ces mots autrement (sans tenir compte des coupures entre eux ni des accents), le nom de ce réalisateur français ?

Bus clonés

DOUBLE charade

Deux charades se sont mélangées. Elles vous permettront, une fois recomposées, de trouver deux noms de légumes.

A. Mon premier n'est pas long.
B. Mon premier est une sorte de cruche.
C. Mon second est un paquet.
D. Mon second est un avion privé.

Faut-il associer A et C, ou A et D ? À vous de chercher...

Derrière les tours...

Les tours cachent les résidences qui cachent les maisons individuelles.
Attribuez dans la grille la place de chaque type d'habitation, sachant que :
– Chaque flèche vous dirige et vous indique le nombre d'habitations visibles.
– Chaque type d'habitation se trouve dans chacune des lignes et colonnes.

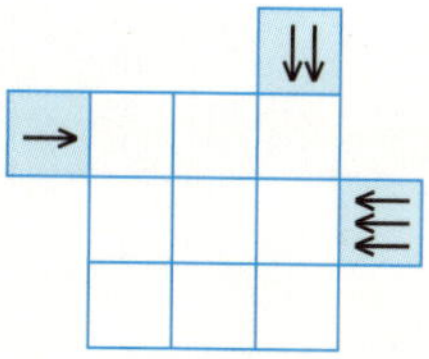

solutions aux jeux

Combicolor
Deux fois orange : la résultante des deux couleurs primaires.

Double charade
A-D : court-jet → courgette
B-C : broc-colis → brocoli.

Star en désordre
Luc Besson.

Derrière les tours...

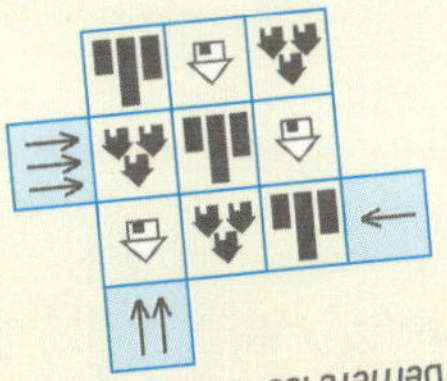

30 mai

L M M J V S D

Célébrité en désordre

Pouvez-vous retrouver, en agençant les lettres de ces mots autrement (sans tenir compte des coupures entre eux ni des accents), le nom de cette reine de France ?

Âne du chantier

Tous égaux !

Placez tous les nombres de 19 à 27 dans cette grille de telle sorte que la somme de chacune des lignes, des colonnes et des deux grandes diagonales soit égale à 69.

	19	
		21

Rébus

Quel est le prénom donné par ce rébus ?

Cercle magique

Complétez les neuf petits cercles par des nombres compris entre 28 et 35 de telle sorte que tous les nombres soient placés et que les trois rayons et les trois cercles fassent la même somme.

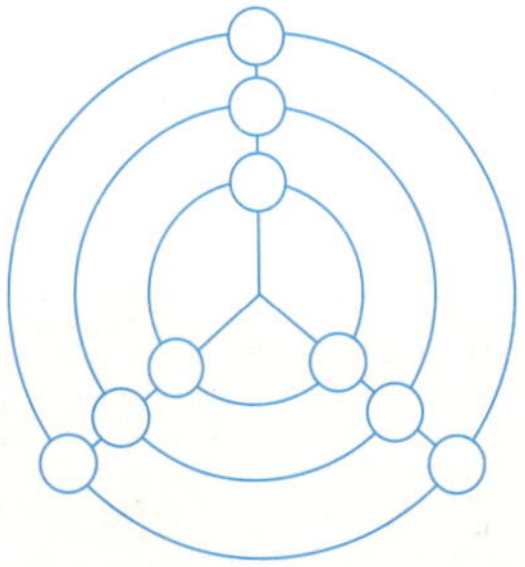

Solutions aux jeux

Célébrité en désordre
Anne d'Autriche.

Rébus
Romain (casque) :
Romain.

Tous égaux !

24	19	26
25	23	21
20	27	22

Cercle magique

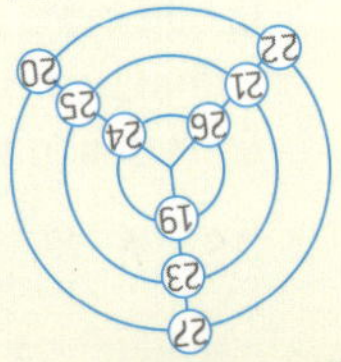

La somme est 96 !

31 mai

L M M J V S D

Replace-lettres

Remplissez la grille pour reformer quatre mots de six lettres à l'aide des indices suivants : étamine, glace, dingue, acariâtre.

	I			I	
	I			I	

Hugo en folie

Nous avons associé un chiffre à chacun de ces livres de Victor Hugo. En les replaçant dans l'ordre chronologique, vous reconstituerez sa date de naissance :

1 – Les Misérables.
2 – Han d'Islande.
0 – Quatrevingt-Treize.
8 – L'Homme qui rit.
6 – Hernani.
0 – Notre-Dame de Paris.
2 – Torquemada.
2 – Ruy Blas.

Mots éventail

Voici quatre mots en éventail à compléter, en retrouvant le début qu'ils ont en commun.

? nateur
? datif
? diment
? curité

Ville mystère

Trouvez la lettre manquante dans chacun de ces mots. Reportées dans la colonne, les lettres obtenues forment le nom d'une ville.

P U _ A ⇒ ☐
☐ ⇐ P _ O N
S A _ O ⇒ ☐
☐ ⇐ _ N C A
E _ H O ⇒ ☐
☐ ⇐ P E S _

solutions aux jeux

Replace-lettres

PISTIL, ZINZIN, MIROIR, AIGRIE

Hugo en folie

26/02/1802
2 – Han d'Islande (1823).
6 – Hernani (1830).
0 – Notre-Dame de Paris (1831).
2 – Ruy Blas (1838).
1 – Les Misérables (1862).
8 – L'Homme qui rit (1869).
0 – Quatrevingt-Treize (1874).
2 – Torquemada (1882).

Ville mystère

PUMA ⇒ M ⇐ PEON
SAXO ⇒ X ⇐ INCA
ECHO ⇒ C ⇐ PESO
(MEXICO)

Mots éventail

SE

1 juin

L M M J V S D

Ouille, ouille, ouille… ! Aïe !

Trouvez deux mots qui commencent de la même façon, mais se terminent pour l'un par le son « ouille ! » et pour l'autre par le son « aïe ! ». Un indice :

On tourne ou on coupe ?

CHASSEZ l'intrus

A

B

C

D

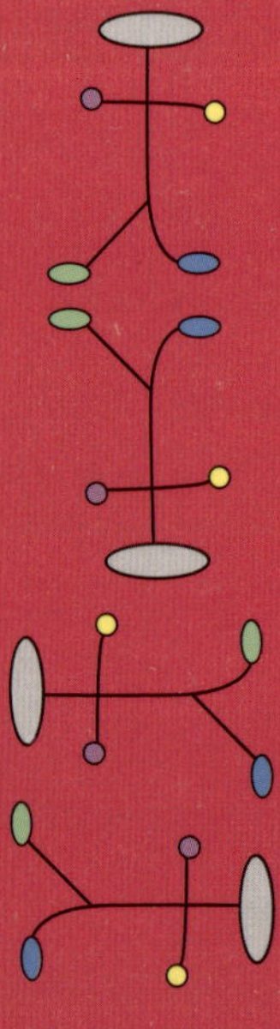

Star en désordre

Pouvez-vous retrouver, en agençant les lettres de ces mots autrement (sans tenir compte des coupures entre eux ni des accents), le nom de cette chanteuse québécoise ?

Neuf de sardine

Mots pyramide à l'envers

Reformez quatre mots finissant par AME. Attention, pour corser le jeu, les indices donnés sont dans le désordre…

Indices : tragédie, il a plusieurs épouses, repas africain, demande.

		A	M	E			
			A	M	E		
				A	M	E	
					A	M	E

solutions aux jeux

Ouille, ouille, ouille… ! Aïe !

Touille / Taille.

Star en désordre

Diane Dufresne.

Mots pyramide à l'envers

D	R	A	M	E				tragédie
I	G	N	A	M	E			repas africain
A	C	C	L	A	M	E		demande
P	O	L	Y	G	A	M	E	il a plusieurs épouses

Chassez l'intrus

La figure C : même en la faisant pivoter, elle ne peut ressembler aux autres.

2 juin

L M M J V S D

Mots éventail

Voici quatre mots en éventail à compléter, en retrouvant le début qu'ils ont en commun.

? — pie
? — louse
? — rner
? — areg

Célébrité en désordre

Pouvez-vous retrouver, en agençant les lettres de ces mots autrement (sans tenir compte des coupures entre eux ni des accents), le nom de cette reine de France ?

Haine du carnet

Allô proverbe !

Retrouvez ce proverbe dont quelques mots ont été codés pour être envoyés par SMS. Attention, une même touche peut donner plusieurs lettres (2 pour A, B ou C). À défaut, essayez sur votre portable : il a la réponse !

7472 BIEN QUI 7472 LE 3376437.

Kolorudoku

Complétez cette grille par des couleurs ■ ■ ■ ■ ■ ■ sachant que toutes les couleurs se trouvent dans chaque ligne, chaque colonne et chaque zone de six cases.

solutions aux jeux

Mots éventail
TOU

Célébrité en désordre
Anne d'Autriche.

Allô proverbe !
Rira bien qui rira le dernier.

Kolorudoku

3 juin

L M M J V S D

Le phrasophone

À l'aide du clavier de ce téléphone, sachant qu'une touche peut valoir plusieurs lettres, décodez la séquence de chiffres pour obtenir une citation célèbre.
53 63 773773 33 7473 33 8688, 33 7387 3' 3873 625443 3' 36 7538737

La France en désordre

Pouvez-vous retrouver, en agençant les lettres de ces mots autrement (sans tenir compte des coupures entre eux ni des accents), le nom de cette ville française ?

Son Maître

Maison, maison !

Un extraterrestre s'est perdu. Dès qu'il voit une intersection, il est programmé pour tourner, et s'il a le choix, il prend sur sa gauche. De quel côté doit-il partir pour rejoindre au plus vite sa soucoupe ?

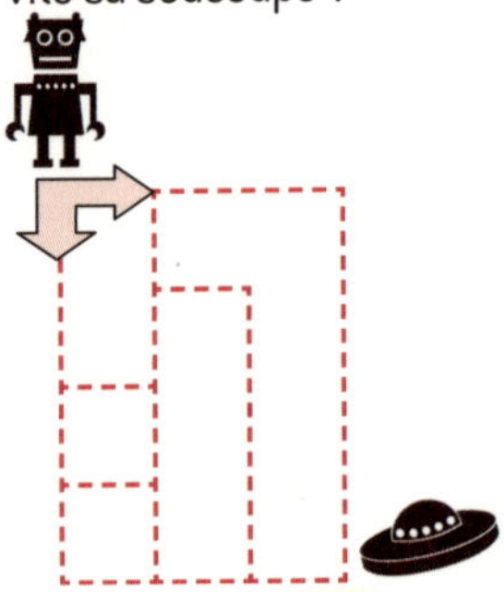

Chaque arbre cache un chasseur

Les chiffres indiquent le nombre de chasseurs qui se cachent dans la grille. Débusquez-les, sachant que :
Il y a autant d'arbres que de chasseurs.
Toute case contenant un [chasseur] est accolée à une case contenant un [arbre].
Deux cases contenant un [chasseur] ne peuvent se toucher ni par les angles ni par les côtés.

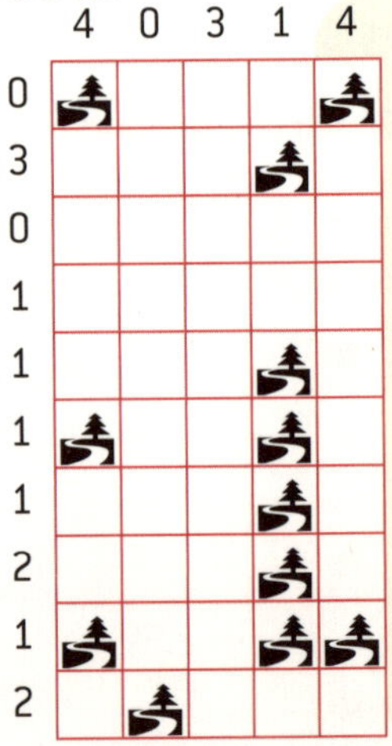

solutions aux jeux

Le phrasophone
« Je me presse de rire de tout, de peur d'être obligé d'en pleurer. » (Beaumarchais, Le Barbier de Séville.)

La France en désordre
Saint-Omer.

Maison, maison !
Il part à l'horizontale et parcourt sept cases au lieu de neuf.

Chaque arbre cache un chasseur
Annulez les lignes où il n'y a pas de chasseurs et complétez la grille :

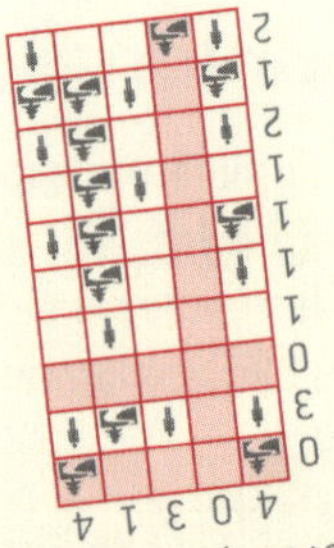

4 juin

L M M J V S D

Star en désordre

Pouvez-vous retrouver, en agençant les lettres de ces mots autrement (sans tenir compte des coupures entre eux ni des accents), le nom de ce réalisateur français ?

L'ajonc disloqué

Opération codée

Estimez la valeur de la dernière opération sachant que chacun des symboles représente un chiffre différent, toujours le même, compris entre 1 et 9.

Indice : commencez par la 2e égalité pour trouver les couples de chiffres qui, additionnés, donnent 5.

Mots éventail

Voici quatre mots en éventail à compléter, en retrouvant le début qu'ils ont en commun.

? → roque / din / lai / ssine

DOUBLE charade

Deux charades se sont mélangées. Elles vous permettront, une fois recomposées, de trouver deux noms de départements.

A. Mon premier est froid quand il vient du nord.

B. Mon premier est la sienne.

C. Mon second est l'instrument du hasard.

D. On ne va pas bien loin quand mon second est sans issue ou de garage.

Faut-il associer A et C, ou A et D ?

À vous de chercher…

solutions aux jeux

Star en désordre
Jacques Doillon.

Mots éventail
BA

Double charade
A-C : vent-dé → Vendée.
B-D : sa-voie → Savoie.

Opération codée
[oiseau] ou 6
D'après 2) : [écureuil] et [loup] valent respectivement (2, 3) ou (4, 1.)
D'après 3) : [écureuil] et [loup] valent (2, 3) car les autres valeurs ne marchent pas dans la division ; donc [oiseau] = 6 ; [écureuil] = 3 et [loup] = 2.
D'après 1) : [chat] = 1.
La dernière équation est donc égale à 6.

5 juin

L M M J V S D

Mots éventail

Voici quatre mots en éventail à compléter, en retrouvant le début qu'ils ont en commun.

? — ane / queroute / dit / deau

Le phrasophone

À l'aide du clavier de ce téléphone, sachant qu'une touche peut valoir plusieurs lettres, décodez la séquence de chiffres pour obtenir une citation célèbre.
52 42733 63878
6247 63 73
7363 727 !

Star en désordre

Pouvez-vous retrouver, en agençant les lettres de ces mots autrement (sans tenir compte des coupures entre eux ni des accents), le nom de ce chanteur français ?

Mont Caramel

Mots en losange

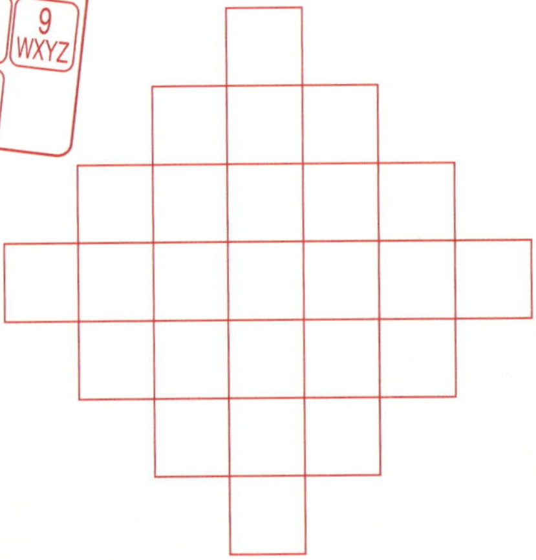

Ce sont les mêmes mots à la verticale et à l'horizontale.
En voici les définitions dans l'ordre :
Tête de noyé. – Il ne vaut pas grand-chose quand il est blanc. – L'arbre la cache. – Irritable. – Pas fictifs. – Cachés. – Inconnu.

solutions aux jeux

Mots éventail
BAN

Le phrasophone
« La Garde meurt mais ne se rend pas ! » (Pierre Cambronne.)

Star en désordre
Marcel Amont.

Mots en losange
N
FER
FORET
NERVEUX
REELS
TUS
X

6 juin

L M M J V S D

Carré romain

Complétez ce carré avec les chiffres romains de I à IX de telle sorte que chaque chiffre se trouve une et une seule fois dans la grille ; la somme de chacune des colonnes, des lignes et des grandes diagonales doit être identique. Toutes les unités représentées par « I » ont déjà été placées.

I	III	III
I		I
II	II	I

Star en désordre

Pouvez-vous retrouver, en agençant les lettres de ces mots autrement (sans tenir compte des coupures entre les mots ni des accents), le nom de ce réalisateur français ?

Dribble errant

Le comble

Quel est le comble pour un dentiste ?

COMBICOLOR

Ces couleurs primaires (jaune, bleu, rouge) se combinent pour donner trois couleurs complémentaires (vert, violet, orange)

Quel est le triplet de ballons manquant ?

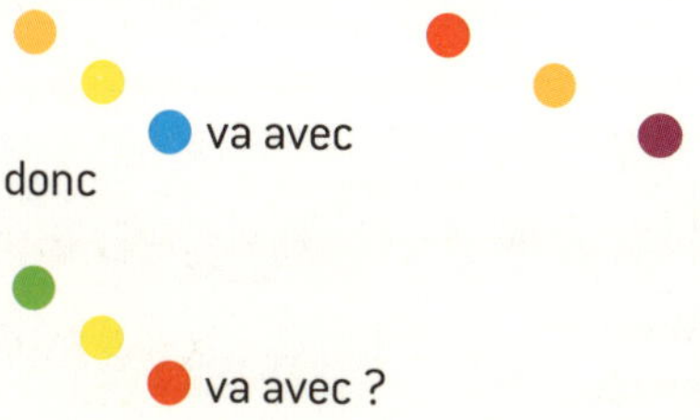

solutions aux jeux

Carré romain

La somme est 15

IV	III	VIII
IX	V	I
II	VII	VI

Le comble

C'est d'avoir une dent contre quelqu'un.

Combicolor

Bleu

Vert

Violet.

Le ballon du haut est la couleur primaire manquante dans le premier triplet ; elle entre dans la composition des complémentaires suivantes.

Star en désordre

Bertrand Blier.

7 juin

L M M J V S D

Le phrasophone

À l'aide du clavier de ce téléphone, sachant qu'une touche peut valoir plusieurs lettres, décodez la séquence de chiffres et retrouvez une citation célèbre.

362673 863
84286473 26663
23553-52 38 6687
766637 737387 !

Mots éventail

Voici quatre mots en éventail à compléter, en retrouvant le début qu'ils ont en commun.

? — traque / telas / rine / scarade

Célébrité en désordre

Pouvez-vous retrouver, en agençant les lettres de ces mots autrement (sans tenir compte des coupures entre eux ni des accents), le nom de cette favorite d'Henri II, roi de France ?

Soin de pédiatrie

Mots pyramide

Reformez six mots commençant par PERI, mais pour corser le jeu, les indices donnés sont dans le désordre...

Indices : aventures, colonnade, danger, fragile, décédera, durée.

P	E	R	I						
P	E	R	I						
P	E	R	I						
P	E	R	I						
P	E	R	I						
P	E	R	I						

solutions aux jeux

Le phrasophone
« Encore une victoire comme celle-là et nous sommes perdus ! » (Pyrrhus.)

Célébrité en désordre
Diane de Poitiers.

Mots éventail
MA

Mots pyramide

danger	P	E	R	I	L					
décédera	P	E	R	I	R	A				
durée	P	E	R	I	O	D	E			
aventures	P	E	R	I	P	L	E	S		
colonnade	P	E	R	I	S	T	Y	L	E	
fragile	P	E	R	I	S	S	A	B	L	E

8 juin

L M M J V S D

Dans le mille !

Patrice et Florent jouent aux fléchettes. Ici, le mille vaut 13, le cercle du milieu 9 et le cercle extérieur 6. Chacun a quatre fléchettes. Le gagnant est celui qui réussit à mettre le plus grand nombre de fléchettes dans le mille (le 13 donc). Lorsqu'on additionne le résultat de leurs quatre lancers, Patrice obtient 38 et Florent 40. Qui a gagné ?

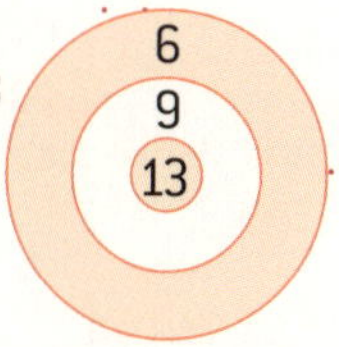

Rébus

Quel est le prénom donné par ce rébus ?

A A A A

La France en désordre

Pouvez-vous retrouver, en agençant les lettres de ces mots autrement (sans tenir compte des coupures entre eux ni des accents), le nom de cette ville française ?

Tif version Lycra

Grille logique

Tous les chiffres de cette grille sont pairs.	Je vaux le double de la valeur de la dernière case et la moitié de celle de la première.	Je vaux la somme des valeurs des deux cases qui m'entourent.	Il y a quatre chiffres différents dans cette grille.

Complétez la grille ci-dessous à l'aide des indices de la grille ci-dessus.

solutions aux jeux

Dans le mille !
C'est Patrice qui a gagné : il a mis nécessairement deux flèches dans le mille : 13 + 13 + 6 + 6 = 38. Florent n'a mis qu'une fléchette dans le mille : 9 + 9 + 9 + 13 = 40.

Grille logique

8	4	6	2

Rébus
Les A : Léa.

La France en désordre
Vitry-le-François.

9 juin

L M M J V S D

Star en désordre

Pouvez-vous retrouver, en agençant les lettres de ces mots autrement (sans tenir compte des coupures entre eux ni des accents), le nom de cette chanteuse belge ?

Canyon ridé

Jeu des prénoms

À l'aide des indices, pourrez-vous retrouver quelques Robert célèbres ?

1 – Un physicien américain considéré comme le père de la bombe atomique.

2 – Un humoriste français, réalisateur de la série de « La 7e Compagnie ».

3 – L'auteur d'un *Baiser de l'hôtel de ville* célèbre dans le monde entier.

LES DOUBLETS

En utilisant les mêmes touches, vous pouvez composer plusieurs mots différents. Lesquels ? Retrouvez les doublets de ces deux mots en vous aidant des indices. À défaut, essayez sur votre portable : il a la réponse !

CHAOS
Indice : lopin.

AGEES
Indice : assister.

Monsieur et Madame

Monsieur et Madame Malodand ont une fille, comment s'appelle-t-elle ?

solutions aux jeux

Star en désordre
Annie Cordy.

Monsieur et Madame
Jessie... j'ai si mal aux dents !

Les doublets
CHAOS ← champ.
AGEES ← aider.

Jeu des prénoms
1 – Robert Oppenheimer.
2 – Robert Lamoureux.
3 – Robert Doisneau.

10 juin

L M M J V S D

Souvenez-vous...

« Le petit cochon pendu au plafond... »
L'une de ces phrases ne fait pas partie de cette comptine, laquelle ?

1. il donnera de l'or
2. il fera des nœuds
3. il donnera du lait
4. il pondra des œufs

Mots éventail

Voici quatre mots en éventail à compléter, en retrouvant le début qu'ils ont en commun.

? → port / peler / pel / ide

K'z noire

Complétez la grille en y plaçant les cases noires : chaque chiffre indique le nombre de cases noires qui l'entourent, par un angle ou un côté.

	2		
2	3		1
			1
2		2	

La tête au carré

Complétez ce tableau avec tous les chiffres compris entre 1 et 9 pour que les résultats des opérations des lignes et des colonnes soient justes.

	−		+		=	0
−	■	+	■	x		
	+		+		=	11
+	■	x	■	+		
	+		−		=	2
=		=		=		
9		19		11		

solutions aux jeux

Souvenez-vous...
La n° 2.
Un petit cochon
Pendu au plafond
Tirez-lui la queue
Il pondra des œufs
Tirez-lui le nez
Il donnera du lait
Tirez-lui plus fort
il donnera de l'or
Combien en voulez-vous ?

Mots éventail
RAP

La tête au carré

6	−	7	+	1	=	0
−	■	+	■	x		
5	+	4	+	2	=	11
+	■	x	■	+		
8	+	3	−	9	=	2
=		=		=		
9		19		11		

K'z noire

■	2		
2	3	■	1
	■		1
2	■	2	

11 juin

L M M J V S D

Illikodoku

Complétez cette grille par des chiffres de 1 à 9 sachant que tous ces chiffres se placent dans chaque colonne et dans chaque carré 3 x 3.

1	4	2
		6
5	9	
	2	
4	1	7
9		5
2	7	1
6		
	8	4

Star en désordre

Pouvez-vous retrouver, en agençant les lettres de ces mots autrement (sans tenir compte des coupures entre eux ni des accents), le nom de cette chanteuse ?

Ruban clair

Mots éventail

Voici quatre mots en éventail à compléter, en retrouvant le début qu'ils ont en commun.

? porte
? lage
? vert
? line

Le phrasophone

À l'aide du clavier de ce téléphone, sachant qu'une touche peut valoir plusieurs lettres, décodez la séquence de chiffres et retrouvez une citation célèbre.

2' 378 7473 78' 86 27463,
2' 378 863 32883 !

solutions aux jeux

Illikodoku

1	4	2
7	3	6
5	9	8
8	2	3
4	1	7
9	6	5
2	7	1
6	5	9
3	8	4

Mots éventail
COL

Le phrasophone
« C'est pire qu'un crime, c'est une faute ! » (Joseph Fouché.)

Star en désordre
Carla Bruni.

12 juin

L M M J V S D

CHARLOT en folie

Nous avons associé une lettre à chacun de ces films de Charlie Chaplin. En les replaçant dans l'ordre chronologique, vous reconstituerez le nom de la célèbre société de production dont il est cofondateur.

S. La Comtesse de Hong Kong.
U. Charlot brocanteur.
E. Jour de paie.
R. Les Lumières de la ville.
A. Le Cirque.
T. Le Kid.
N. Charlot policier.
T. Les Feux de la rampe.
I. Le Dictateur.
D. La Ruée vers l'or.
S. Monsieur Verdoux.
I. Charlot soldat.
T. Les Temps modernes.

COMBICOLOR

Ces couleurs primaires se combinent pour donner trois couleurs complémentaires

Quelle est la paire de ballons manquant ?

va avec

donc

va avec ?

Border line

Retrouvez le motif caché dans cette grille en noircissant ses cases ; chaque chiffre indique le nombre de bordures qui l'entourent.

0	1	2	2
1	3	3	2
2	3	1	1
1	1	1	2

solutions aux jeux

Charlot en folie
United Artists
U – *Charlot brocanteur* (1916).
N – *Charlot policier* (1917).
I – *Charlot soldat* (1918).
T – *Le Kid* (1921).
E – *Jour de paie* (1922).
D – *La Ruée vers l'or* (1925).
A – *Le Cirque* (1928).
R – *Les Lumières de la ville* (1931).
T – *Les Temps modernes* (1936).
I – *Le Dictateur* (1940).
S – *M. Verdoux* (1947).
T – *Les Feux de la rampe* (1952).
S – *La Comtesse de Hong Kong* (1967).

Combicolor
Rouge, violet.
La 1re boule de la base est la couleur primaire manquante et la 2e est la résultante de celle-ci et de l'ancienne 2e boule de la base.

Solution Border line

0	1	2	2
1	3	3	2
2	3	1	1
1	1	1	2

13 juin

L M M J V S D

HA _ _ MA _

Star en désordre

Pouvez-vous retrouver, en agençant les lettres de ces mots autrement (sans tenir compte des coupures entre eux ni des accents), le nom de cette musicienne française ?

Laine catarrhe

Ouille, ouille, ouille… ! Aïe !

Trouvez deux mots qui commencent de la même façon, mais se terminent pour l'un par le son « ouille ! » et pour l'autre par le son « aïe ! ». Un indice mystérieux pour vous guider…

Adepte du système D et fagoté comme l'as de pique !

Rébus

Quel est le prénom donné par ce rébus ?

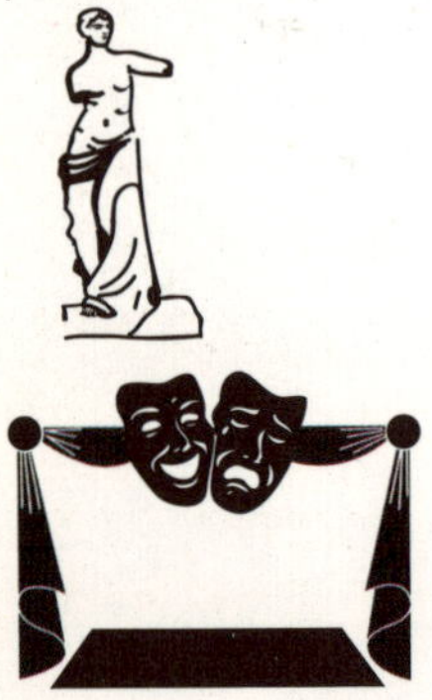

Mots pyramide

Reformez six mots commençant par PIN, mais pour corser le jeu, les indices donnés sont dans le désordre…

Indices : piquette, oiseau qui ne craint pas le froid, gallinacé, instrument à poils.

P	I	N						
P	I	N						
P	I	N						
P	I	N						

solutions aux jeux

Ouille, ouille, ouille… ! Aïe !
Débrouille / débraille.

Star en désordre
Catherine Lara.

Rébus
Art scène : Arsène.

Mots pyramide

piquette	P I N A R D
instrument à poils	P I N C E A U
oiseau qui ne craint pas le froid	P I N G O U I N
gallinacé	P I N T A D E A U

14 juin

L M M J V S D

Mots éventail

Voici quatre mots en éventail à compléter, en retrouvant le début qu'ils ont en commun.

? — bère
? — bis
? — rée
? — naise

Le phrasophone

À l'aide du clavier de ce téléphone, sachant qu'une touche peut valoir plusieurs lettres, décodez la séquence de chiffres pour obtenir une citation célèbre.

53 63877 46662368, 53 72736663 2 8687 637 3663647 !

Star en désordre

Pouvez-vous retrouver, en agençant les lettres de ces mots autrement (sans tenir compte des coupures entre eux ni des accents), le nom de ce cinéaste français ?

Blé au clochard

Mots en carré

Ce sont les mêmes mots à la verticale et à l'horizontale.

En voici les définitions dans l'ordre :
Une île de Bretagne. – Ami de Dagobert. – Une odeur de mer. – Non russe.

solutions aux jeux

Mots éventail
PU

Star en désordre
Claude Chabrol.

Mots en carré

S	E	I	N
E	L	O	I
I	O	D	E
N	I	E	T

Le phrasophone
« Je meurs innocent, je pardonne à tous mes ennemis ! » (Louis XVI.)

15 juin

L M M J V S D

Cercle magique

Complétez les neuf petits cercles avec les neuf premiers nombres impairs de telle sorte que tous les nombres soient placés et que les trois rayons et les trois cercles fassent la même somme.

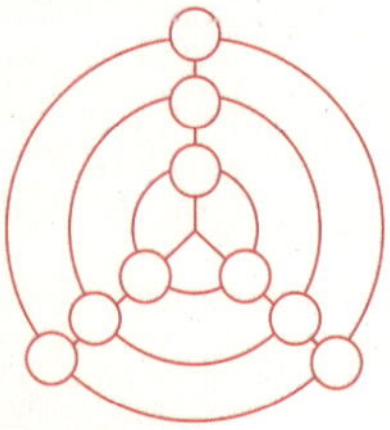

Star en désordre

Pouvez-vous retrouver, en agençant les lettres de ces mots autrement (sans tenir compte des coupures entre eux ni des accents), le nom de cette chanteuse et actrice française ?

Le soda Mirabelle

Le phrasophone

À l'aide du clavier de ce téléphone, sachant qu'une touche peut valoir plusieurs lettres, décodez la séquence de chiffres et retrouvez une citation célèbre.

53 8247 8687
6668737 2666368
66 63878 7687
84648 - 2467
372627 !

CHASSEZ l'intrus

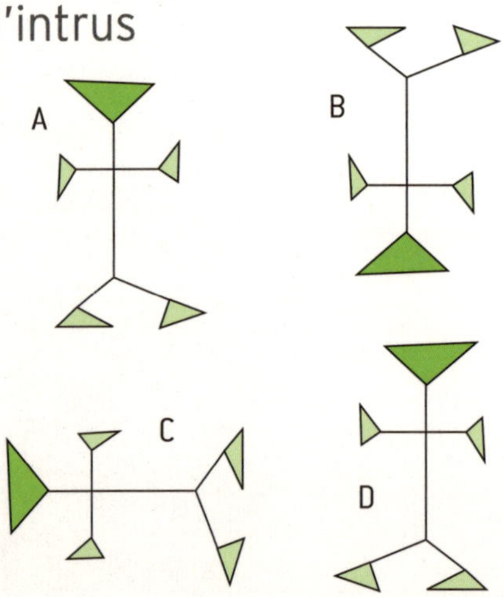

solutions aux jeux

Chassez l'intrus
La figure A : même en la faisant pivoter, elle ne peut ressembler aux autres.

Le phrasophone
« Je vais vous montrer comment on meurt pour vingt-cinq francs ! » (Alphonse Baudin.)

Cercle magique

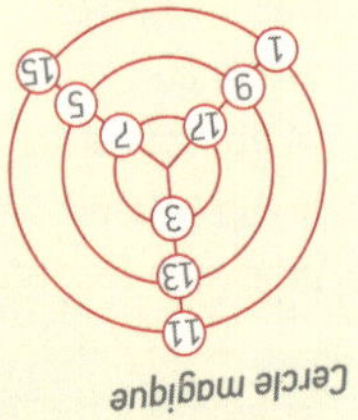

La somme magique est 27 !

Star en désordre
Arielle Dombasle.

16 juin

L M M J V S D

LES DOUBLETS

En utilisant les mêmes touches, vous pouvez composer plusieurs mots différents. Lesquels ? Retrouvez les doublets de ces deux mots en vous aidant des indices. À défaut, essayez sur votre portable : il a la réponse !

DENTS
Indice : col
BIERE
Indice : breton

Star en désordre

Pouvez-vous retrouver, en agençant les lettres de ces mots autrement (sans tenir compte des coupures entre eux ni des accents), le nom de ce réalisateur français ?

Moule lilas

Mots éventail

Voici quatre mots en éventail à compléter, en retrouvant le début qu'ils ont en commun.

? → phine
? → tel
? → pion
? → ose

Grille logique

Je suis un diviseur de 15 comme la case suivante et la dernière.	Je suis un diviseur de 21 comme les deux cases qui me suivent.	Tous les chiffres de cette grille sont impairs et différents.	Je suis un diviseur de 14 comme ma voisine.

Complétez la grille ci-dessous à l'aide des indices de la grille ci-dessus.

solutions aux jeux

Star en désordre
Louis Malle.

Mots éventail
MOR

Les doublets
DENTS → fémur.
BIERE → cidre.

Grille logique

5	3	7	1

17 juin

L M M J V S D

Star en désordre

Pouvez-vous retrouver, en agençant les lettres de ces mots autrement (sans tenir compte des coupures entre eux ni des accents), le nom de cette athlète française ?

Je repère si coma

Derrière les tours...

Les tours cachent les résidences qui cachent les maisons individuelles. Attribuez dans la grille la place de chaque type d'habitation, sachant que :

– Chaque flèche vous dirige et vous indique le nombre d'habitations visibles.

– Chaque type d'habitation se trouve dans chacune des lignes et colonnes.

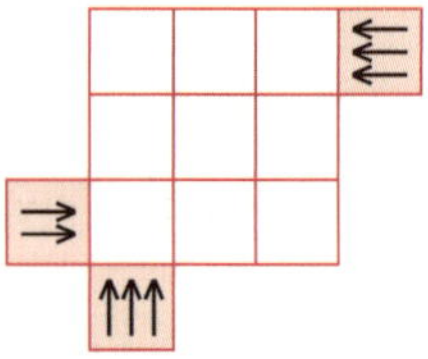

COMBICOLOR

Ces couleurs primaires se combinent pour donner trois couleurs complémentaires

Quel est le triplet de ballons manquant ?

va avec

donc

va avec ?

DOUBLE charade

Deux charades se sont mélangées. Elles vous permettront, une fois recomposées, de trouver deux noms de poissons.

A. Mon premier est une note de musique.

B. Mon premier sert à faire des phrases.

C. Mon second est une petite avenue.

D. Mon second est en argot un endroit où boire une mousse.

Faut-il associer A et C, ou A et D ?

À vous de chercher...

solutions aux jeux

Star en désordre
Marie-José Perec.

Double charade
A-D : do-rade → daurade.
B-C : mot-rue → morue.

Combicolor
Rouge
Jaune, Bleu
Le sommet redevient sommet et les deux boules de la base perdent la couleur du sommet.

Derrière les tours...

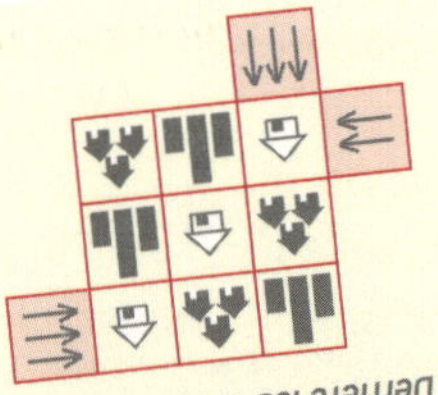

18 juin

L M M J V S D

Star en désordre

Pouvez-vous retrouver, en agençant les lettres de ces mots autrement (sans tenir compte des coupures entre eux ni des accents), le nom de ce réalisateur français ?

Jongla du cadre

Mots éventail

Voici quatre mots en éventail à compléter, en retrouvant le début qu'ils ont en commun.

? — age / ail / ion / efeuille

KOLORUDOKU

Complétez cette grille par les symboles ♣ ♥ ♣ ♥ ♣ ♥ sachant que tous les symboles se trouvent dans chaque ligne et dans chaque colonne.

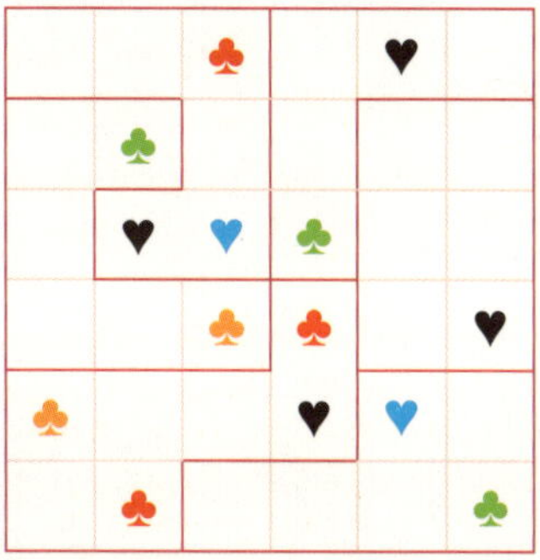

Allô proverbe !

À l'aide du clavier de ce téléphone, sachant qu'une touche peut valoir plusieurs lettres, décodez la séquence de chiffres et retrouvez une citation célèbre.

6' 222873 727 53 78487 3' 3873 8767 7763663 ; 2' 378 82 26733 784 378 8767 268783.

solutions aux jeux

Star en désordre
Jean-Luc Godard.

Mots éventail
PORT

Allô proverbe !
« N'accuse pas le puits d'être trop profond ; c'est ta corde qui est trop courte. »
(Proverbe indien.)

Kolorudoku

19 juin

L M M J V S D

Mots éventail

Voici quatre mots en éventail à compléter, en retrouvant le début qu'ils ont en commun.

? → sque / dicule / zière / canc

Star en désordre

Pouvez-vous retrouver, en agençant les lettres de ces mots autrement (sans tenir compte des coupures entre eux ni des accents), le nom de cet acteur et danseur américain ?

As de fratrie

Le phrasophone

À l'aide du clavier de ce téléphone, sachant qu'une touche peut valoir plusieurs lettres, décodez la séquence de chiffres et retrouvez une citation célèbre.

86 243825 ! 86 243825 ! 666 7692863 7687 86 243825.

Sudodés

Replacez les faces de dés dans la grille sachant que toutes apparaissent une et une seule fois dans chacune des lignes et des colonnes.

solutions aux jeux

Mots éventail
RI

Star en désordre
Fred Astaire.

Le phrasophone
« Un cheval ! Un cheval ! Mon royaume pour un cheval. » (William Shakespeare, Richard III.)

Sudodés

20 juin

L M M J V S D

Star en désordre

Pouvez-vous retrouver, en agençant les lettres de ces mots autrement (sans tenir compte des coupures entre eux ni des accents), le nom de ce réalisateur français ?

Astuce adulte

CHASSEZ l'intrus

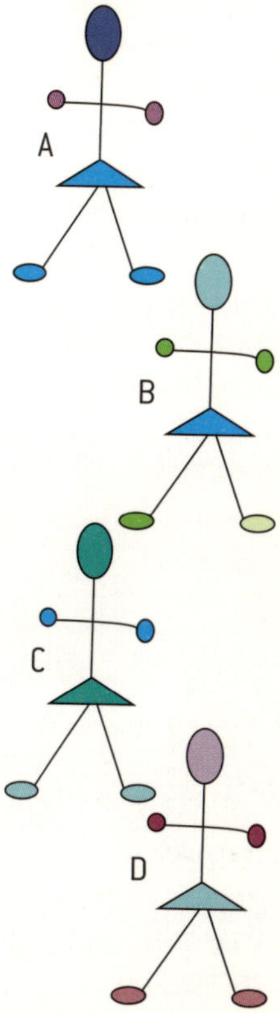

Le comble

Quel est le comble pour un électricien ?

Pays du monde

Reconstituez dans cette grille les noms de cinq pays du monde. Les lettres se suivent de bas en haut, de gauche à droite ou vice-versa mais jamais en diagonale.

			C	H	I	A			
U	E	L	A	I	L	F	G	H	A
Z	E	U	O	B	M	E	X	N	N
E	N	R	G	A	U	S	U	A	I
V	E	I	L	A	R	T	L	T	S

solutions aux jeux

Star en désordre
Claude Sautet.

Le comble
C'est d'avoir des ampoules aux mains.

Chassez l'intrus
B : les pieds ne sont pas de la même couleur.

Pays du monde

			C	H	I	A			
U	E	L	A	I	L	F	G	H	A
Z	E	U	O	B	M	E	X	N	N
E	N	R	G	A	U	S	U	A	I
V	E	I	L	A	R	T	L	T	S

AFGHANISTAN
AUSTRALIE
LUXEMBOURG
VENEZUELA
CHILI

21 juin

L M M J V S D

Star en désordre

Pouvez-vous retrouver, en agençant les lettres de ces mots autrement (sans tenir compte des coupures entre eux ni des accents), le nom de cette chanteuse française ?

Sigle de pharaon

Mots pyramide

Reformez quatre mots finissant par PLA. Attention, pour corser le jeu, les indices donnés sont dans le désordre.

Indices : sans effets, sous les pavés, contrefaçon, attirer.

P	L	A						
P	L	A						
P	L	A						
P	L	A						

Mots éventail

Voici quatre mots en éventail à compléter, en retrouvant le début qu'ils ont en commun.

? eau
? astre
? avre
? ran

La touche finale

Si on compose un mot sur un téléphone portable, il suffit parfois d'appuyer sur une touche de plus pour obtenir un tout autre mot.
Retrouvez le résultat de ces combinaisons de touches. Si vous ne trouvez pas, essayez sur votre portable : il a la réponse !

ALAIN + 6 = ?
KURT + 3 = ?

solutions aux jeux

Star en désordre
La Grande Sophie.

La touche finale
ALAIN + 6 = Albion.
KURT + 3 = juste.

Mots éventail
CAD

Mots pyramide

P	L	A	G	E			
P	L	A	I	R	E		
P	L	A	G	I	A	T	
P	L	A	C	E	B	O	S

sous les pavés
attirer
contrefaçon
sans effets

22 juin

L M M J V S D

ÉNIGRAMMES

Sur cinq pieds,
vois d'abord,
sans qu'il soit
emporté,
Ce que fait
le cheval,
se jetant de côté.
Renversé,
je deviens,
cher lecteur,
d'une rue
Ou d'un grand
boulevard, la ligne
parcourue.

Rébus

Quel est le titre de ce film illustré par ce rébus ?

BLEU

K'z noire

Complétez la grille en y plaçant les cases noires : chaque chiffre indique le nombre de cases noires qui l'entourent, par un angle ou un côté.

1	2		
	2		
1		3	3
	1		

Cousins, cousines

La sœur de mon frère a deux fois plus d'enfants que l'oncle de ma fille unique. Elle a cinq nièces et moi cinq neveux. Combien avons-nous d'enfants au total sachant que les filles sont aussi nombreuses que les garçons et que nous avons tous eu moins de dix enfants ?

Les parents	Nombre d'enfants	Nombre de filles	Nombre de garçons
Moi			
Ma sœur			
Mon frère			
Total			

solutions aux jeux

Énigrammes
Écart et trace.

K'z noire

1	2		
■	2	■	■
1		3	3
	1	■	

Cousins, cousines
Seize enfants ! Ma sœur a cinq nièces : comme je n'ai qu'une fille, mon frère en a quatre. J'ai cinq neveux : ce sont les garçons de ma sœur. Sinon mon frère aurait au moins cinq enfants et donc ma sœur au moins dix.

Les parents	Nombre d'enfants	Nombre de filles	Nombre de garçons
Moi	4	1	3
Ma sœur	8	3	5
Mon frère	4	4	0
Total	16	8	8

Rébus
« Bleu » écrit en « grand » : *Le Grand Bleu*.

23 juin

L M M J V S D

Illikodoku

Complétez cette grille par des chiffres de 1 à 9 sachant que tous ces chiffres se placent dans chaque colonne et dans chaque carré 3 x 3.

7		6
8	1	9
	3	
9	6	7
	8	
1		3
5	9	8
6	2	1

Mots éventail

Voici quatre mots en éventail à compléter, en retrouvant le début qu'ils ont en commun.

? — tine, doudou, blard, age

LES DOUBLETS

En utilisant les mêmes touches, vous pouvez composer plusieurs mots différents. Lesquels ? Retrouvez les doublets de ces deux mots en vous aidant des indices. À défaut, essayez sur votre portable : il a la réponse !

CHERE Indice : mousse.
LOGO Indice : prénom.

Star en désordre

Pouvez-vous retrouver, en agençant les lettres de ces mots autrement (sans tenir compte des coupures entre eux ni des accents), le nom de cette chanteuse française ?

Bain de miche

solutions aux jeux

Illikodoku

7	5	6
8	1	9
4	3	2
9	6	7
2	8	5
1	4	3
5	9	8
3	7	4
6	2	1

Mots éventail
ROU

Les doublets
CHERE → bière.
LOGO → John.

Star en désordre
Chimène Badi.

24 juin

L M M J V S D

Suite logique

Quels sont les deux symboles manquants ?

♥
♥
♥
♦
♥
♥
♦
?
?

JEu Du Bus

Entre 17 h et 19 h, 150 personnes sont montées dans le bus. Parmi elles, 62 ont présenté leur forfait d'abonnement et 12 ont composté des tickets achetés avant de monter.
À 19 h, le chauffeur possédait 237,90 € en caisse, soit une augmentation de 50 % depuis sa prise de service.
Étant donné que le prix du ticket a été vendu dans le bus à 1,30 €, combien y a-t-il eu de resquilleurs ?

Star en désordre

Pouvez-vous retrouver, en agençant les lettres de ces mots autrement (sans tenir compte des coupures entre eux ni des accents), le nom de ce réalisateur français ?

Camperai au lit

Derrière les tours…

Les tours cachent les résidences qui cachent les maisons individuelles.
Attribuez dans la grille la place de chaque type d'habitation, sachant que :
– Chaque flèche vous dirige et vous indique le nombre d'habitations visibles.
– Chaque type d'habitation se trouve dans chacune des lignes et colonnes.

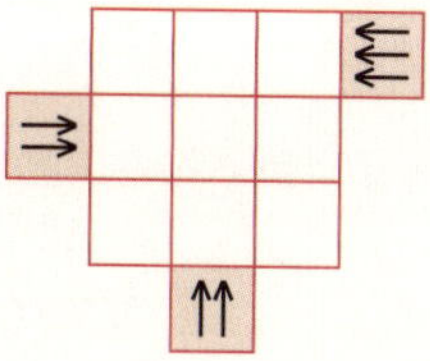

solutions aux jeux

Suite logique
Cœur, carreau.
Trois cœurs un carreau, deux cœurs un carreau donc un cœur un carreau.

Star en désordre
Maurice Pialat.

Jeu du bus
15 personnes ont pris le bus sans titre de transport !
150 – (62 + 12) = 76 voyageurs auraient dû acheter un ticket dans le bus. Le chauffeur de bus a encaissé 79,30 € (237,90 : 3), ce qui correspond à 61 voyageurs (79,30/1,30), soit 15 de moins que ce qui aurait dû être !

Derrière les tours…

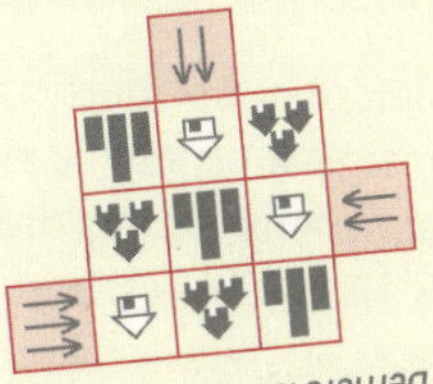

25 juin

L M M J V S D

Mots éventail

Voici quatre mots en éventail à compléter, en retrouvant le début qu'ils ont en commun.

? — ban / ser / pture / minant

Monsieur et Madame

Monsieur et Madame Cadi ont un fils, comment s'appelle-t-il ?

Star en désordre

Pouvez-vous retrouver, en agençant les lettres de ces mots autrement (sans tenir compte des coupures entre eux ni des accents), le nom de cette chanteuse française ?

Rigole de fée

Mots pyramide

Reformez six mots commençant par PLU, mais pour corser le jeu, les indices donnés sont dans le désordre...

Indices : humide, habits d'oiseaux, dieu romain des Enfers, souvent marqué par un s.

P	L	U						
P	L	U						
P	L	U						
P	L	U						

solutions aux jeux

Mots éventail
RU

Monsieur et Madame
Jacques... Jacques a dit !

Star en désordre
Élodie Frégé.

Mots pyramide à l'envers

P	L	U	T	O	N			
P	L	U	R	I	E	L		
P	L	U	M	A	G	E	S	
P	L	U	V	I	E	U	S	E

dieu romain des Enfers
souvent marqué par un s
habits d'oiseaux
humide

26 juin

L M M J V S D

Rébus

Quel est le prénom donné par ce rébus ?

et 

Mots éventail

Voici quatre mots en éventail à compléter, en retrouvant le début qu'ils ont en commun.

? mide
? ramisu
? rer
? tille

Star en désordre

Pouvez-vous retrouver, en agençant les lettres de ces mots autrement (sans tenir compte des coupures entre eux ni des accents), le nom de ce réalisateur français ?

Large esturgeon

Code secret

Retrouvez le code d'ouverture de cette cave, sachant que chaque fois qu'un bon numéro est tapé sur le clavier :

- Une lumière verte s'allume si un numéro est bien placé.
- Une lumière rouge s'allume si un numéro est mal placé.

Les indices en marge vont vous éclairer !

3	6	2	5				
5	2	8	6				
5	2	4	6				
6	1	4	8				

?	?	?	?

solutions aux jeux

Rébus
Et vœux : Ève.

Mots éventail
Ti

Star en désordre
Georges Lautner.

Code secret

3	1	2	8

27 juin

L M M J V S D

1 2 3

Star en désordre

Pouvez-vous retrouver, en agençant les lettres de ces mots autrement (sans tenir compte des coupures entre eux ni des accents), le nom de cette chanteuse française ?

Madame SAMU

Le phrasophone

À l'aide du clavier de ce téléphone, sachant qu'une touche peut valoir plusieurs lettres, décodez la séquence de chiffres pour obtenir une citation célèbre.

8687 37768839
7267 36883 7587
33 27246837 2
736373 23883
73683623 783 664
2 5' 22237837.

Le comble

Quel est le comble pour un toréador ?

Mot en serpentin

En utilisant toutes les lettres mais une seule fois, formez un mot en serpentant dans cette grille.
Les cases des lettres doivent se toucher par un angle ou un côté.

L	I	N	
S	A	U	R
E	T	J	O

solutions aux jeux

Mot en serpentin
Journaliste.

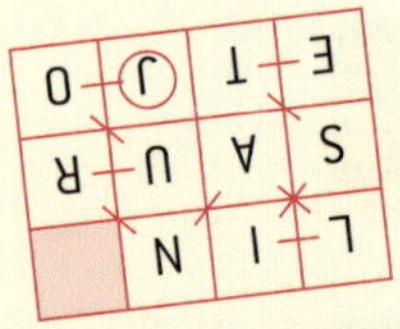

Star en désordre
Emma Daumas.

Le comble
C'est de ne pas aimer prendre le taureau par les cornes.

Le phrasophone
« Vous éprouvez sans doute plus de craintes à rendre cette sentence que moi à l'accepter. »
(Giordano Bruno.)

28 juin

L M M J V S D

GRANDE SOIF

Randonnée dans les Landes. Cédric et Marion n'ont pris qu'une gourde de 1 litre pour eux deux. Dans l'après midi, Cédric boit quatre fois moins de gorgées d'eau que Marion n'en boit en 12 pauses. Mais, à chaque pause, Cédric boit 5 gorgées de plus que Marion. À chaque pause, combien boivent-ils chacun de gorgées d'eau ?

Mots éventail

Voici quatre mots en éventail à compléter, en retrouvant le début qu'ils ont en commun.

? fran / voir / lon / chet

HEXASuDOKu

Complétez cette grille par les chiffres de 1 à 6 de telle sorte que chaque chiffre se trouve dans chaque ligne horizontale, chaque diagonale et chaque hexagone.

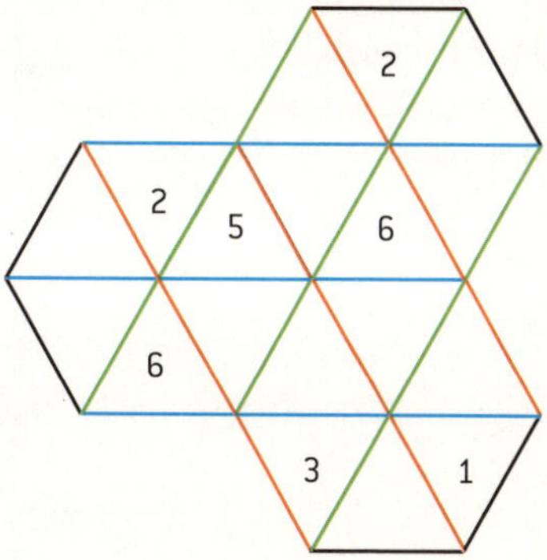

Monsieur et Madame

Monsieur et Madame Maloso ont une fille, comment s'appelle-t-elle ?

solutions aux jeux

Grande soif

Cédric boit 7,5 gorgées d'eau à chaque pause et Marion 2,5.
Appelons C le nombre de gorgées bues à chaque pause par Cédric et M le nombre de gorgées bues à chaque pause par Marion :
C = 1/4 (M x 12),
c'est-à-dire C = 3 M.
Et C = M + 5 donc
3 M = M + 5.
Par conséquent 2 M = 5, et donc M = 2,5 et C = 7,5.

Hexasudoku

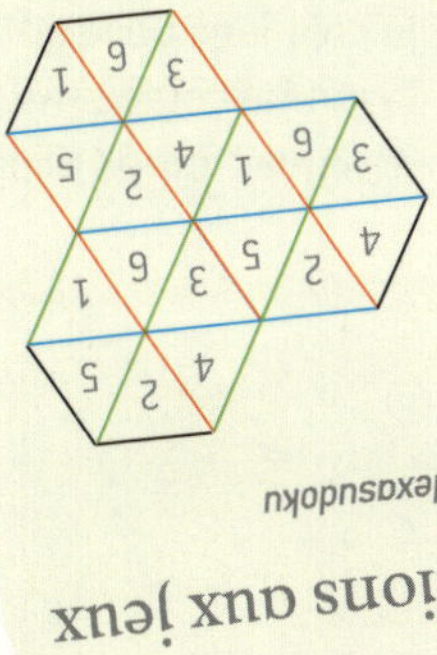

Mots éventail

SA

Monsieur et Madame

Mélanie... mets l'animal au zoo !

29 juin

L M M J V S D

La France en désordre

Pouvez-vous retrouver, en agençant les lettres de ces mots autrement (sans tenir compte des coupures entre eux ni des accents), le nom de cette ville française ?

Faible tonneau

Dans l'ordre

Permutez les couleurs de ces figures à partir des indices ci-dessous.

Deux couleurs descendent et deux autres montent. Le noir est plus haut que le rouge et que le jaune. Il n'y a pas de rouge en dernière position.

Double charade

Deux charades se sont mélangées. Elles vous permettront, une fois recomposées, de trouver deux noms de légumes.

A. Ma première est piquante.

B. Mon premier n'est pas beau.

C. Mon second n'est pas dit.

D. Mon second est une surface.

Faut-il associer A et C, ou A et D ? À vous de chercher…

Zonages

Sachant que chacun des chiffres indique le nombre de cases de la même couleur qui se touchent (une zone), complétez le coloriage de la grille. Deux zones ayant la même couleur ne peuvent se toucher ni par les côtés ni par les angles.

1		1	4
	5		
1		4	

solutions aux jeux

La France en désordre

Fontainebleau.

Dans l'ordre

Bleu
Noir
Rouge
Jaune

Zonages

1		1	4
	5		
1		4	

Double charade

A-D : épine-are → épinard.
B-C : laid-tu → laitue.

30 juin

L M M J V S D

Rébus

Quel est le prénom donné par ce rébus ?

Célébrité en désordre

Pouvez-vous retrouver, en agençant les lettres de ces mots autrement (sans tenir compte des coupures entre eux ni des accents), le nom de cette reine de France ?

La cendre du café

Mots éventail

Voici quatre mots en éventail à compléter, en retrouvant le début qu'ils ont en commun.

? ige
? utron
? uf
? z

Cercle magique

Complétez les neuf petits cercles par des chiffres compris entre 1 et 9 de telle sorte que tous les chiffres soient placés et que les trois rayons et les trois cercles fassent la même somme.

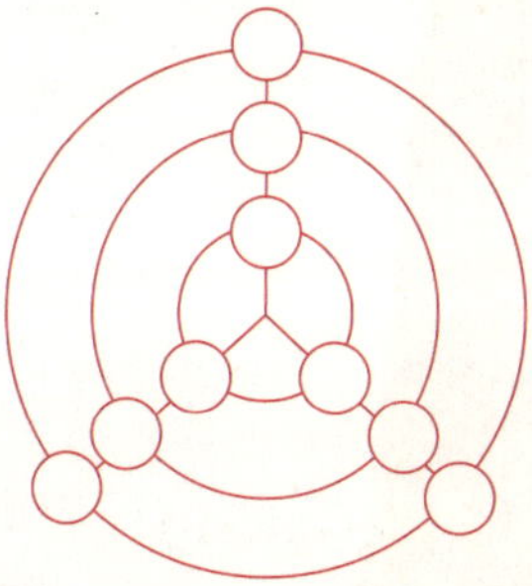

solutions aux jeux

Rébus
Sans son : Samson.

Célébrité en désordre
Claude de France.

Mots éventail
NE

Cercle magique

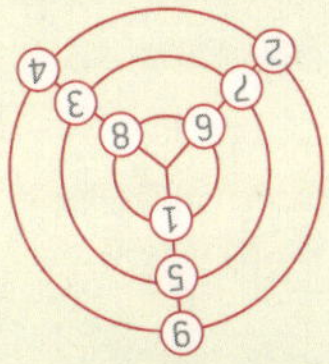

La somme magique est 15 !

1 juillet

L M M J V S D

CHASSEZ l'intrus

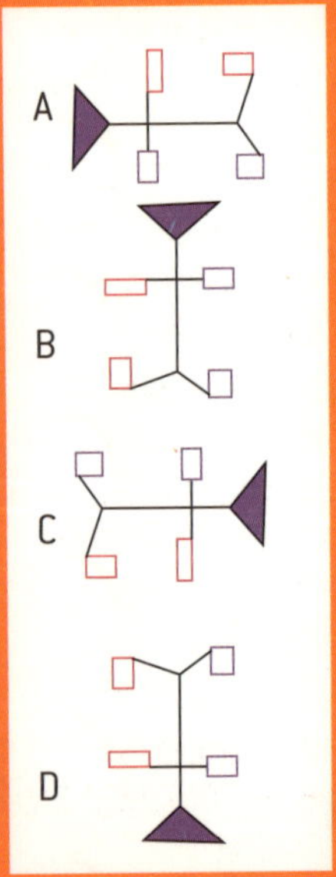

Mots éventail

Voici quatre mots en éventail à compléter, en retrouvant le début qu'ils ont en commun.

? — tour / quoi / centage / ri

Château en désordre

Pouvez-vous retrouver, en agençant les lettres de ces mots autrement (sans tenir compte des coupures entre eux ni des accents), le nom de ce château français ?

Vive toux calme

Le phrasophone

À l'aide du clavier de ce téléphone, sachant qu'une touche peut valoir plusieurs lettres, décodez la séquence de chiffres pour obtenir une citation célèbre.

52 7336763, 684 ! 52 24436548, 666 !

solutions aux jeux

Chassez l'intrus
La figure B : même en la faisant pivoter, elle ne peut ressembler aux autres.

Château en désordre
Vaux-le-Vicomte.

Le phrasophone
« La réforme, oui ! La chienlit, non ! » (Général Charles de Gaulle.)

Mots éventail
POUR

2 juillet

L M M J V S D

Mots pyramide à l'envers

Reformez quatre mots finissant par EIL. Attention, pour corser le jeu, les indices donnés sont dans le désordre…

Indices : réception, dernière bière, doigt, signe de complicité.

			E	I	L			
				E	I	L		
					E	I	L	
						E	I	L

Allô 007 !

Votre mission : découvrir le nom d'une ville française grâce aux trois indices chiffrés. Décodez-les à l'aide du clavier de ce téléphone, en sachant qu'une même touche peut donner plusieurs lettres (exemple : 2 pour A, B ou C…). À défaut, essayez sur votre portable : il a la réponse !

87267687422537

9458673

27382463

Mot logique

Je contiens une consonne.	Les consonnes de la grille apparaissent dans l'ordre alphabétique.	Les voyelles de la grille sont dans l'« IDEAL ».	Une case contenant une voyelle ne se trouve jamais à côté d'une case contenant une autre voyelle.	La totalité de la grille est un mot qui peut signifier : « IDEAL D'EGALITE ».	Toutes les cases sont différentes.

Découvrez le mot qui se cache derrière les indices de la grille ci-dessus.

solutions aux jeux

Mots pyramide à l'envers

O	R	T	E	I	L			
A	C	C	U	E	I	L		
C	E	R	C	U	E	I	L	
C	L	I	N	D	O	E	I	L

doigt
réception
dernière bière
signe de complicité

Mot logique

P	A	R	I	T	E

Allô 007 !

Rennes

Les trois indices sont : Transmusicales, Wiltord (joueur de foot lié à Rennes) et Bretagne.

3 juillet

L M M J V S D

Le phrasophone

À l'aide du clavier de ce téléphone, sachant qu'une touche peut valoir plusieurs lettres, décodez la séquence de chiffres pour obtenir une citation célèbre.
27737 6687 53
335843

Star en désordre

Pouvez-vous retrouver, en agençant les lettres de ces mots autrement (sans tenir compte des coupures entre eux ni des accents), le nom de ce pilote de course français ?

Palier voisin

2 Romains valent 1 Gaulois

```
  ROMAINS
+ ROMAINS
  GAULOIS
```

1. Chaque lettre représente toujours un même chiffre : 0, 1, 2, 3, 4, 5, 6, 7, 8 ou 9.
2. Chaque chiffre n'est représenté qu'une seule fois.
3. Aucun terme de l'opération ne commence par 0.

Indice : A = 9.

Chaque arbre cache un chasseur

Les chiffres indiquent le nombre de chasseurs qui se cachent dans la grille. Débusquez-les, sachant que :
Il y a autant d'arbres que de chasseurs.
Toute case contenant un chasseur est accolée à une case contenant un arbre.
Deux cases contenant un chasseur ne peuvent se toucher ni par les angles ni par les côtés.

solutions aux jeux

Le phrasophone
« Après nous le déluge. »
(Marquise de Pompadour).

2 Romains valent 1 Gaulois

```
  3479210
+ 3479210
  6958420
```

Il y a dix lettres donc l'une d'entre elle est égale à 0 : S = 0.
A = 9 signifie que L = 8 ; que A + A a une retenue donc que U est impair ; que O + O est impair donc M ≥ 5.
N + N est pair donc I est pair et I < 5 car A = A est pair : I = 2 (I = 4 est impossible car alors O = 8 = L ou O = 9 = A).
I = 2 signifie N = 1 et O = 4 ou N = 6 et O = 5.
Comme O + O = 9, O = 4 et N = 1.
Sachant que U est impair puisque A + A a une retenue et que G est pair : M = 7, U = 5, R = 3 et G = 6.

Chaque arbre cache un chasseur
Annulez la ligne où il n'y a pas de chasseurs et complétez la grille :

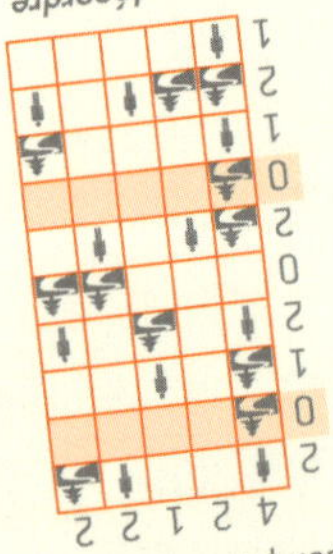

Star en désordre
Olivier Panis.

4 juillet

L M M J V S D

La France en désordre

Pouvez-vous retrouver, en agençant les lettres de ces mots autrement (sans tenir compte des coupures entre eux ni des accents), le nom de cette ville française ?

Le canon

Mots éventail

Voici quatre mots en éventail à compléter, en retrouvant le début qu'ils ont en commun.

? bais
? meur
? tion
? cler

Grille logique

La valeur de cette case est égale à celle d'une autre case.	La valeur de cette case est égale à la différence des cases voisines.	La valeur de cette case est égale à la somme des cases voisines.	Tous les chiffres de cette grille sont des multiples de 3.

À l'aide des indices qui se trouvent dans la grille ci-dessus, remplissez la grille ci-dessous.

DOUBLE charade

Deux charades se sont mélangées. Elles vous permettront, une fois recomposées, de trouver deux noms de poissons.

A. Mon premier est un peu niais.
B. Mon premier voit passer beaucoup de trains.
C. Mon second est une colline.
D. Mon second est un cadeau.

Faut-il associer A et C, ou A et D ? À vous de chercher...

Solutions aux jeux

La France en désordre
Alençon.

Mots éventail
RA

Grille logique

3	6	9	3

Double charade
A-C : sot-mont → saumon
B-D : gare-don → gardon

5 juillet

L M M J V S D

La France en désordre

Retrouvez, en agençant les lettres de ces mots autrement (sans tenir compte des coupures entre eux ni des accents), le nom de cette ville française.

Ton lycée fantôme

Mots éventail

Voici quatre mots en éventail à compléter, en retrouvant le début qu'ils ont en commun.

? – ce / deau / ine / ibole

LES DOUBLETS

En utilisant les mêmes touches, vous pouvez composer plusieurs mots différents. Lesquels ? Retrouvez les doublets de ces deux mots en vous aidant des indices. À défaut, essayez sur votre portable : il a la réponse !

CANARD
Indice : petit four.
POGROM
Indice : mortel.

Mots en losange

Ce sont les mêmes mots à la verticale et à l'horizontale. En voici les définitions dans l'ordre : Redoublé, c'est un enfant. – Il faut le garder. – Condiment. – Cérémonie initiatique. – Comptabilisé. – Bouleversé. – Sortie de piste.

solutions aux jeux

La France en désordre
Fontenay-le-Comte.

Les doublets
CANARD -> canapé.
POGROM -> poison.

Mots éventail
FAR

Mots en losange

B
CAP
CAPRE
BAPTEME
PREVU
EMU
E

Illikodoku

Complétez cette grille par des chiffres de 1 à 9 sachant que tous ces chiffres se placent dans chaque colonne et dans chaque carré 3 x 3.

	5	1
6		2
7	3	
5		4
8	1	
	6	7
	2	5
3		8
1	4	

Célébrité en désordre

Pouvez-vous retrouver, en agençant les lettres de ces mots autrement (sans tenir compte des coupures entre eux ni des accents), le nom de ce savant français ?

Cite le bon énarque

Dans l'ordre

Permutez les couleurs de ces figures à partir des indices ci-dessous.

Le noir précède le bleu.
Une seule couleur reste à sa place.
Le jaune suit le rouge.

Le comble

Quel est le comble pour un facteur ?

solutions aux jeux

Illikodoku

4	5	1
6	8	2
7	3	9
5	9	4
8	1	3
2	6	7
9	2	5
3	7	8
1	4	6

Le comble
C'est d'être un peu timbré.

Dans l'ordre
Rouge
Jaune
Noir
Bleu

Célébrité en désordre
Antoine Becquerel.

7 juillet

L M M J V S D

Animal en désordre

Pouvez-vous retrouver, en agençant les lettres de ces mots autrement (sans tenir compte des coupures entre eux ni des accents), le nom de cette race de chien ?

Larrons pulsés

Le phrasophone

À l'aide du clavier de ce téléphone, sachant qu'une touche peut valoir plusieurs lettres, décodez la séquence de chiffres pour obtenir une citation célèbre.

2 26387 82455268,
7436 3' 4676774253

Mots éventail

Voici quatre mots en éventail à compléter, en retrouvant le début qu'ils ont en commun.

? leur
? ton
? peau
? rade

Mots pyramide

Reformez quatre mots commençant par RAT, mais pour corser le jeu, les indices donnés sont dans le désordre...

Indices : peut être laveur, rayures, part, approuver.

R	A	T					
R	A	T					
R	A	T					
R	A	T					

solutions aux jeux

Animal en désordre
Parson-russell.

Mots éventail
CHA

Mots pyramide

RATON	peut être laveur
RATION	part
RATURES	rayures
RATIFIER	approuver

Le phrasophone
« À cœur vaillant, rien d'impossible. » (Jacques Cœur.)

8 juillet

L M M J V S D

Rébus

Quel est le prénom donné par ce rébus ?

OOO

La *touche* finale

Si on compose un mot sur un téléphone portable, il suffit parfois d'appuyer sur une touche de plus pour obtenir un tout autre mot. Retrouvez le résultat de ces combinaisons de touches. Si vous ne trouvez pas, essayez sur votre portable : il a la réponse !

CIAO + 8 = ?

EPIS + 3 = ?

Monument en désordre

Pouvez-vous retrouver, en agençant les lettres de ces mots autrement (sans tenir compte des coupures entre eux ni des accents), le nom de ce monument français ?

Mât de perchoir

Les chiffres fléchés

Complétez cette grille avec les chiffres de 1 à 9 sachant que :

- La somme de la série de chiffres à trouver est donnée dans les cases grisées.
- Chaque chiffre ne peut être utilisé qu'une seule fois dans une somme.
- Une série de chiffres ne peut apparaître qu'une seule fois dans la grille.

Indice : il ne manque plus qu'un 3.

			9	21		
		5→ 29↓			23	
	21→ 3↓	5	3			7
26				3		
11			10→ 9↓	5		3
	23					
		5				

solutions aux jeux

Rébus

Les O : Léo.

La touche finale

CIAO + 8 = chant.

EPIS + 3 = frise ou frire.

Monument en désordre

Arc de triomphe.

Les chiffres fléchés

			9	21		
		5→ 29↓	4	1	23	
	21→ 3↓	5	3	6	7	7
26	1	7	2	3	9	4
11	2	9	10→ 9↓	5	2	3
	23	8	6	4	5	
		5	3	2		

9 juillet

L M M J V S D

Animal en désordre

Pouvez-vous retrouver, en agençant les lettres de ces mots autrement (sans tenir compte des coupures entre eux ni des accents), le nom de cette race de chien ?

Rêve neutre

Rébus

Quel est le titre du film illustré par ce rébus ?

Octobre

L'AIGLE à trois têtes

Trouvez trois mots de six lettres correspondant à cet indice en faisant varier leur initiale (exemple : radin, gadin, badin).

Il n'a pas tort celui qui reste chez lui en été.

Zonages

Sachant que chacun des chiffres indique le nombre de cases de la même couleur qui se touchent (une zone), complétez le coloriage de la grille. Deux zones ayant la même couleur ne peuvent se toucher ni par les côtés ni par les angles.

	2		1
		5	
2			2

solutions aux jeux

Animal en désordre
Terre-neuve.

L'aigle à trois têtes
Saison, maison, raison.

Zonages

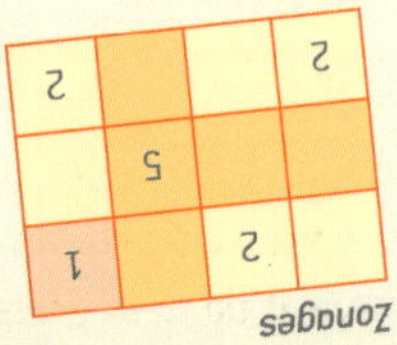

Rébus
« Octobre » en rouge :
À la poursuite d'Octobre rouge.

10 juillet

L M M J V S D

Replace-lettres

Remplissez la grille pour reformer quatre mots de six lettres à l'aide des indices suivants :

nec plus ultra, ironie, formation, Havane.

	U			U	
	U			U	

Souvenez-vous...

L'un de ces titres n'est pas une fable de Jean de La Fontaine, lequel ?

1. L'Aigle et la Chatte.
2. L'Aigle et le Hibou.
3. L'Aigle et le Cygne.
4. L'Aigle et l'Escargot.

Monsieur et Madame

Monsieur et Madame Kainarive ont un fils, comment s'appelle-t-il ?

Vraisemblablement

Si une seule case contient le chiffre 0, je vaux 1 sinon je vaux 0.	Si deux cases seulement contiennent le chiffre 0, je vaux 1 sinon je vaux 0.
Si trois cases seulement contiennent le chiffre 0, je vaux 1 sinon je vaux 0.	Si quatre cases contiennent le chiffre 0, je vaux 1 sinon je vaux 0.

Remplissez les quatre cases de la grille ci-dessous à l'aide des indices qui se trouvent dans la grille ci-dessus.

solutions aux jeux

Replace-lettres

	S			H	
F	U	M	E	U	R
	M			M	
	M			O	
C	U	R	S	U	S
	M			R	

Vraisemblablement

0	0
1	0

Les quatre conditions étant contradictoires, il ne peut y avoir qu'une bonne réponse : une seule case vaut 1, donc trois cases valent 0.

Souvenez-vous...

La n° 3.

Monsieur et Madame

Louis... le week end arrive !

11 juillet

L M M J V S D

Le phrasophone

À l'aide du clavier de ce téléphone, sachant qu'une touche peut valoir plusieurs lettres, décodez la séquence de chiffres pour obtenir une citation célèbre.

52 372623 378 8767 66253 7692863 7687 866237 36 7836684553 38 3873 73647 2 3363553...

Star en désordre

Pouvez-vous retrouver, en agençant les lettres de ces mots autrement (sans tenir compte des coupures entre eux ni des accents), le nom de ce sportif français ?

Un gnon relatif

Mots éventail

Voici quatre mots en éventail à compléter, en retrouvant le début qu'ils ont en commun.

? tie
cimonie
don
fait

Sudokolor

Complétez cette grille par ces différents chiens sachant que chacun se trouve dans chaque ligne, chaque colonne et chaque carré 2 x 2.

Solutions aux jeux

Le phrasophone
« La France est trop noble royaume pour tomber en quenouille et être remis à femelle... »
(Gaucher de Châtillon.)

Mots éventail
PAR

Star en désordre
Laurent Fignon.

Sudokolor

12 juillet

L M M J V S D

COMBICOLOR

Quel est le triplet de ballons manquant ?

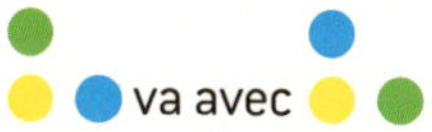

donc

Jeu des prénoms

À l'aide des indices, pourrez-vous retrouver quelques Michel célèbres ?

1 – Un chanteur français qui fit scandale en montrant ses fesses.
2 – On lui doit quelques-uns des dialogues les plus célèbres du cinéma français.
3 – Un personnage de bande dessinée créé par Jean Graton en 1957.

Célébrité en désordre

Pouvez-vous retrouver, en agençant les lettres de ces mots autrement (sans tenir compte des coupures entre eux ni des accents), le nom de cet inventeur américain ?

La mer mousse

Border line

Découvrez le motif caché dans cette grille en noircissant ses cases ; chaque chiffre indique le nombre de bordures qui l'entourent.

0	2	1	1
1	4	3	2
1	3	4	2
1	2	2	2

solutions aux jeux

Combicolor
Rouge
Bleu, Violet
Le 2nd ballon de la base et celui du sommet sont intervertis.

Jeu des prénoms
1 – Michel Polnareff.
2 – Michel Audiard.
3 – Michel Vaillant.

Célébrité en désordre
Samuel Morse.

Border line

13 juillet

L M M J V S D

La touche finale

Si on compose un mot sur un téléphone portable, il suffit parfois d'appuyer sur une touche de plus pour obtenir un tout autre mot. Retrouvez le résultat de ces combinaisons de touches. Si vous ne trouvez pas, essayez sur votre portable : il a la réponse !

RHUM + 6 = ?
SOFT + 3 = ?

Théâtre en désordre

Pouvez-vous retrouver, en agençant les lettres de ces mots autrement (sans tenir compte des coupures entre eux ni des accents), le titre de cette pièce de Molière ?

Cri du mélomane

Rébus

Quel est le prénom donné par ce rébus ?

Mots pyramide

Reformez quatre mots commençant par RAVI, mais pour corser le jeu, les indices donnés sont dans le désordre…

Indices : joli, requinque, nourrit, pâtes.

R	A	V	I						
R	A	V	I						
R	A	V	I							
R	A	V	I							

solutions aux jeux

La touche finale
RHUM + 6 = piton.
SOFT + 3 = poète.

Rébus
Eau bain : Aubin.

Mots pyramide

R	A	V	I	O	L	I				pâtes
R	A	V	I	G	O	T	E			requinque
R	A	V	I	S	S	A	N	T		joli
R	A	V	I	T	A	I	L	L	E	nourrit

Théâtre en désordre
L'Amour médecin.

14
juillet
L M M J V S D

Mots
éventail

Voici quatre mots en éventail à compléter, en retrouvant le début qu'ils ont en commun.

? zzard
? ni
? nder
? tz

Monsieur
et Madame

Monsieur et Madame Plaçalor ont une fille, comment s'appelle-t-elle ?

Célébrité
en désordre

Pouvez-vous retrouver, en agençant les lettres de ces mots autrement (sans tenir compte des coupures entre eux ni des accents), le nom de ce physicien d'origine allemande ?

Brésilien natté

Mots
en carré

Ce sont les mêmes mots à la verticale et à l'horizontale.
En voici les définitions dans l'ordre :
Favorable. – Jaune foncé ou marron clair. – La bourrer est illégal. – Pour de vrai.

solutions aux jeux

Mots éventail
BLI

Monsieur et Madame
Emma... et ma place, alors ?

Célébrité en désordre
Albert Einstein.

Mots en carré

P	O	U	R
O	C	R	E
U	R	N	E
R	E	E	L

15 juillet

L M M J V S D

CHASSEZ l'intrus

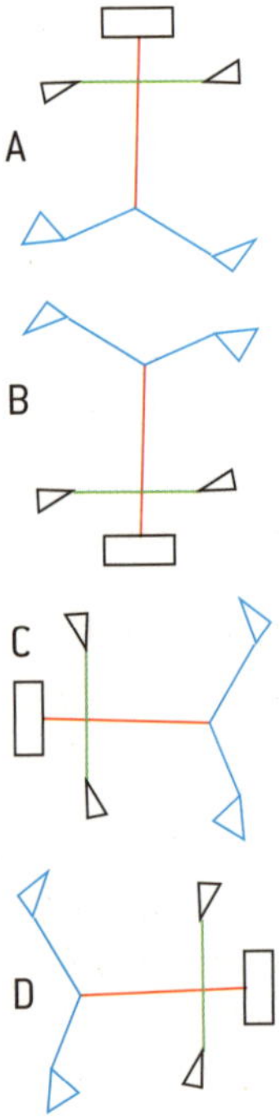

Mots éventail

Voici quatre mots en éventail à compléter, en retrouvant le début qu'ils ont en commun.

? → bâcle, tail, lire, frise

Carré magique

Complétez ce carré de neuf cases avec les multiples de 5 compris entre 10 et 50 de telle sorte que tous les nombres soient placés dans la grille et que la somme de chacune des lignes, des colonnes et des diagonales de trois cases soit égale à 90.

Indice : 20 est placé dans la 1re ligne.

		45
15		

Cuisine en désordre

Pouvez-vous retrouver, en agençant les lettres de ces mots autrement (sans tenir compte des coupures entre eux ni des accents), le nom de ce plat ?

Tact européen

Solutions aux jeux

Chassez l'intrus
La figure D : même en la faisant pivoter, elle ne peut ressembler aux autres.

Mots éventail
DE

Carré magique
Il manque : 10, 20, 25, 30, 35, 40, 50.

25	20	45
50	30	10
15	40	35

Cuisine en désordre
Pâté en croûte.

16 juillet

L M M J V S D

Allô proverbe !

Retrouvez ce proverbe dont quelques mots ont été codés pour être envoyés par SMS. Attention, une même touche peut donner plusieurs lettres (2 pour A, B ou C). À défaut, essayez sur votre portable : il a la réponse !

LA 724766 DU PLUS 3678 EST TOUJOURS LA 634553873.

Célébrité en désordre

Pouvez-vous retrouver, en agençant les lettres de ces mots autrement (sans tenir compte des coupures entre eux ni des accents), le nom de ce philosophe français ?

Désastre cerné

Grille logique

Quelque part, la somme des valeurs de deux cases voisines est égale à 5.	Il n'y a que deux valeurs dans la grille.	Ma valeur case est inférieure à celle de ma voisine de droite.	La somme des valeurs de cette grille est égale à 10.

À l'aide des indices qui se trouvent dans la grille ci-dessus, remplissez la grille ci-dessous.

DOUBLE charade

Deux charades se sont mélangées. Elles vous permettront, une fois recomposées, de trouver deux noms d'oiseaux.

A. Mon premier vit en forêt.

B. Ma première brûle.

C. Mon second est une aptitude.

D. Mon second fait l'âge.

Faut-il associer A et C, ou A et D ? À vous de chercher…

solutions aux jeux

Allô proverbe !
La raison du plus fort est toujours la meilleure.

Grille logique

0	5	0	5

Célébrité en désordre
René Descartes.

Double charade
A-C : daim-don → dindon.
B-D : flamme-an → flamand.

17 juillet

L M M J V S D

Cuisine en désordre

Pouvez-vous retrouver, en agençant les lettres de ces mots autrement (sans tenir compte des coupures entre eux ni des accents), le nom de ce plat ?

Patate gouvernée

Son secret

Quel secret unit ces différents éléments ?
Miroir. – Mont-Blanc. – Dessert.

Derrière les tours…

Les tours cachent les résidences qui cachent les maisons individuelles. Attribuez dans la grille la place de chaque type d'habitation, sachant que :
– Chaque flèche vous dirige et vous indique le nombre d'habitations visibles.
– Chaque type d'habitation se trouve dans chacune des lignes et colonnes.

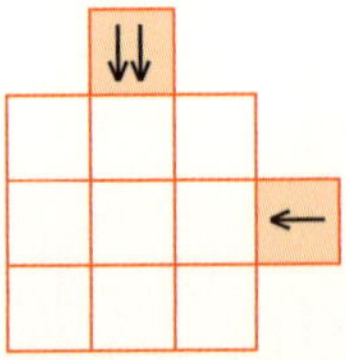

Rébus

Quel est le titre de film illustré par ce rébus ?

MIDI

solutions aux jeux

Cuisine en désordre
Potée auvergnate.

Derrière les tours

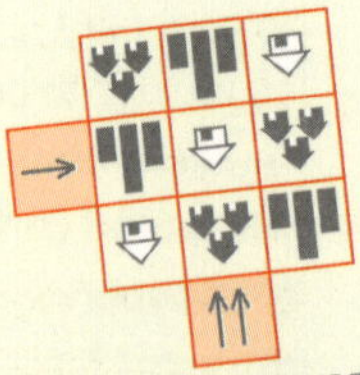

Son secret
La glace dans laquelle on se regarde, que l'on trouve sur les glaciers ou que l'on déguste.

Rébus
Midi ou le moment où le soleil est le plus haut : *Plein soleil*.

18 juillet

L M M J V S D

Illikodoku

Complétez cette grille par des chiffres de 1 à 9 sachant que tous ces chiffres se placent dans chaque colonne et dans chaque carré 3 x 3.

9	8	7
6	2	5
7	4	6
3	5	9
4		
5	6	2
	9	3

Histoire d'âge

Des adultes âgés de 18 à 55 ans discutent. Fred dit à Alex : « Si tu avais le triple de mon âge actuel, l'écart entre nos deux âges serait le double de l'écart que nous aurions si j'avais quatre fois ton âge actuel. » Quel âge ont-ils tous les deux ?

Trou de mémoire

Toutes les voyelles des phrases ci-dessous ont disparu. Remettez-les en place pour reconstituer le titre de deux chansons.

L grp d pnste

n tr hstr

Dans l'ordre

Permutez les couleurs de ces figures à partir des indices ci-dessous.

Le losange n'est pas jaune.

Le bleu suit le rouge.

Le jaune est entre le bleu et le noir.

solutions aux jeux

Illikodoku

9	8	7
1	3	4
6	2	5
2	1	8
7	4	6
3	5	9
4	7	1
5	6	2
8	9	3

Histoire d'âge

Fred a 54 ans et Alex a 18 ans.

Soit F l'âge de Fred, et A l'âge d'Alex.

Si Alex avait le triple de l'âge de Fred : A = 3 F ; l'écart entre les deux âges serait : 3 F – F = 2 F.

Si Fred avait quatre fois l'âge d'Alex : F = 4 A ; l'écart entre les deux âges serait : 4 A – A = 3A.

Si le 1er écart est le double du 2e : 2 F = 2 x 3A.

Donc F = 3A ; Fred est trois fois plus âgé qu'Alex.

Seule solution entre 18 et 55 ans : 18 et 54 ans.

Trou de mémoire

La Groupie du pianiste, Michel Berger.

Une autre histoire, Gérard Blanc.

Dans l'ordre

Il n'y a rien à changer !

19 juillet

L M M J V S D

Cuisine en désordre

Pouvez-vous retrouver, en agençant les lettres de ces mots autrement (sans tenir compte des coupures entre eux ni des accents), le nom de ce plat ?

Sale scout

Le comble

Quel est le comble pour un géologue ?

Mots éventail

Voici quatre mots en éventail à compléter, en retrouvant le début qu'ils ont en commun.

? jeure
? nier
? nipuler
? riage

K'z noire

Complétez la grille en y plaçant les cases noires : chaque chiffre indique le nombre de cases noires qui l'entourent, par un angle ou un côté.

1			
1	2		
1		3	3
	1		

solutions aux jeux

Le comble
C'est de ne pas avoir un poil sur le caillou.

Cuisine en désordre
Cassoulet.

Mots éventail
MA

K'z noire

1	■		
1	2	■	■
1		3	3
■	1		■

20 juillet

L M M J V S D

Célébrité en désordre

Pouvez-vous retrouver, en agençant les lettres de ces mots autrement (sans tenir compte des coupures entre eux ni des accents), le nom de cet astronome polonais ?

Caleçon si porcin

COMBICOLOR

Ces couleurs primaires se combinent pour donner trois couleurs complémentaires

Quel est le triplet de ballons manquant ?

va avec

donc

va avec ?

Monsieur et Madame

Monsieur et Madame Kavoter ont un fils, comment s'appelle-t-il ?

Derrière les tours…

Les tours cachent les résidences qui cachent les maisons individuelles. Attribuez dans la grille la place de chaque type d'habitation, sachant que :

– Chaque flèche vous dirige et vous indique le nombre d'habitations visibles.

– Chaque type d'habitation se trouve dans chacune des lignes et colonnes.

↓		↓↓↓

Solutions aux jeux

Célébrité en désordre
Nicolas Copernic.

Monsieur et Madame
Xavier… z'aviez qu'à voter !

Combicolor
Jaune
Rouge
Bleu
Les deux couleurs complémentaires se décomposent en trois couleurs primaires.

Derrière les tours…

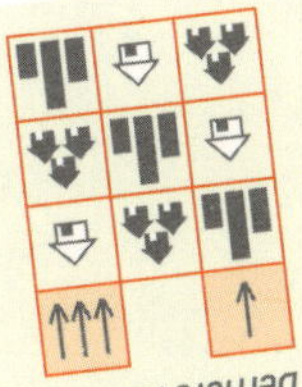

21 juillet

L M M J V S D

Mots pyramide

Reformez quatre mots commençant par REC, mais pour corser le jeu, les indices donnés sont dans le désordre...

Indices : utile pour la cuisine, renâcler, rêve d'athlète, engagez-vous qu'ils disaient...

R	E	C						
R	E	C						
R	E	C						
R	E	C						

Cuisine en désordre

Pouvez-vous retrouver, en agençant les lettres de ces mots autrement (sans tenir compte des coupures entre eux ni des accents), le nom de ce plat ?

Demi-canoë

Mots éventail

Voici quatre mots en éventail à compléter, en retrouvant le début qu'ils ont en commun.

? — actif / fusée / grade / céder

Pont-levis

En utilisant une seule fois chacune de toutes les lettres ci-dessous, reformez trois mots de huit lettres.

B	A	I	I
G	A	I	O
U	V	N	A

T	R					L	E

Solutions aux jeux

Mots pyramide

RECORD — rêve d'athlète
RECETTE — utile pour la cuisine
RECRUTES — engagez-vous qu'ils disaient...
RECHIGNER — renâcler

Mots éventail

RETRO

Pont-levis

Triangle, traboule, triviale.

Cuisine en désordre

Macédoine.

22 juillet

L M M J V S D

Derrière les tours…

Les tours cachent les résidences qui cachent les maisons individuelles. Retrouvez la place de chaque habitation, sachant que :
– Chaque flèche indique le nombre d'habitations visibles.
– Chaque type d'habitation se trouve dans chacune des lignes et colonnes.

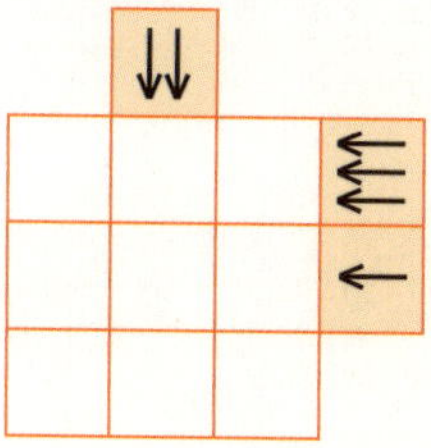

ÉNIGRAMMES

Deux choses dont l'une fait marcher l'autre en lui mordant les dents et qui continuent toujours à se toucher, bien que l'une aille plus vite que l'autre. Qu'est-ce que c'est ?

Grille logique

Si on m'ajoute ma voisine, on ne change pas ma valeur.	Il n'y a que deux valeurs dans la grille.	Il y a un 0 ou un 3 ici.	Si on m'ajoute ma voisine, on ne change pas ma valeur.

À l'aide des indices qui se trouvent dans la grille ci-dessus, remplissez la grille ci-dessous.

La France en désordre

Pouvez-vous retrouver, en agençant les lettres de ces mots autrement (sans tenir compte des coupures entre eux ni des accents), le nom de cette ville française ?

Ton salami

solutions aux jeux

Derrière les tours…

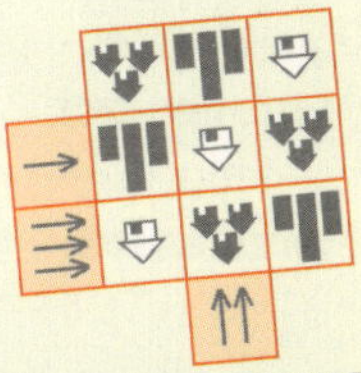

Grille logique

1	0	0	1

La France en désordre
Saint-Malo.

Énigrammes
Les deux roues d'un engrenage.

23 juillet

L M M J V S D

Allô proverbe !

Retrouvez ce proverbe dont quelques mots ont été codés pour être envoyés par SMS. Attention, une même touche peut donner plusieurs lettres (2 pour A, B ou C). À défaut, essayez sur votre portable : il a la réponse !

L' 274368 EST UN BON 737848387 ET UN MAUVAIS 624873.

La France en désordre

Pouvez-vous retrouver, en agençant les lettres de ces mots autrement (sans tenir compte des coupures entre eux ni des accents), le nom de cette ville française ?

Essai gourmet

Mots éventail

Voici quatre mots en éventail à compléter, en retrouvant le début qu'ils ont en commun.

? hefrite
? trice
? on
? ithine

Code secret

Retrouvez le code d'ouverture de cette cave, sachant que chaque fois qu'un bon numéro est tapé sur le clavier :

- Une lumière verte s'allume si un numéro est bien placé.
- Une lumière rouge s'allume si un numéro est mal placé.

Les indices en marge vont vous éclairer !

solutions aux jeux

Allô proverbe !
L'argent est un bon serviteur et un mauvais maître.

Mots éventail
LEC

Code secret

5	8	2	6

La France en désordre
Aigues-Mortes.

24 juillet

L M M J V S D

Sudoku symbolique

Complétez cette grille par les symboles ●❖◆■ sachant que chaque symbole doit se trouver dans chaque ligne, chaque colonne et chaque carré 2 x 2.

●	❖		
		■	
◆			❖

Jeu du dictionnaire

Trouvez cinq mots du dictionnaire, mais sans son aide et le plus rapidement possible, compris entre :

SARABANDE

et

SATISFAIT

Suite logique

Quels sont les deux symboles manquants ?

♥
◆
◆
♥
♠
♣
?
?

Pronoms cachés

Remplacez chaque ☺ par un pronom afin de former les mots qui correspondent aux définitions.

Homme brave : PR☺

Fleur de printemps : ☺LIPE

Manteau arabe : BUR☺

Petit oiseau : ☺NEAU

Enfant : F☺

solutions aux jeux

Sudoku symbolique

●	❖	◆	■
■	◆	❖	●
❖	●	■	◆
◆	■	●	❖

Pronoms cachés

PR-EUX. TU-LIPE. BUR-NOUS. MOI-NEAU. F-ILS.

Jeu du dictionnaire

Sarbacane, sarcasme, sarcophage, sardine, sarment, sarrasin, satané, satellite, satin...

Suite logique

Trèfle noir, pique noir. Deux figures noires, puis les mêmes dans l'ordre inverse en rouge, deux figures rouges donc deux figures noires dans l'ordre inverse.

25 juillet

L M M J V S D

Cuisine en désordre

Pouvez-vous retrouver, en agençant les lettres de ces mots autrement (sans tenir compte des coupures entre eux ni des accents), le nom de ce plat ?

Un trait croate

Le phrasophone

À l'aide du clavier de ce téléphone, sachant qu'une touche peut valoir plusieurs lettres, décodez la séquence de chiffres pour obtenir une citation célèbre.
53 3376437
27486368 337
7647.

Son secret

Quel secret unit ces différents éléments ?
Obèse. – Petit. – De senteur. – Collante. – Haltères.

Grands écrivains

Reconstituez dans cette grille les noms de cinq grands écrivains français. Les lettres se suivent de bas en haut, de gauche à droite ou vice-versa mais jamais en diagonale.

			A	M	A	L			
N	I	T	R	B	A	U	D	E	L
E	C	T	E	B	R	N	D	M	A
S	H	A	A	U	I	A	N	O	I
U	E	E	N	G	I	A	T	E	R

solutions aux jeux

Cuisine en désordre
Tarte au citron.

Son secret
Le son « poi » : le poids, le petit pois, le pois de senteur, la poix, les poids et haltères.

Le phrasophone
« Le dernier argument des rois. » (Ultima ratio regum, devise que Louis XIV faisait graver sur ses canons.)

Grands écrivains

CHATEAUBRIAND
MONTAIGNE
BAUDELAIRE
LAMARTINE
SUE

26 juillet

L M M J V S D

Rébus

Quel est le prénom donné par ce rébus ?

K'z noire

Complétez la grille en y plaçant les cases noires : chaque chiffre indique le nombre de cases noires qui l'entourent, par un angle ou un côté.

			2
2	3	4	
		2	
		1	1

■

■

■

■

■

■

Trou de mémoire

Toutes les voyelles des phrases ci-dessous ont disparu. Remettez-les en place pour reconstituer le titre de deux chansons.

Clr mnth l'

Tt prmr fs

Fête des mères

Tristan et Chloé ont réuni leurs économies pour offrir chacun un cadeau à leur mère. Le cadeau de Tristan n'a consommé que le tiers de leurs économies et a coûté deux fois plus cher que celui de Chloé. Chloé a dépensé 12 € de moins que son frère. Combien leur reste-t-il d'économies ?

solutions aux jeux

Rébus
Des beaux rats : Déborah.

K'z noire

■	■	■	2
2	3	4	■
		2	■
			1

Fête des mères
36 €.
Soit E leurs économies, T le cadeau de Tristan et C le cadeau de Chloé :
T = 2 C et T = C + 12 donc C = 12, T = 24.
T = 1/3 E donc E = 72 et il leur reste :
72 – (12 + 24) = 36.

Trou de mémoire
Couleur menthe à l'eau, Eddy Mitchell.
Toute première fois, Jeanne Mas.

27 juillet

L M M J V S D

1 2 3

Cuisine en désordre

Pouvez-vous retrouver, en agençant les lettres de ces mots autrement (sans tenir compte des coupures entre eux ni des accents), le nom de ce plat ?

Évolution de porte

Mots éventail

Voici quatre mots en éventail à compléter, en retrouvant le début qu'ils ont en commun.

? — bon / ston / gner / zon

Mot en serpentin

En utilisant toutes les lettres mais une seule fois, formez un mot en serpentant dans cette grille. Les cases des lettres doivent se toucher par un angle ou un côté.

S	S	U	N
A	O	O	
M	I	L	L

Monsieur et Madame

Monsieur et Madame Niclou ont une fille comment s'appelle-t-elle ?

solutions aux jeux

Mot en serpentin
Moussaillon.

Cuisine en désordre
Velouté de potiron.

Monsieur et Madame
Nicole... ni colle ni clou !

Mots éventail
GA

28 juillet

L M M J V S D

Star en désordre

Pouvez-vous retrouver, en agençant les lettres de ces mots autrement (sans tenir compte des coupures entre eux ni des accents), le nom de cette chanteuse française ?

Gain élevé

K'z noire

Complétez la grille en y plaçant les cases noires : chaque chiffre indique le nombre de cases noires qui l'entourent, par un angle ou un côté.

	2	3	2
2		5	
	2		

La déco

Sachant qu'en trente minutes, Yann ramasse 30 coquillages ; Cédric, les 2/3 de la quantité de Yann ; et Loane, la moitié de celle de Cédric, combien de temps vont-ils mettre, à eux tous, à ramasser les 240 coquillages dont ils ont besoin pour la déco du soir ?

Grille logique

Je vaux 1 si ma voisine vaut 0, sinon je vaux 0.	Les cases de cette grille sont identiques deux à deux.	Je vaux 0 si une de mes voisines vaut 0 sinon je vaut 1.	Je vaux 1 si ma voisine vaut 0 sinon je vaut 1.

À l'aide des indices qui se trouvent dans la grille ci-dessus, remplissez la grille ci-dessous.

solutions aux jeux

Star en désordre
Eve Angeli.

La déco
2 h.
Cédric ramasse 30 x 2/3 = 20 coquillages en 30 min donc Loane en ramasse 10.
Ensemble, ils ramassent 30 + 20 + 10 = 60 coquillages en 30 min, 120 en 1 h, 240 en 2 h.

Grille logique

1	0	0	1

K'z noire

29 juillet

L M M J V S D

Le phrasophone

À l'aide du clavier de ce téléphone, sachant qu'une touche peut valoir plusieurs lettres, décodez la séquence de chiffres pour obtenir une citation célèbre.

53 73637243
86873 2583773
7687 52
6687748873, 6247
53 52 7743 33 63
7587 73 2427437
33 666 56436368.

Mots éventail

Voici quatre mots en éventail à compléter, en retrouvant le début qu'ils ont en commun.

? → mpo / naille / nue / ndance

Cuisine en désordre

Pouvez-vous retrouver, en agençant les lettres de ces mots autrement (sans tenir compte des coupures entre eux ni des accents), le nom de ce plat ?

Écossais du nylon

Mots pyramide

Reformez quatre mots commençant par REN, mais pour corser le jeu, les indices donnés sont dans le désordre…

Indices : goupil, soutien, meeting, abandonner.

R	E	N						
R	E	N						
R	E	N						
R	E	N						

solutions aux jeux

Le phrasophone
« Je remercie Votre Altesse pour la nourriture, mais je la prie de ne plus se charger de mon logement. » (Voltaire.)

Mots éventail
TE

Cuisine en désordre
Saucisson de Lyon.

Mots pyramide

R	E	N	A	R	D			
R	E	N	F	O	R	T		
R	E	N	O	N	C	E	R	
R	E	N	C	O	N	T	R	E

goupil
soutien
abandonner
meeting

30 juillet

L M M J V S D

Star en désordre

Pouvez-vous retrouver, en agençant les lettres de ces mots autrement (sans tenir compte des coupures entre eux ni des accents), le nom de cette chanteuse française ?

Main de biche

Trou de mémoire

Toutes les voyelles des phrases ci-dessous ont disparu. Remettez-les en place pour reconstituer le titre de deux films.

S Prs ns tt cnt
Bnvn chz ls ch'ts.

Rébus

Quel est le prénom donné par ce rébus ?

Nombres pairs au carré

	10	

Complétez ce carré avec les nombres pairs compris entre 2 et 18 de telle sorte que tous soient placés dans la grille et que la somme de chacune des lignes, des colonnes et des diagonales de trois cases soit égale à 30.

solutions aux jeux

Star en désordre
Chimène Badi.

Rébus
Tôt mât : Thomas.

Nombres pairs au carré
Les nombres pairs à placer sont 2, 4, 6, 8, 10, 12, 14 et 18.

8	18	4
6	10	14
16	2	12

Trou de mémoire
Si Paris nous était conté, Sacha Guitry.
Bienvenue chez les Ch'tis, Dany Boon.

31 juillet

L M M J V S D

DOUBLE charade

Deux charades se sont mélangées. Elles vous permettront, une fois recomposées, de trouver deux noms d'oiseaux.

A. Mon premier est une voyelle.

B. Mon premier ordonne le départ.

C. Mon second est un cervidé.

D. On arrive à mon second quand on a fini.

Faut-il associer A et C, ou A et D ? À vous de chercher…

Jeu du dictionnaire

Trouvez cinq mots du dictionnaire mais sans son aide et le plus rapidement possible, compris entre :

CANADA

et

CARACAS

Dans l'ordre

Permutez les couleurs de ces figures à partir des indices ci-dessous. Le losange n'est pas rouge.

Le noir suit le bleu.
Le rouge est entre le jaune et le noir.

Zonages

Sachant que chacun des chiffres indique le nombre de cases de la même couleur qui se touchent (une zone), complétez le coloriage de la grille. Deux zones ayant la même couleur ne peuvent se toucher ni par les côtés ni par les angles.

1			2
3		5	
		1	

solutions aux jeux

Zonages

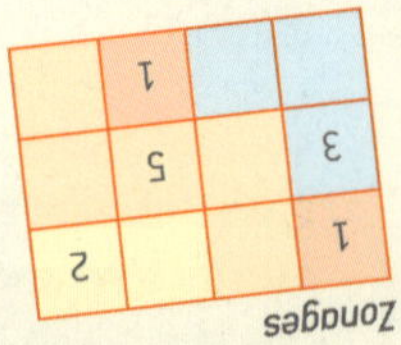

Double charade
A-D : i-bout → hibou.
B-C : go-élan → goéland.

Jeu du dictionnaire
Canaletto, Canaries, Canberra, Cancun, Cannes, Cantal, Canterbury, Capet, Capone, Capri…

Dans l'ordre
Triangle bleu
Losange noir
Rond rouge
Carré jaune

1
août
L M M J V S D

Mots éventail

Voici quatre mots en éventail à compléter, en retrouvant le début qu'ils ont en commun.

? bot
? dis
? casser
? chère

CHASSEZ l'intrus

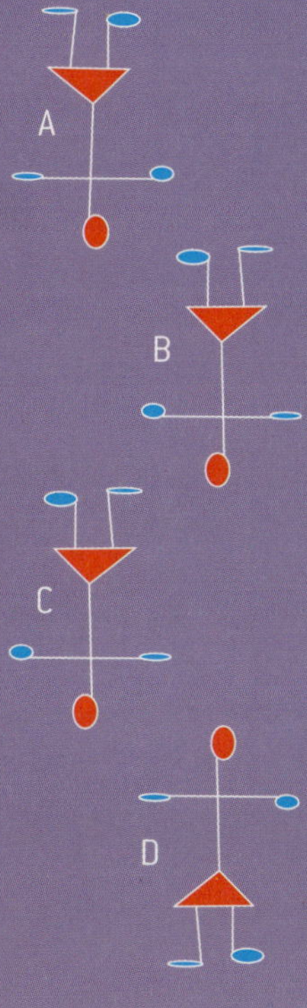

Illikodoku

Complétez cette grille par des chiffres de 1 à 9 sachant que tous ces chiffres se placent dans chaque colonne et dans chaque carré 3 x 3.

	3	
9		5
4	1	8
		3
2	5	9
8	4	
3	8	6
	9	4
5		

Célébrité en désordre

Pouvez-vous retrouver, en agençant les lettres de ces mots autrement (sans tenir compte des coupures entre eux ni des accents), le nom de cet industriel français ?

La sœur lutin

solutions aux jeux

Mots éventail
JA

Chassez l'intrus
La figure A : même en la faisant pivoter, elle ne peut ressembler aux autres.

Célébrité en désordre
Louis Renault.

Illikodoku

6	3	2
9	7	5
4	1	8
7	6	3
2	5	9
8	4	1
3	8	6
1	9	4
5	2	7

2 août

L M M J V S D

La touche finale

Si on compose un mot sur un téléphone portable, il suffit parfois d'appuyer sur une touche de plus pour obtenir un tout autre mot. Retrouvez le résultat de ces combinaisons de touches. Si vous ne trouvez pas, essayez sur votre portable : il a la réponse !

TEST + 3 = ?
ROTI + 3 = ?

Ouille, ouille, ouille... ! Aïe !

Trouvez deux mots qui commencent de la même façon, mais se terminent pour l'un par le son « ouille ! » et pour l'autre par le son « aïe ! ». Un indice : La fouine cherche dans les crevasses.

Maison, maison !

Un extraterrestre s'est perdu. Dès qu'il voit une intersection, il est programmé pour tourner, et s'il a le choix, il prend sur sa gauche. De quel côté doit-il partir pour rejoindre au plus vite sa soucoupe ?

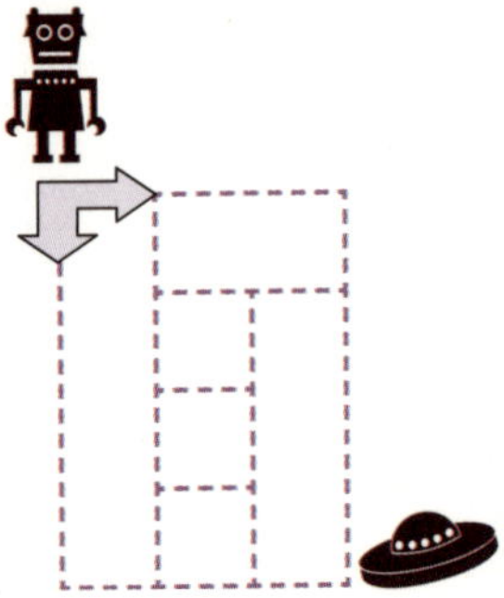

Mots pyramide

Reformez quatre mots commençant par VER, mais pour corser le jeu, les indices donnés sont dans le désordre...

Indices : décision, dos, oral, scrupule.

V	E	R					
V	E	R					
V	E	R					
V	E	R					

Solutions aux jeux

La touche finale
TEST + 3 = verte.
ROTI + 3 = rouge

Ouille, ouille, ouille... ! Aïe !
Fouille / Faille.

Mots pyramide

V	E	R	S	O			
V	E	R	B	A	L		
V	E	R	D	I	C	T	
V	E	R	G	O	G	N	E

dos
oral
décision
scrupule

Maison, maison !
Il doit partir à l'horizontale. Dans l'autre sens, il finirait par tourner en rond.

3 août

L M M J V S D

Théâtre en désordre

Pouvez-vous retrouver, en agençant les lettres de ces mots autrement (sans tenir compte des coupures entre eux ni des accents), le titre de cette pièce de Georges Feydeau ?

Le palace rouillé

ÉNIGRAMMES

Sur mes cinq pieds, lecteur, je suis cet instrument droit et plat qui te sert à tracer maintes lignes. En mélangeant mes pieds, tu verras autrement ces grains blancs congelés qui dévastent tes vignes.

Mots pyramide à l'envers

Reformez quatre mots finissant par ENT. Attention, pour corser le jeu, les indices donnés sont dans le désordre...

Indices : accroc, plein de vie, ailleurs, fourche.

			E	N	T			
				E	N	T		
					E	N	T	
						E	N	T

Chaque arbre cache un chasseur

Les chiffres indiquent le nombre de chasseurs qui se cachent dans la grille. Débusquez-les, sachant que :
Il y a autant d'arbres que de chasseurs.
Toute case contenant un chasseur est accolée à une case contenant un arbre.
Deux cases contenant un chasseur ne peuvent se toucher ni par les angles ni par les côtés.

	4	1	2	2	2
2					arbre
0	arbre				
1	arbre				
2			arbre		
0				arbre	arbre
2	arbre				
0	arbre				
1					arbre
2	arbre	arbre			
1					

solutions aux jeux

Théâtre en désordre
La Puce à l'oreille.

Énigrammes
La règle et la grêle.

Chaque arbre cache un chasseur
Annulez les lignes où il n'y a pas de chasseurs et complétez la grille :

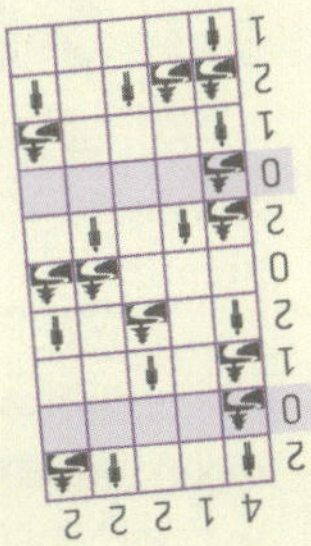

Mots pyramide à l'envers

ailleurs	ABSENT
fourche	TRIDENT
accroc	ACCIDENT
plein de vie	TURBULENT

4 août

L M M J V S D

Mots
en losange

Ce sont les mêmes mots à la verticale et à l'horizontale. En voici les définitions dans l'ordre : Jaillissement de l'eau. – Abréviation médicale. – Transport sous terre. – Le prof s'y tient. – Ourdit. – Chant. – Dernière de brique.

Le phrasophone

À l'aide du clavier de ce téléphone, sachant qu'une touche peut valoir plusieurs lettres, décodez la séquence de chiffres pour obtenir une citation célèbre.

66674387, 45 6'9 2 76468 33 74843 36 664, 227 53 63877 36 46663 33 2436 !

Opération
symbolique

Retrouvez l'opération que masquent ces symboles :

	△	◢	▷	◀
+	◢	◢	▷	▷
+	◢	◢	△	△

△ ◢ △ △ ◢

Un même symbole représente toujours un même chiffre : 0, 1, 2, 3, 4, 5, 6, 7, 8 ou 9. Deux symboles différents correspondent à deux chiffres différents. Aucun terme de l'opération ne commence par 0.

Indice : Commencez par vous demander quelle valeur peut bien avoir △.

Rébus

Quel est le prénom donné par ce rébus ?

on on on

solutions aux jeux

Opération symbolique

1 706 + 7 700 + 7 711 = 17 117

Si on compte les colonnes de 1 à 5 en partant de la gauche : d'après la colonne n° 1 △ vaut 1 ou 2 car il est la retenue de la colonne n° 2 (et dépend de la retenue de la colonne n° 3). Étudions les différentes possibilités de chaque triangle selon les valeurs de △ :

△ Dans la colonne n° 1	◢ Dans la colonne n° 3	◢ Dans la colonne n° 2	▷ Dans la colonne n° 4	◀
1	3 (retenue 2 de la colonne n° 4)	impossible		
	7 (pas de retenue de la colonne n° 4)	7	0	6
2	4 (pas de retenue de la colonne n° 4)	impossible		
	7 (retenue 1 de la colonne n° 4)	impossible		

Rébus

Les ON : Léon.

Mots en losange

E
M S T
M E T R O
E S T R A D E
T R A M E
O D E
E

Le phrasophone

« Monsieur, il n'y a point de pitié en moi, car je meurs en homme de bien ! » (Chevalier Bayard.)

5 août

L M M J V S D

SUDOKU zone

Complétez cette grille par les chiffres de 1 à 4 de telle sorte qu'un même chiffre n'apparaisse qu'une et une seule fois dans chacune des lignes et colonnes et dans chaque zone.

3		4	1
		3	
4			2

Fromage en désordre

Pouvez-vous retrouver, en agençant les lettres de ces mots autrement (sans tenir compte des coupures entre eux ni des accents), le nom de ce fromage ?

Bon chlore

Mots éventail

Voici quatre mots en éventail à compléter, en retrouvant le début qu'ils ont en commun.

? bac
? smanie
? mis
? rentule

DOUBLE charade

Deux charades se sont mélangées. Elles vous permettront, une fois recomposées, de trouver deux noms de légumes.

A. Mon premier n'est pas propre.
B. Mon premier est un gros coquillage.
C. Mon second s'occupe des chevaux.
D. On reste dans mon second pour ne pas se faire repérer.

Faut-il associer A et C, ou A et D ? À vous de chercher…

solutions aux jeux

Double charade

A-C : sale-lad → salade.
B-D : conque-ombre → concombre.

Fromage en désordre

Reblochon.

Sudoku zone

3	2	4	1
1	4	2	3
2	1	3	4
4	3	1	2

Mots éventail

TA

6
août
L M M J V S D

Monument en désordre

Pouvez-vous retrouver, en agençant les lettres de ces mots autrement (sans tenir compte des coupures entre eux ni des accents), le nom de ce symbole américain ?

Tête de la buraliste

Mots éventail

Voici quatre mots en éventail à compléter, en retrouvant le début qu'ils ont en commun.

? — turne / leté / gesse / vant

Trou de mémoire

Toutes les voyelles des phrases ci-dessous ont disparu. Remettez-les en place pour reconstituer le titre de deux films.

L vch t l prsnnr.
L'ffr Dmnc

Le phrasophone

À l'aide du clavier de ce téléphone, sachant qu'une touche peut valoir plusieurs lettres, décodez la séquence de chiffres pour obtenir une citation célèbre.

2647 866 7264, 2328626647 !
38 52 7643 83 7277372.

solutions aux jeux

Monument en désordre
Statue de la liberté.

Trou de mémoire
La Vache et le Prisonnier, Henri Verneuil.
L'Affaire Dominici, Claude Bernard-Aubert.

Le phrasophone
« Bois ton sang, Beaumanoir ! et la soif te passera. »
(Geoffroy du Bois.)

Mots éventail
SA

7 août

L M M J V S D

Dans l'ordre

Permutez les couleurs de ces figures à partir des indices ci-dessous.

Le losange n'est pas bleu.
Le noir suit le rouge.
Le bleu est entre le jaune et le noir.

Cuisine en désordre

Pouvez-vous retrouver, en agençant les lettres de ces mots autrement (sans tenir compte des coupures entre eux ni des accents), le nom de ce plat ?

Base de croupe

Le comble

Quel est le comble pour un informaticien ?

Grille logique

La somme des valeurs de cette grille est égale à 6.	Je suis égale au nombre de 5 figurant dans la grille.	Je suis égale au nombre de diviseurs de 2 présents dans la grille.	Je suis égale au nombre de cases différentes de 0.

À l'aide des indices qui se trouvent dans la grille ci-dessus, remplissez la grille ci-dessous.

solutions aux jeux

Dans l'ordre
Triangle rouge
Losange noir
Rond bleu
Carré jaune

Cuisine en désordre
Soupe de crabe.

Le comble
C'est d'avoir attrapé un virus.

Grille logique

1	0	2	3

8 août

L M M J V S D

Le phrasophone

À l'aide du clavier de ce téléphone, sachant qu'une touche peut valoir plusieurs lettres, décodez la séquence de chiffres pour obtenir une citation célèbre.

45 6' 394783 783
3389 246737
46346437,
5' 8648377 38 52
238473 4862463...
6247 7687
5' 8648377, 53
6'24 727 33
237848833
2276583.

Monument en désordre

Pouvez-vous retrouver, en agençant les lettres de ces mots autrement (sans tenir compte des coupures entre eux ni des accents), le nom de ce monument grec ?

Cellophane torsadé

Les chiffres fléchés

Complétez cette grille avec les chiffres de 1 à 9 sachant que :

- La somme de la série de chiffres à trouver est donnée dans les cases grisées.
- Chaque chiffre ne peut être utilisé qu'une seule fois dans une somme.
- Une série de chiffres ne peut apparaître qu'une seule fois dans la grille.

			6	24		
		5→ 14↓			30	
	13→ 14↓				6	13
28			1			6
6			24→ 9↓	9		
	29	7				
		5				

Indice : 30 a une solution unique (9 + 8 + 7 + 6 et donc 29 !).

solutions aux jeux

Monument en désordre

L'Acropole d'Athènes.

Les chiffres fléchés

			6	24		
		5→ 14↓	3	2	30	
	13→ 14→	4	2	1	6	13
28	9	2	1	3	7	6
6	5	1	24→ 9↓	9	8	7
	29	7	8	5	9	
		5	1	4		

Le phrasophone

« Il n'existe que deux choses infinies, l'univers et la bêtise humaine... mais pour l'univers, je n'ai pas de certitude absolue. » (Albert Einstein.)

COMBICOLOR

Quel est le triplet de ballons manquant ?

Cuisine en désordre

Pouvez-vous retrouver, en agençant les lettres de ces mots autrement (sans tenir compte des coupures entre eux ni des accents), le nom de ce plat ?

Ton lévrier d'airelle

Mots éventail

Voici quatre mots en éventail à compléter, en retrouvant le début qu'ils ont en commun.

? — gnol, chet, don, mauve

Mots pyramide

Reformez quatre mots commençant par VER, mais pour corser le jeu, les indices donnés sont dans le désordre...

Indices : galeries, glace, expression de la pensée, suc.

V	E	R					
V	E	R					
V	E	R					
V	E	R					

Solutions aux jeux

Cuisine en désordre
Terrine de volaille.

Mots éventail
GUI

Mots pyramide

V	E	R	B	E				expression de la pensée
V	E	R	J	U	S			suc
V	E	R	G	L	A	S		glace
V	E	R	A	N	D	A	S	galeries

Combicolor
Bleu
Rouge, Violet
Le 2e ballon de la base et celui du sommet sont intervertis.

10 août

L M M J V S D

Jeu des prénoms

À l'aide des indices, pourrez-vous retrouver quelques Michel célèbres ?

1 – Un grand joueur de football français.
2 – Un écrivain controversé, auteur des *Particules élémentaires*.
3 – Il a chanté *La Maladie d'amour*.

Monsieur et Madame

Monsieur et Madame Léon ont un fils, comment s'appelle-t-il ?

____

____

Souvenez-vous...

L'un de ces titres n'est pas une fable de Jean de La Fontaine, lequel ?

1. *L'Âne et la Chatte.*
2. *L'Âne juge.*
3. *L'Âne vêtu de la peau du lion.*
4. *L'Âne et le Petit Chien.*

____

____

Grille logique

Il n'y a que des 0 ou des 1 dans cette grille et ma voisine de droite vaut 1.	Quand la phrase contenue dans la case est vraie, la case vaut 1 sinon elle vaut 0.
Il y a trois fois le chiffre 1 dans cette grille.	Il n'y a pas de 0 dans cette grille.

Complétez la grille ci-dessous avec des 0 ou des 1 à l'aide des indices contenus dans la grille ci-dessus.

solutions aux jeux

Jeu des prénoms
1 – Michel Platini.
2 – Michel Houellebecq.
3 – Michel Sardou.

Grille logique

1	1
1	0

Monsieur et Madame
Kamel... caméléon.

Souvenez-vous...
La n° 1.

11 août

L M M J V S D

Théâtre en désordre

Pouvez-vous retrouver, en agençant les lettres de ces mots autrement (sans tenir compte des coupures entre eux ni des accents), le titre de cette pièce de Molière ?

Un mal médiocre

L'AIGLE à trois têtes

Trouvez trois mots de cinq lettres correspondant à cet indice en faisant varier leur initiale (exemple : radin, gadin, badin).

Avant d'aller se jeter d'un pont, il vaut mieux payer ce qu'on doit pour son logement.

Dans l'ordre

Permutez les couleurs de ces figures à partir des indices ci-dessous.

Le jaune suit le bleu.
Le noir n'est ni en 1re ni en dernière position.
Le triangle n'est pas rouge.

Border line

Découvrez le motif caché dans cette grille en noircissant ses cases ; chaque chiffre indique le nombre de bordures qui l'entourent.

2		2		2		1
2		2		3		2
1		2		3		2
1		2		1		0

solutions aux jeux

Théâtre en désordre
L'Amour médecin.

L'aigle à trois têtes
Noyer, loyer, foyer.

Border line

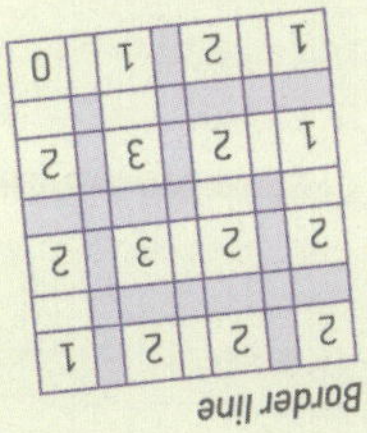

Dans l'ordre
Triangle bleu
Losange jaune
Rond noir
Carré rouge

12 août

L M M J V S D

Illikodoku

Complétez cette grille par des chiffres de 1 à 9 sachant que tous ces chiffres se placent dans chaque colonne et dans chaque carré 3 x 3.

5	3	6
9		
	2	8
		5
8	1	9
3	4	
	8	
6		3
2	9	7

Monsieur et Madame

Monsieur et Madame Patédoi ont une fille, comment s'appelle-t-elle ?

■

■

■

■

■

■

Jeu du dictionnaire

Trouvez cinq mots du dictionnaire, mais sans son aide et le plus rapidement possible, compris entre :

BENIN
et
BERNE

Dans l'ordre

Permutez les couleurs de ces figures à partir des indices ci-dessous.

Le rond n'est pas rouge.
Le noir suit le bleu.
Le rouge est entre le jaune et le bleu.

Solutions aux jeux

Monsieur et Madame
Nicole... n'y colle pas tes doigts !

Jeu du dictionnaire
Bénodet, Berbères, Berck, Bercy, Berezina, Bergen, Bergman, Bergson, Berlin, Berlioz, Bernanos...

Dans l'ordre
Triangle jaune
Losange rouge
Rond bleu
Carré noir

Illikodoku

5	3	6
9	7	1
4	2	8
7	9	5
8	1	9
3	4	2
1	8	4
6	5	3
2	9	7

13 août

L M M J V S D

HA_ _MA_

Mots éventail

Voici quatre mots en éventail à compléter, en retrouvant le début qu'ils ont en commun.

? — rie / ton / té / stige

Rébus

Quel est le prénom donné par ce rébus ?

Monument en désordre

Pouvez-vous retrouver, en agençant les lettres de ces mots autrement (sans tenir compte des coupures entre eux ni des accents), le nom de ce monument italien ?

Emoi de créoles

Derrière les tours…

Les tours cachent les résidences qui cachent les maisons individuelles. Attribuez dans la grille la place de chaque type d'habitation, sachant que :
– Chaque flèche vous dirige et vous indique le nombre d'habitations visibles.
– Chaque type d'habitation se trouve dans chacune des lignes et colonnes.

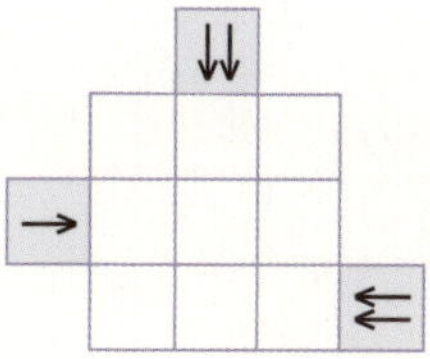

solutions aux jeux

Mots éventail
FU

Rébus
Haut deux : Aude.

Monument en désordre
Colisée de Rome.

Derrière les tours…

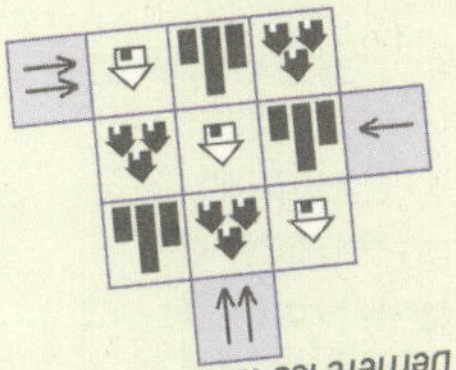

14 août

L M M J V S D

Le phrasophone

À l'aide du clavier de ce téléphone, sachant qu'une touche peut valoir plusieurs lettres, décodez la séquence de chiffres pour obtenir une citation célèbre.

6687 28667 7824 863 3332483 7267 28647 52 483773 !

Star en désordre

Pouvez-vous retrouver, en agençant les lettres de ces mots autrement (sans tenir compte des coupures entre eux ni des accents), le nom de ce réalisateur américain ?

Stylo direct

Mots éventail

Voici quatre mots en éventail à compléter, en retrouvant le début qu'ils ont en commun

? moin
? nnis
? mérité
? xte

Mots en carré syllabiques

Ce sont les mêmes mots à la verticale et à l'horizontale. Mais dans chaque case, il ne faut pas inscrire une lettre mais une syllabe. Voici les définitions dans l'ordre : Vif. – Bandit qui écumait les mers. – Posséder.

solutions aux jeux

Le phrasophone
« Nous avons subi une défaite sans avoir la guerre ! » (Winston Churchill.)

Mots en carré syllabiques

RA	PI	DE
PI	RA	TE
DE	TE	NIR

Star en désordre
Ridley Scott.

Mots éventail
TE

CHASSEZ l'intrus

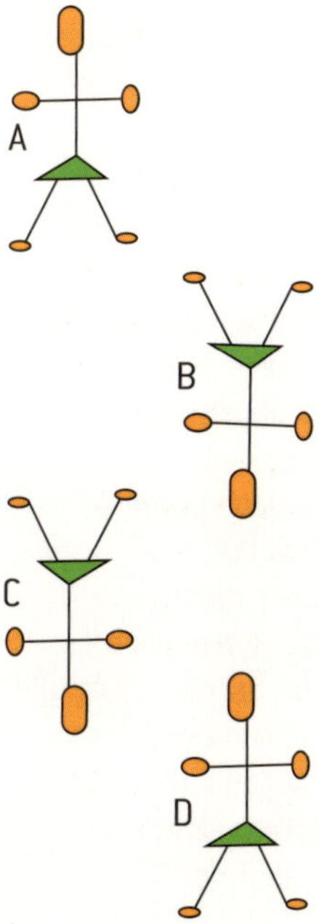

ÉNIGRAMMES

Sur trois pieds, cher lecteur, je suis un durillon qui parfois, sous le pied, se loge sans façon ; renversé, je deviens, et sans plus de mystère, une très grande mare, au milieu d'une terre.

Star en désordre

Pouvez-vous retrouver, en agençant les lettres de ces mots autrement (sans tenir compte des coupures entre eux ni des accents), le nom de ce cycliste espagnol ?

Un limier nigaud

Nombres pairs au carré

Complétez ce carré avec les nombres pairs compris entre 0 et 48 de telle sorte qu'ils soient tous placés dans la grille et que la somme de chacune des lignes, des colonnes et des grandes diagonales soit égale à 120.

Indice : 0 et 48 se trouvent sur les deux diagonales et sur la 1re ligne horizontale.

	38	40	2	
	4	16	28	
	20	32	44	

solutions aux jeux

Chassez l'intrus
La figure B : même en la faisant pivoter, elle ne peut ressembler aux autres.

Star en désordre
Miguel Indurain.

Nombres pairs au carré
Les seize nombres pairs manquants sont : 0, 6, 8, 10, 12, 14, 18, 22, 24, 26, 30, 34, 36, 42, 46, 48.

0	12	24	36	48
26	38	40	2	14
42	4	16	28	30
18	20	32	44	6
34	46	8	10	22

Énigrammes
Le cal et le lac.

16 août

L M M J V S D

Star en désordre

Pouvez-vous retrouver, en agençant les lettres de ces mots autrement (sans tenir compte des coupures entre eux ni des accents), le nom de ce rugbyman français ?

Glaçon serbe

Allô 007 !

Votre mission : découvrir le nom d'une ville française grâce aux trois indices chiffrés. Décodez-les à l'aide du clavier de ce téléphone et en sachant qu'une même touche peut donner plusieurs lettres (exemple : 2 pour A, B ou C…). À défaut, essayez sur votre portable : il a la réponse !

2683 3'2987
6277362
776636233

Grille logique

Ma valeur est paire.	Deux cases voisines ont des valeurs différentes.	La somme des valeurs de la grille est égale à 2.	Ma valeur est impaire.

À l'aide des indices qui se trouvent dans la grille ci-dessus, remplissez la grille ci-dessous.

DOUBLE charade

Deux charades se sont mélangées. Elles vous permettront, une fois recomposées, de trouver deux noms d'écrivains.

A. Mon premier a déclenché une ruée.
B. Mon premier est la patrie de l'andouille.
C. Mon second est un prénom masculin.
D. Au nom de mon second, d'horribles crimes ont été commis.

Faut-il associer A et C, ou A et D ? À vous de chercher…

solutions aux jeux

Star en désordre
Serge Blanco.

Allô 007 !
Nice
Les trois indices sont : Côte d'Azur, Masséna et Promenade.

Grille logique

0	1	0	1

Double charade
A-D : or-race → Horace.
B-C : Vire-Gilles → Virgile.

17 août

L M M J V S D

K'z noire

Complétez la grille en y plaçant les cases noires : chaque chiffre indique le nombre de cases noires qui l'entourent, par un angle ou un côté.

	3		2
2		3	
1		2	

Star en désordre

Pouvez-vous retrouver, en agençant les lettres de ces mots autrement (sans tenir compte des coupures entre eux ni des accents), le nom de ce coureur cycliste italien ?

Caïman patron

Mots éventail

Voici quatre mots en éventail à compléter, en retrouvant le début qu'ils ont en commun.

? villon
? nique
? steur
? gne

Le phrasophone

À l'aide du clavier de ce téléphone, sachant qu'une touche peut valoir plusieurs lettres, décodez la séquence de chiffres pour obtenir une citation célèbre.
62 8656683 378
83553 783 8687 9
66877668 !

solutions aux jeux

K'z noire

Mots éventail
PA

Le phrasophone
« Ma volonté est telle que tous y mourront ! » (Edouard III.)

Star en désordre
Marco Pantani.

18 août

L M M J V S D

Le comble

Quel est le comble pour un jardinier?

Dans l'ordre

Permutez les couleurs de ces figures à partir des indices ci-dessous.

Le rond n'est pas rouge.
Le jaune suit le noir.
Le rouge est entre le noir et le bleu.

Star en désordre

Pouvez-vous retrouver, en agençant les lettres de ces mots autrement (sans tenir compte des coupures entre eux ni des accents), le nom de ce tennisman français ?

Noël chrétien

Derrière les tours...

Les tours cachent les résidences qui cachent les maisons individuelles. Attribuez dans la grille la place de chaque type d'habitation, sachant que :

– Chaque flèche vous dirige et vous indique le nombre d'habitations visibles.

– Chaque type d'habitation se trouve dans chacune des lignes et colonnes.

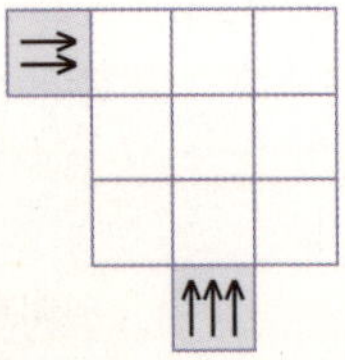

Solutions aux jeux

Le comble
C'est d'avoir des potes âgés.

Star en désordre
Henri Leconte.

Dans l'ordre
Triangle bleu
Losange rouge
Rond noir
Carré jaune

Derrière les tours...

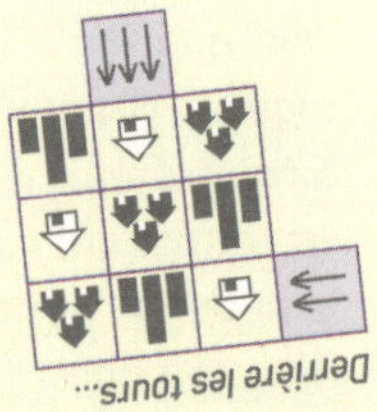

19 août

L M M J V S D

La France en désordre

Pouvez-vous retrouver, en agençant les lettres de ces mots autrement (sans tenir compte des coupures entre eux ni des accents), le nom de ce département français ?

Loi de terrien

Sudoku rapide

Complétez cette grille par les chiffres de 1 à 4 de telle sorte qu'un même chiffre n'apparaisse qu'une et une seule fois dans chacune des lignes et colonnes et dans chaque zone de quatre carrés.

3		4	1
		3	
4			2

Mots éventail

Voici quatre mots en éventail à compléter, en retrouvant le début qu'ils ont en commun.

? — mise
? — table
? — cul
? — but

La touche finale

Si on compose un mot sur un téléphone portable, il suffit parfois d'appuyer sur une touche de plus pour obtenir un tout autre mot.
Retrouvez le résultat de ces combinaisons de touches.
Si vous ne trouvez pas, essayez sur votre portable : il a la réponse !

RHUM + 8 = ?
SOIN + 8 = ?

solutions aux jeux

Sudoku rapide

3	2	4	1
1	4	2	3
2	1	3	4
4	3	1	2

La France en désordre
Indre-et-Loire.

Mots éventail
RE

La touche finale
RHUM + 8 = pivot.
SOIN + 8 = point.

20 août

L M M J V S D

COMBICOLOR

Ces couleurs primaires ● ● ● se combinent pour donner trois couleurs complémentaires ● ● ●
Quel est le triplet de ballons manquant ?

● ● ● va avec ● ● ●

donc

● ● va avec ?

Star en désordre

Pouvez-vous retrouver, en agençant les lettres de ces mots autrement (sans tenir compte des coupures entre eux ni des accents), le nom de ce boxeur français ?

Calmar cendré

La tête au carré

Complétez ce tableau avec tous les chiffres compris entre 1 et 9 pour que les résultats des opérations des lignes et des colonnes soient justes.

	x		+		=	12
–		+		x		
	+		+		=	15
+		x		+		
	x		/		=	10
=		=		=		
9		36		58		

Monsieur et Madame

Monsieur et Madame Memenk ont un fils, comment s'appelle-t-il ?

solutions aux jeux

Combicolor
Jaune
Bleu
Rouge
Les deux couleurs complémentaires se décomposent en trois couleurs primaires.

Star en désordre
Marcel Cerdan.

La tête au carré

3	x	1	+	9	=	12
–		+		x		
2	+	7	+	6	=	15
+		x		+		
8	x	5	/	4	=	10
=		=		=		
9		36		58		

Monsieur et Madame
Hakim… ah, qui me manque !

21 août

L M M J V S D

Mots éventail

Voici quatre mots en éventail à compléter, en retrouvant le début qu'ils ont en commun.

? — lier / hère / hon / an

La France en désordre

Pouvez-vous retrouver, en agençant les lettres de ces mots autrement (sans tenir compte des coupures entre eux ni des accents), le nom de ce département français ?

Simple maestria

Le phrasophone

À l'aide du clavier de ce téléphone, sachant qu'une touche peut valoir plusieurs lettres, décodez la séquence de chiffres et retrouvez une citation célèbre.

72747 8288 2436 863 63773 !

Code secret

Retrouvez le code d'ouverture de cette cave, sachant que chaque fois qu'un bon numéro est tapé sur le clavier :

- Une lumière verte s'allume si un numéro est bien placé.
- Une lumière rouge s'allume si un numéro est mal placé.

Les indices en marge vont vous éclairer !

3	2	1	5				
6	4	3	5				
2	1	3	5				
5	2	4	6				

?	?	?	?

solutions aux jeux

Mots éventail
BOUC

Le phrasophone
« Paris vaut bien une messe ! » (Henri IV.)

La France en désordre
Alpes-Maritimes.

Code secret

6	4	3	2

3	2	1	5				
6	4	3	5				
2	1	3	5				
5	2	4	6				

22 août

L M M J V S D

La France en désordre

Pouvez-vous retrouver, en agençant les lettres de ces mots autrement (sans tenir compte des coupures entre eux ni des accents), le nom de ce département français ?

Organe letton

La touche finale

Si on compose un mot sur un téléphone portable, il suffit parfois d'appuyer sur une touche de plus pour obtenir un tout autre mot. Retrouvez le résultat de ces combinaisons de touches. Si vous ne trouvez pas, essayez sur votre portable : il a la réponse !

DOME+ 8 = ?
CLIC + 4 = ?

Grille logique

La valeur d'une case est fonction du nombre de 1.	Dans la case précédente il y a un 1.	Dans la case précédente il y a un 2.	Dans la case précédente il y a un 1.

À l'aide des indices qui se trouvent dans la grille ci-dessus, remplissez la grille ci-dessous.

Le compte est bon

Comme dans le célèbre jeu télévisé, arrivez à 100 en utilisant au moins une fois et une fois seulement chacun des six chiffres premiers 1, 2, 3, 5, 7 et 9 dans l'une des quatre opérations (+, –, x, /). Chaque signe opératoire peut être utilisé, ou non, autant de fois que nécessaire.

solutions aux jeux

La France en désordre
Lot-et-Garonne.

Grille logique

1	2	1	2

Dans la première case, on parle du nombre de fois où le mot « un » ou le chiffre 1 est écrit…

La touche finale
DOME + 8 = fondu.
CLIC + 4 = alibi.

Le compte est bon
1 x 2 = 2
x 9 = 18
x 5 = 90
+ 3 = 93
+ 7 = 100

23
août
L M M J V S D

K'z noire

Complétez la grille en y plaçant les cases noires : chaque chiffre indique le nombre de cases noires qui l'entourent, par un angle ou un côté.

		3	
2			
3			2
2		2	

•

•

•

•

•

•

La France en désordre

Pouvez-vous retrouver, en agençant les lettres de ces mots autrement (sans tenir compte des coupures entre eux ni des accents), le nom de cette ville française ?

Câble dur

ÉNIGRAMMES

Sur mes cinq pieds,
ami lecteur,
je suis le
soutien fort utile
de maint voyageur
impotent ;
mais, si tu
m'arraches le cœur,
je deviendrai
ce volatile qui
s'ébat sur
l'eau si souvent.

Allô 007 !

Votre mission : découvrir le nom d'une ville française grâce aux trois indices chiffrés. Décodez-les à l'aide du clavier de ce téléphone et en sachant qu'une même touche peut donner plusieurs lettres (exemple : 2 pour A, B ou C...). À défaut, essayez sur votre portable : il a la réponse !

27233713
2333764
743773 6287647

solutions aux jeux

K'z noire

		3	
2	■	■	■
3	■		2
2	■	2	

Allô 007 !
Lille
Les trois indices sont : braderie, beffroi et Pierre Maurois.

La France en désordre
Bar-le-Duc.

Énigrammes
La canne et la cane.

24 août

L M M J V S D

Dans l'ordre

Permutez les couleurs de ces figures à partir des indices ci-dessous.

Le losange n'est pas bleu.
Le rouge suit le jaune.
Le bleu est entre le rouge et le noir.

Mots éventail

Voici quatre mots en éventail à compléter, en retrouvant le début qu'ils ont en commun.

? — aille
? — mure
? — ano
? — ène

La France en désordre

Pouvez-vous retrouver, en agençant les lettres de ces mots autrement (sans tenir compte des coupures entre eux ni des accents), le nom de ce département français ?

Minerai estimé

Code secret

Retrouvez le code d'ouverture de cette cave, sachant que chaque fois qu'un bon numéro est tapé sur le clavier :

- Une lumière verte s'allume si un numéro est bien placé.
- Une lumière rouge s'allume si un numéro est mal placé.
- Les indices en marge vont vous éclairer !

1	8	3	5	rouge	rouge	rouge	rouge
8	2	5	6	vert	vert		
1	2	8	6	rouge	rouge		
5	1	8	3	vert	vert	rouge	rouge

?	?	?	?

solutions aux jeux

Dans l'ordre
Triangle jaune
Losange rouge
Rond bleu
Carré noir

Code secret
8 1 5 3

La France en désordre
Seine-Maritime.

Mots éventail
MUR

25 août

L M M J V S D

Suite logique

Quels sont les deux symboles manquants ?

♣
♦
♠
♦
♣
♥
?
?

Pronoms cachés

Remplacez chaque ☺ par un pronom afin de former les mots qui correspondent aux définitions.

Pelage : ☺SON

Pigeon : TOURTER☺

Est : ☺VANT

Danger : PER☺

Le forgeron la bat : ☺CLUME

Derrière les tours…

Les tours cachent les résidences qui cachent les maisons individuelles. Attribuez dans la grille la place de chaque type d'habitation, sachant que :

– Chaque flèche vous dirige et vous indique le nombre d'habitations visibles.

– Chaque type d'habitation se trouve dans chacune des lignes et colonnes.

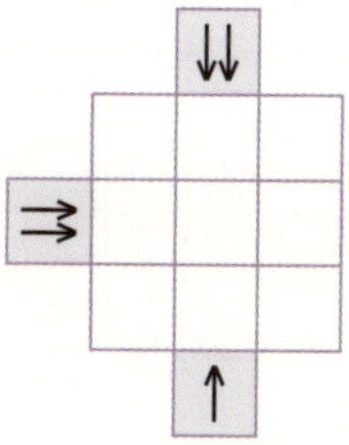

Jeu du dictionnaire

Trouvez cinq mots du dictionnaire, mais sans son aide et le plus rapidement possible, compris entre :

AMIENS

et

ANGOULEME

solutions aux jeux

Suite logique

Pique rouge, cœur rouge.
Les couples sont composés de trèfle ou de pique en 1re position et de cœur ou de carreau en 2e position : trèfle carreau noir, pique carreau rouge, trèfle cœur noir donc pique cœur rouge.

Pronoms cachés

TOI-SON. TOURTER-ELLE. LE-VANT. PER-IL. EN-CLUME.

Jeu du dictionnaire

Amour, Ampère, Amsterdam, Anacréon, Anatolie, Andalousie, Andorre, Andromaque, Angers, Angkor, Angleterre, Angola…

Derrière les tours...

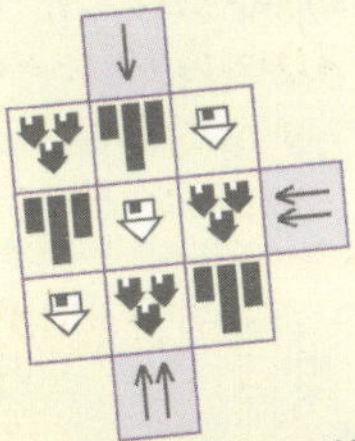

26
août

L M M J V S D

Illikodoku

Complétez cette grille par des chiffres de 1 à 9 sachant que tous ces chiffres se placent dans chaque colonne et dans chaque carré 3 x 3.

9	8	
		2
5	1	6
1		8
	7	4
6	9	
	6	7
4	2	9
8		1

Rébus

Quel est le prénom donné par ce rébus ?

■

■

■

■

■

■

Monument en désordre

Pouvez-vous retrouver, en agençant les lettres de ces mots autrement (sans tenir compte des coupures entre eux ni des accents), le nom de ce monument français ?

Matador dépensier

ÉNIGRAMMES

Sur trois pieds, cher lecteur,
je suis un instrument qui évoque
les bois mélancoliquement.
Une fois renversé je deviens
bloc de pierre, qui se dresse,
solide, et domine la terre.

solutions aux jeux

Rébus
Deux nids : Denis.

Énigrammes
Le cor et le roc.

Monument en désordre
Notre-Dame de Paris.

Illikodoku

6	8	7
3	4	2
5	1	9
1	3	8
2	7	4
9	6	5
7	9	3
4	2	6
8	5	1

27 août

L M M J V S D

Mots éventail

Voici quatre mots en éventail à compléter, en retrouvant le début qu'ils ont en commun.

? — beau / niche / billon / tège

Monsieur et Madame

Monsieur et Madame Pavnir ont une fille, comment s'appelle-t-elle ?

Star en désordre

Pouvez-vous retrouver, en agençant les lettres de ces mots autrement (sans tenir compte des coupures entre eux ni des accents), le nom de ce tennisman français ?

Sénat créole

Mot en serpentin

En utilisant toutes les lettres mais une seule fois, formez un mot en serpentant dans cette grille. Les cases des lettres doivent se toucher par un angle ou un côté.

O	I	I	B
R	T	E	I
E	R	H	D

solutions aux jeux

Mots éventail
COR

Star en désordre
René Lacoste.

Mot en serpentin
Rédhibitoire.

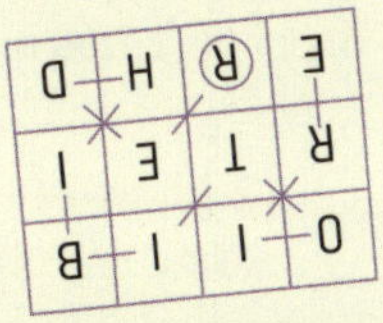

Monsieur et Madame
Eva... e' va pas v'nir !

28 août

L M M J V S D

Théâtre en désordre

Pouvez-vous retrouver, en agençant les lettres de ces mots autrement (sans tenir compte des coupures entre eux ni des accents), le titre de cette pièce de Georges Feydeau ?

Symétrie de la brise

Mots éventail

Voici quatre mots en éventail à compléter, en retrouvant le début qu'ils ont en commun.

? — gon / s / retelle / din

Dans mon HLM

Dans mon HLM, les adultes et la moitié des enfants représentent 200 personnes alors que les enfants et la moitié des adultes représentent 250 personnes. Combien y a-t-il d'adultes et d'enfants ?

Zonages

Sachant que chacun des chiffres indique le nombre de cases de la même couleur qui se touchent (une zone), complétez le coloriage de la grille. Deux zones ayant la même couleur ne peuvent se toucher ni par les côtés ni par les angles.

			5
	4		
	3	5	

solutions aux jeux

Dans mon HLM
Il y a 100 adultes et 200 enfants.
Si A représente les adultes et E les enfants :
A + 1/2 E = 200
et E + 1/2 A = 250.
Plusieurs méthodes sont possibles dont le tâtonnement, voici la nôtre :
A + 1/2 E = 200 =>
E = 2 x (200 – A).
E + 1/2 A = 250 => 2 x (200 – A) + 1/2 A = 250
=> 400 – 2A + 1/2A = 250
=> 150 = 3/2A => A = 100
et E = 200.

Théâtre en désordre
Le Système Ribadier.

Zonages

vert	vert	jaune	jaune 5
bleu	vert 4	vert	jaune
bleu	bleu 3	jaune 5	jaune

Mots éventail
JAR

29
août
L M M J V S D

K'z noire

Complétez la grille en y plaçant les cases noires : chaque chiffre indique le nombre de cases noires qui l'entourent, par un angle ou un côté.

	3		
3		3	
3		3	
2		2	

Dans l'ordre

Permutez les couleurs de ces figures à partir des indices ci-dessous.

Le jaune suit le rouge.
Le noir n'est ni en première ni en dernière position.
Le triangle n'est pas bleu.

Star en désordre

Pouvez-vous retrouver, en agençant les lettres de ces mots autrement (sans tenir compte des coupures entre eux ni des accents), le nom de ce pilote de course français ?

Saint Polar

DOUBLE charade

Deux charades se sont mélangées. Elles vous permettront, une fois recomposées, de trouver deux noms d'oiseaux.
A. Mon premier interroge sur l'identité.
B. Mon premier est une couleur.
C. Mon second traduit un accord.
D. Mon second est un défilé.
Faut-il associer A et C, ou A et D ?
À vous de chercher…

solutions aux jeux

K'z noire

■	3	■	
3	■	3	
3	■	3	
2	■	2	

Double charade
A-C : qui-oui → kiwi.
B-D : rouge-gorge → rouge-gorge.

Star en désordre
Alain Prost.

Dans l'ordre
Triangle rouge
Losange jaune
Rond noir
Carré bleu

30
août

L M M J V S D

Rébus

Quel est le prénom donné par ce rébus ?

LOL !

Fromage en désordre

Pouvez-vous retrouver, en agençant les lettres de ces mots autrement (sans tenir compte des coupures entre eux ni des accents), le nom de ce fromage ?

Un brave déluge

Ouille, ouille, ouille... ! Aïe !

Trouvez deux mots qui commencent de la même façon, mais se terminent pour l'un par le son « ouille ! » et pour l'autre par le son « aïe ! ». Un indice mystérieux pour vous guider...

Les tiges d'acier se moquent de l'oxydation.

Presque magique

89	73	38
55	16	19
26	41	63

Rayez trois chiffres de telle sorte que ce carré devienne magique.

Indice : la somme de chaque ligne et de chaque colonne sera égale à 90.

solutions aux jeux

Rébus
Valet rit : Valérie.

Fromage en désordre
Bleu d'Auvergne.

Presque magique
Case n° 1 : 8 ; case n° 3 : 3 ; case n° 8 : 4.

- 9	73	- 8
55	16	19
26	- 1	63

Ouille, ouille, ouille... ! Aïe !
Rouille / Rail.

31
août

L M M J V S D

Star en désordre

Pouvez-vous retrouver, en agençant les lettres de ces mots autrement (sans tenir compte des coupures entre eux ni des accents), le nom de ce footballeur français ?

Singe salarié

Jeu du dictionnaire

Trouvez cinq mots du dictionnaire, mais sans son aide et le plus rapidement possible, compris entre :

REIMS

et

REYKJAVIK

Mots éventail

Voici quatre mots en éventail à compléter, en retrouvant le début qu'ils ont en commun.

? — cet / rcin / vabo / melle

Grille logique

Je vaux le nombre de cases de valeur paire.	Je vaux le nombre de cases de valeur impaire.

À l'aide des indices qui se trouvent dans la grille ci-dessus, remplissez la grille ci-dessous.

solutions aux jeux

Star en désordre
Alain Giresse.

Mots éventail
LA

Grille logique

2	0

Jeu du dictionnaire
Reinhardt, Reiser, Rembrandt, Remus, Renard, Renault, Rennes, Renoir, Resnais, Réunion (La)...

1 septembre

L M M J V S D

États-Unis en désordre

Pouvez-vous retrouver, en agençant les lettres de ces mots autrement (sans tenir compte des coupures entre eux ni des accents), le nom de cette ville américaine ?

Franc caisson

K'z noire

Complétez la grille en y plaçant les cases noires : chaque chiffre indique le nombre de cases noires qui l'entourent, par un angle ou un côté.

2		2	
		3	1
3		3	
2			1

L'âge de mes nièces

J'ai trois nièces, Marlène, Charlotte et Laura. Marlène a trois fois l'âge de Charlotte. L'an prochain, elle aura le double de l'âge qu'aura Laura. Laura a 3 ans de plus que Charlotte. Quel est l'âge de mes nièces ?

CHASSEZ l'intrus

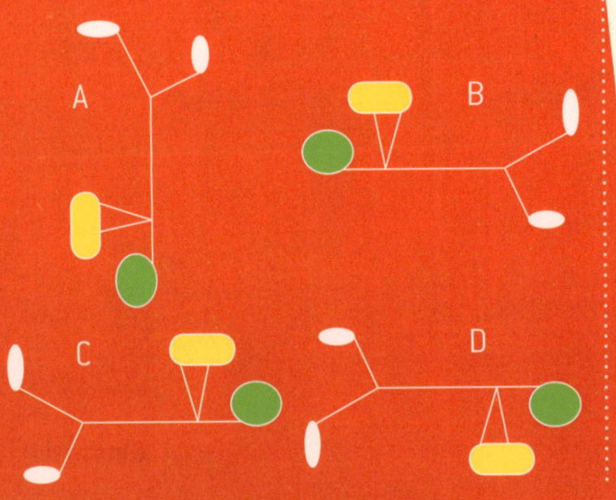

solutions aux jeux

États-Unis en désordre
San Francisco.

L'âge de mes nièces
Marlène a 21 ans, Charlotte a 7 ans et Laura a 10 ans.
Si M = l'âge de Marlène, C = l'âge de Charlotte et L = l'âge de Laura :
M = 3 C, M + 1 = 2 (L + 1), L = C + 3.
Si on remplace L par C + 3 :
M + 1 = 2 (C + 3 + 1)
et si on remplace M par 3
C : 3 C + 1 = 2 (C + 3 + 1).
Alors C = 7, M = 21, L = 10.

Chassez l'intrus
La figure C : même en la faisant pivoter, elle ne peut ressembler aux autres.

K'z noire

2	■	2	■
■		3	1
3	■	3	
2	■	■	1

2 septembre

L M M J V S D

Mots éventail

Voici quatre mots en éventail à compléter, en retrouvant le début qu'ils ont en commun.

? — il / ole / ache / onner

Monument en désordre

Pouvez-vous retrouver, en agençant les lettres de ces mots autrement (sans tenir compte des coupures entre eux ni des accents), le nom de ce monument anglais ?

Lot de rondeurs

LES DOUBLETS

En utilisant les mêmes touches, vous pouvez composer plusieurs mots différents. Lesquels ? Retrouvez les doublets de ces deux mots en vous aidant des indices. À défaut, essayez sur votre portable : il a la réponse !

ANNE
Indice : saut.
ANNIE
Indice : vacances.

Sudoku fastoche

Complétez cette grille par les chiffres de 1 à 6 de telle sorte qu'un même chiffre n'apparaisse qu'une et une seule fois dans chacune des lignes et colonnes et dans chaque rectangle 2 x 3.

1		4		6	2
	5				
3		2		5	
					3
5				4	1
	4	1		2	

solutions aux jeux

Mots éventail
PIST

Les doublets
ANNE -> bond.
ANNIE -> congé.

Monument en désordre
Tour de Londres.

Sudoku fastoche

1	3	4	5	6	2
2	5	6	1	3	4
3	1	2	4	5	6
4	6	5	2	1	3
5	2	3	6	4	1
6	4	1	3	2	5

3 septembre

L M M J V S D

Euro 2004

Décryptez cette addition :

```
   E U R O
+  2 0 0 4
+    S T A R
  G R E C E
```

Chaque lettre représente toujours un même chiffre : 0, 1, 2, 3, 4, 5, 6, 7, 8 ou 9. Chaque chiffre n'est représenté que par une seule lettre. Aucun terme de l'opération ne commence par 0.

Indice : il y a plusieurs solutions possibles. La bonne sera celle qui vérifie : EURO et STAR sont divisibles par 5, et 2 x T = U.

Le comble

Quel est le comble pour un laboureur?

Ouille, ouille, ouille... ! Aïe !

Trouvez deux mots qui commencent de la même façon, mais se terminent pour l'un par le son « ouille ! » et pour l'autre par le son « aïe ! ». Un indice : Un petit massage en dégustant un fruit exotique ?

Chaque arbre cache un chasseur

Les chiffres indiquent le nombre de chasseurs qui se cachent dans la grille. Débusquez-les, sachant que :

Il y a autant d'arbres que de chasseurs.

Toute case contenant un chasseur est accolée à une case contenant un arbre.

Deux cases contenant un chasseur ne peuvent se toucher ni par les angles ni par les côtés.

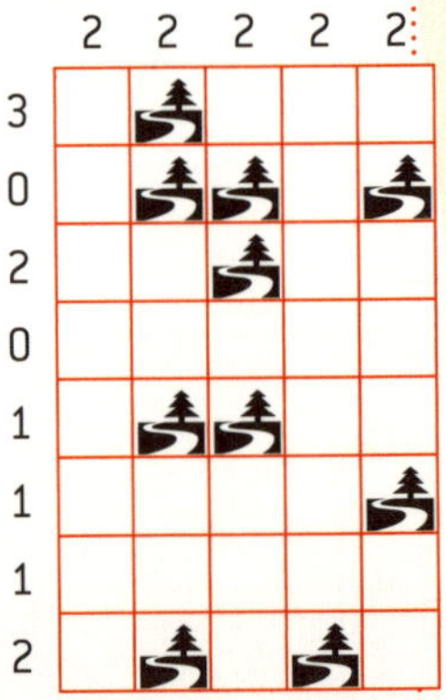

solutions aux jeux

Euro 2004

```
    9650
+   2004
+   4325
   15979
```

Un nombre divisible par 5 se termine par 0 ou 5 donc les valeurs de R et O sont 0 ou 5 et dans tous les cas la valeur de E est 9. On sait aussi que S est différent de 0.

1re hypothèse : R = 0 et O = 5, E = 9, S = 9 : impossible !

2e hypothèse : R = 5 et O = 0.

On peut récrire l'opération avec les chiffres que l'on connaît désormais :

```
  9 U 5 0
  2 0 0 4
    S T A 5
G 5 9 C 9
```

On voit donc que : U + T (+ éventuelle retenue) = 9 ou 19. Or (U, T) vaut soit (4, 8) soit (3, 6) soit (2, 4) soit (1, 2). La seule solution, qui implique qu'il n'y ait pas de retenue pour la colonne suivante, c'est (3, 6) et leur somme fait 9.

Donc U = 3 et T = 6.

9 + 2 + S = G5, c'est-à-dire 15, donc G = 1 et S = 4.

Il reste quatre valeurs possibles pour A et C : 1, 2, 7, et 8. Or 5 + A = C.

La seule solution est A = 2 et C = 7.

Le comble

C'est de mettre la charrue avant les bœufs.

Chaque arbre cache un chasseur

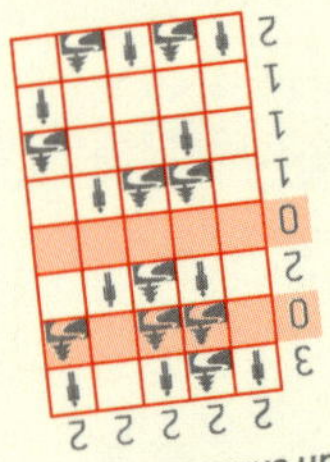

Ouille, ouille, ouille... ! Aïe !

Papouille / Papaye.

4 septembre

L M M J V S D

Monument en désordre

Pouvez-vous retrouver, en agençant les lettres de ces mots autrement (sans tenir compte des coupures entre eux ni des accents), le nom de ce monument italien ?

Paix et chenilles

Le phrasophone

À l'aide du clavier de ce téléphone, sachant qu'une touche peut valoir plusieurs lettres, décodez la séquence de chiffres pour obtenir une citation célèbre.

52 73872483, 2'378 33 52 843 27737 52 843.

Mots en losange

Ce sont les mêmes mots à la verticale et à l'horizontale.

En voici les définitions dans l'ordre :

Tête de faisan ou de fouine. – Singe qu'on appelle aussi capucin. – Trancha, coupa. – Planète. – La Fontaine en est un très célèbre. – Énervée, agacée. – Petits golfes. – Saison chaude. – Fin de partie ou de soirée.

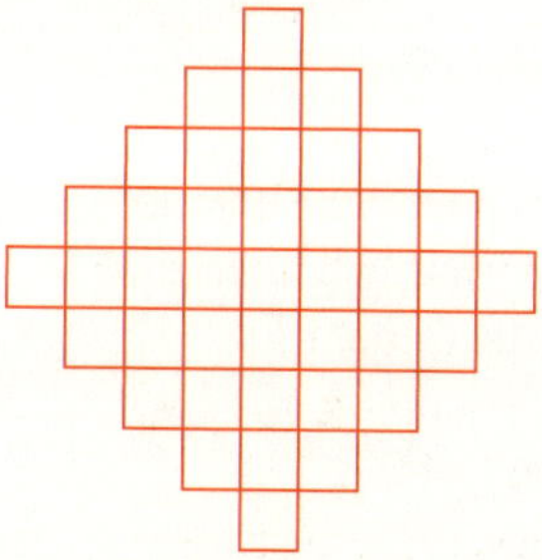

Mots éventail

Voici quatre en éventail à compléter, en retrouvant le début qu'ils ont en commun.

? – nover – primer – pugne – veil

solutions aux jeux

Monument en désordre
Chapelle Sixtine.

Le phrasophone
« La retraite, c'est de la vie après la vie. » (Jean-Pierre Raffarin.)

Mots éventail
RE

Mots en losange

F
SAI
SABRE
SATURNE
FABULISTE
IRRITEE
ANSES
ETE
E

5 septembre

L M M J V S D

Mots éventail

Voici quatre mots en éventail à compléter, en retrouvant le début qu'ils ont en commun.

? → seline / rice / cance / cherin

■

■

■

■

■

■

Mots pyramide à l'envers

Reformez quatre mots finissant par EUR. Attention, pour corser le jeu, les indices donnés sont dans le désordre…

Indices : narrateur, ennemi des dentistes, attirant, créateur.

			E	U	R			
				E	U	R		
					E	U	R	
						E	U	R

Cuisine en désordre

Pouvez-vous retrouver, en agençant les lettres de ces mots autrement (sans tenir compte des coupures entre eux ni des accents), le nom de ce plat ?

Larcin héroïque

DOUBLE charade

Deux charades se sont mélangées. Elles vous permettront, une fois recomposées, de trouver deux noms de légumes.

A. Mon premier n'est pas mal poli chez le nourrisson.

B. En vieillissant, on accumule mon premier.

C. Mon second qualifie parfois la bouteille.

D. Mon second rapporte de l'argent au mendiant.

Faut-il associer A et C, ou A et D ? À vous de chercher…

solutions aux jeux

Mots éventail

VA

Double charade

A-D : rot-quête → roquette.

B-C : an-dive → endive.

Cuisine en désordre

Quiche lorraine.

Mots pyramide à l'envers

AUTEUR – CONTEUR – CHARMEUR – CONFISEUR

créateur – narrateur – attirant – ennemi des dentistes

6 septembre

L M M J V S D

Dans l'ordre

Permutez les couleurs de ces figures à partir des indices ci-dessous.

Le jaune est entre le noir et le bleu.
Le rouge suit le noir.

Star en désordre

Pouvez-vous retrouver, en agençant les lettres de ces mots autrement (sans tenir compte des coupures entre eux ni des accents), le nom de cette gymnaste roumaine ?

Camion acadien

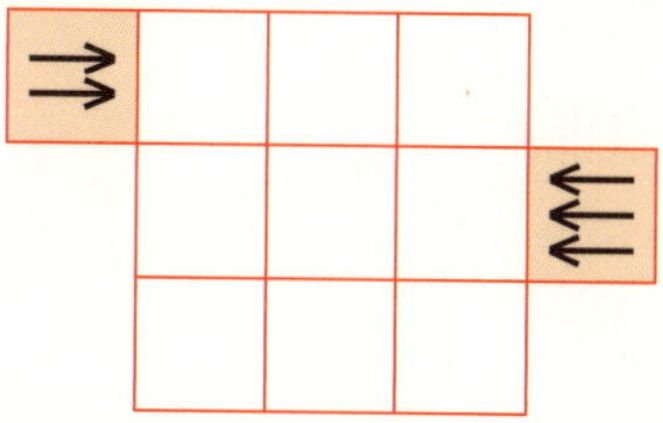

Derrière les tours...

Les tours cachent les résidences qui cachent les maisons individuelles.
Attribuez dans la grille la place de chaque type d'habitation, sachant que :
– Chaque flèche vous dirige et vous indique le nombre d'habitations visibles.
– Chaque type d'habitation se trouve dans chacune des lignes et colonnes.

solutions aux jeux

Derrière les tours...

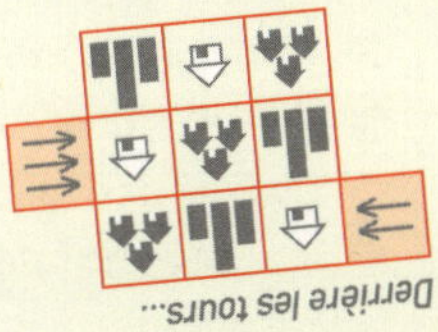

Star en désordre
Nadia Comaneci.

Dans l'ordre
Triangle bleu
Losange jaune
Rond noir
Carré rouge

7 septembre

L M M J V S D

Théâtre en désordre

Pouvez-vous retrouver, en agençant les lettres de ces mots autrement (sans tenir compte des coupures entre eux ni des accents), le titre de cette pièce de Molière ?

Animalier de la magie

K'z noire

Complétez la grille en y plaçant les cases noires : chaque chiffre indique le nombre de cases noires qui l'entourent, par un angle ou un côté.

			2
2	3	3	
		1	

Mots éventail

Voici quatre mots en éventail à compléter, en retrouvant le début qu'ils ont en commun.

? — me / by / nier / viche

Le phrasophone

À l'aide du clavier de ce téléphone, sachant qu'une touche peut valoir plusieurs lettres, décodez la séquence de chiffres pour obtenir le titre d'un livre d'un ancien footballeur.

78263 537 66838837 7848368 86 242588437, 2' 378 78' 35537 7367368 78' 66 82 5387 53837 337 72734637.

solutions aux jeux

Théâtre en désordre
Le Malade imaginaire.

Mots éventail
DER

Le phrasophone
Quand les mouettes suivent un chalutier, c'est qu'elles pensent qu'on va leur jeter des sardines.
Éric Cantona.

K'z noire

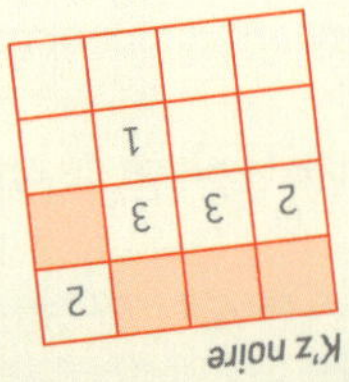

8 septembre

L M M J V S D

Rébus

Quel est le prénom donné par ce rébus ?

Le phrasophone

À l'aide du clavier de ce téléphone, sachant qu'une touche peut valoir plusieurs lettres, décodez la séquence de chiffres pour obtenir une citation célèbre.
38 664, 53 7847 43674, 7473 3' 29 38 33 4663773 !

Les chiffres fléchés

Complétez cette grille avec les chiffres de 1 à 9 sachant que :

- La somme de la série de chiffres à trouver est donnée dans les cases grisées.
- Chaque chiffre ne peut être utilisé qu'une seule fois dans une somme.
- Une série de chiffres ne peut apparaître qu'une seule fois dans la grille.

Indices : 35 est la somme de 5, 6, 7, 8 et 9 ; 24 est la somme de 7, 8 et 9 ; 44 est la somme de 2, 3, 4, 5, 6, 7, 8 et 9 ; la décomposition de 43 en huit chiffres additionnés tous différents ne peut pas contenir le 2.

	35	31	31	25	3	20	32	34
44			9			5		
23		8		2	24	8		
19	5			7	21→ 4↓			9
41		9					7	
43	9		7			1		

solutions aux jeux

Les chiffres fléchés

	35	31	31	25	3	20	32	34
44	6	7	9	8	3	5	2	4
23	7	8	6	2	24	8	9	7
19	5	3	4	7	21→ 4↓	4	8	9
41	8	9	5	3	1	2	7	6
43	9	4	7	5	3	1	6	8

Rébus

Lit 10 : Lydie.

Le phrasophone

« Et moi, je suis Henri, sire d'Aÿ et de Gonesse. » (Henri IV.)

9
septembre
L M M J V S D

Mots
éventail

Voici quatre mots en éventail à compléter, en retrouvant le début qu'ils ont en commun.

? → fait / ticipe / courir / donner

Monsieur
et Madame

Monsieur et Madame Ment ont un fils, comment s'appelle-t-il ?

Cuisine
en désordre

Pouvez-vous retrouver, en agençant les lettres de ces mots autrement (sans tenir compte des coupures entre eux ni des accents), le nom de ce plat ?

Amour de sacre

✎ ______________________

____

____

Météodoku

Sachant que durant cinq semaines (du lundi au vendredi), le temps a changé tous les jours et qu'aucune semaine n'a montré la même météo le même jour, complétez la grille.

	lundi	mardi	mercredi	jeudi	vendredi
1re semaine		Soleil et nuage	Nuage	Pluie	
2e semaine	Pluie		Soleil et nuage		Nuage
3e semaine		Soleil	Orage	Nuage	Pluie
4e semaine	Nuage				
5e semaine		Nuage	Pluie	Orage	

solutions aux jeux

Mots éventail
PAR

Cuisine en désordre
Acras de morue.

Monsieur et Madame
Ali... aliment.

Météodoku

	lundi	mardi	mercredi	jeudi	vendredi
1re semaine	Orage	Soleil et nuage	Nuage	Pluie	Soleil
2e semaine	Pluie	Orage	Soleil et nuage	Soleil	Nuage
3e semaine	Soleil et nuage	Soleil	Orage	Nuage	Pluie
4e semaine	Nuage	Pluie	Soleil	Soleil et nuage	Orage
5e semaine	Soleil	Nuage	Pluie	Orage	Soleil et nuage

10 septembre

L M M J V S D

Dans l'ordre

Permutez les couleurs de ces figures à partir des indices ci-dessous.

Le noir est entre le jaune et le bleu. Le bleu suit le rouge.

Star en désordre

Pouvez-vous retrouver, en agençant les lettres de ces mots autrement (sans tenir compte des coupures entre eux ni des accents), le nom de ce chanteur turc ?

Rodéo romain

Souvenez-vous...

« Ma Rosalie... »
L'un de ces morceaux de phrases ne fait pas partie de cette chanson pour enfants, laquelle ?

1. du mal d'amour
2. titi panpan
3. faut d'la salade
4. trois petits tours
5. elle est malade
6. pour la guérir

Allô proverbe !

Retrouvez ce proverbe dont quelques mots ont été codés pour être envoyés par SMS. Attention, une même touche peut donner plusieurs lettres (2 pour A, B ou C). À défaut, essayez sur votre portable : il a la réponse !

IL 63 3288 727 VENDRE
52 7328 33 5'6877
AVANT 33 5'AVOIR 883.

solutions aux jeux

Souvenez-vous...
La n° 4.
*Ma rosalie, **titi panpan**, elle est malade.*
Elle est malade, titi panpan, du mal d'amour. Pour la guérir, titi panpan, faut d'la salade.
*De la salade, **titi panpan**, trois fois par jour.*
C'est pas moi c'est ma sœur qu'a cassé la machine à vapeur.
Quand tu m'disais, Rosalie, que tu m'aimais, Rosalie, Moi je croyais, Rosalie, qu'c'était de la bla-a-a-a-gue
Quand tu m'disais, Rosalie, que tu m'aimais, Rosalie, Moi je croyais, Rosalie, qu'c'était pas vrai.
À trois, un deux, trois...

Dans l'ordre
Triangle rouge
Losange bleu
Rond noir
Carré jaune

Star en désordre
Dario Moreno.

Allô proverbe !
Il ne faut pas vendre la peau de l'ours avant de l'avoir tué.

11 septembre

L M M J V S D

Jeu des prénoms

Pourrez-vous retrouver quelques Jean célèbres ?

1 – Un footballeur membre du carré magique (avec Giresse, Fernandez et Platini).

2 – Un poète, auteur de théâtre, cinéaste, graphiste français, qui entra à l'Académie française en 1955.

3 – Un homme politique français assassiné en 1914 pour ses prises de positions pacifistes.

Théâtre en désordre

Pouvez-vous retrouver, en agençant les lettres de ces mots autrement (sans tenir compte des coupures entre eux ni des accents), le titre de cette pièce de Molière ?

L'experte du miaou

Mots éventail

Voici quatre mots en éventail à compléter en trouvant le début qu'ils ont en commun.

? – ador / aillons / oler / het

Illikodoku

Complétez cette grille par des chiffres de 1 à 9 sachant que tous ces chiffres se placent dans chaque colonne et dans chaque carré 3 x 3.

	4	1
8		5
3	7	
9	2	4
	5	3
7		
	9	2
1		7
4	3	

solutions aux jeux

Jeu des prénoms
1 – Jean Tigana.
2 – Jean Cocteau.
3 – Jean Jaurès.

Mots éventail
PIC

Théâtre en désordre
Le Dépit amoureux.

Illikodoku

2	4	1
8	6	5
3	7	6
9	2	4
6	5	3
7	1	8
5	9	2
1	8	7
4	3	6

12 septembre

L M M J V S D

L'AIGLE à trois têtes

Trouvez trois mots de cinq lettres correspondant à cet indice en faisant varier leur initiale (exemple : radin, gadin, badin).

Dans le jardin d'hiver, l'humus est protégé par les vitres.

La France en désordre

Pouvez-vous retrouver, en agençant les lettres de ces mots autrement (sans tenir compte des coupures entre eux ni des accents), le nom de cette ville française ?

Vanille brune

COMBICOLOR

Ces couleurs primaires (jaune, bleu, rouge) se combinent pour donner trois couleurs complémentaires (vert, violet, orange).

Quel est le triplet de ballons manquant ?

(orange) / (bleu) (jaune) va avec (violet) / (jaune) (rouge)

donc

(vert) / (rouge) (bleu) va avec ?

Border line

Découvrez le motif caché dans cette grille en noircissant ses cases ; chaque chiffre indique le nombre de bordures qui l'entourent.

1		3		3		1
1		3		2		0
1		2		2		1
1		2		2		1

Solutions aux jeux

L'aigle à trois têtes
Serre, terre, verre.

La France en désordre
Villeurbanne.

Border line

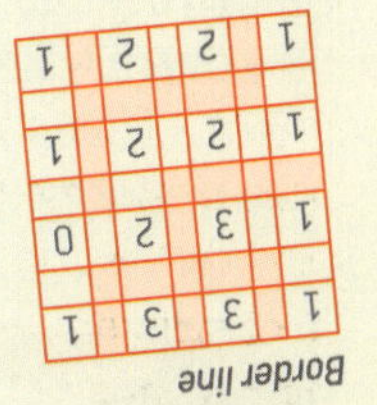

Combicolor
Orange
Bleu, Jaune
Le sommet est la résultante de la couleur primaire manquante et du 2e ballon.

13 septembre

L M M J V S D

HA _ _ MA _

Rébus

Quel est le prénom donné par ce rébus ?

4

Le phrasophone

À l'aide du clavier de ce téléphone, sachant qu'une touche peut valoir plusieurs lettres, décodez la séquence de chiffres pour obtenir une citation célèbre.
53 8736253, 5247 2' 378 33 37643.

Star en désordre

Pouvez-vous retrouver, en agençant les lettres de ces mots autrement (sans tenir compte des coupures entre eux ni des accents), le nom de cet acteur français ?

Gong du jarret

Code secret

Retrouvez le code d'ouverture de cette cave, sachant que chaque fois qu'un bon numéro est tapé sur le clavier :

- Une lumière verte s'allume si un numéro est bien placé.
- Une lumière rouge s'allume si un numéro est mal placé.

Les indices en marge vont vous éclairer !

2	4	6	7
2	7	1	3
6	2	4	3
7	5	1	3

?	?	?	?

solutions aux jeux

Rébus
4 riz nœud : Catherine.

Le phrasophone
« Je tremble, mais c'est de froid. » (Jean Sylvain Bailly.)

Code secret
7 5 3 1

Star en désordre
Gérard Jugnot.

14 septembre

L M M J V S D

Mots éventail

Voici quatre mots en éventail à compléter, en retrouvant le début qu'ils ont en commun.

? — pice
? — anna
? — tellerie
? — tile

La France en désordre

Pouvez-vous retrouver, en agençant les lettres de ces mots autrement (sans tenir compte des coupures entre eux ni des accents), le nom de cette ville française ?

Un monstre rangé

Monsieur et Madame

Monsieur et Madame Tachacfoi ont une fille, comment s'appelle-t-elle ?

Mots en triangle syllabiques

Ce sont les mêmes mots à la verticale et à l'horizontale. Mais dans chaque case, il ne faut pas inscrire une lettre mais une syllabe.

Voici les définitions dans l'ordre : Soldat. – Corde naturelle. – Son petit nom, c'était Hippolyte. – Note de musique.

solutions aux jeux

Mots éventail
HOS

Monsieur et Madame
Sarah… ça rate à chaque fois !

La France en désordre
Nogent-sur-Marne.

Mots en triangle syllabiques

MI	LI	TAI	RE
LI	A	NE	
TAI	NE		
RE			

15 septembre

L M M J V S D

Star en désordre

Pouvez-vous retrouver, en agençant les lettres de ces mots autrement (sans tenir compte des coupures entre eux ni des accents), le nom de cet acteur français ?

Voleur nanti

Le phrasophone

À l'aide du clavier de ce téléphone, sachant qu'une touche peut valoir plusieurs lettres, décodez la séquence de chiffres pour obtenir une citation célèbre.

6668737 72 36723
7687 63 727 28647
2 7'36 737847.

Mots éventail

Voici quatre mots en éventail à compléter, en retrouvant le début qu'ils ont en commun.

? — sage / tel / tille / tourelle

CHASSEZ l'intrus

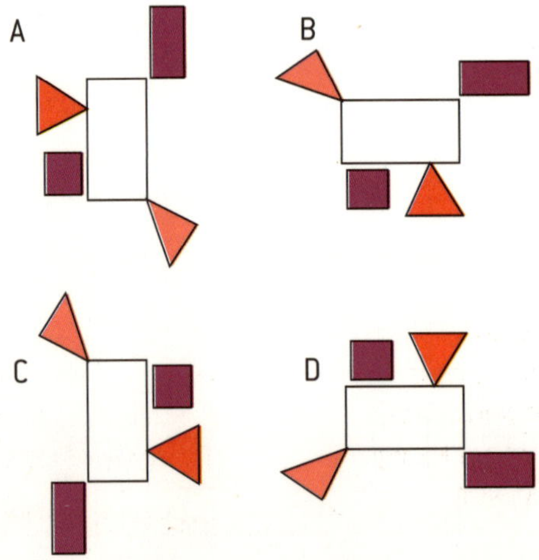

solutions aux jeux

Star en désordre
Lino Ventura.

Mots éventail
PAS

Chassez l'intrus
La figure B : même en la faisant pivoter, elle ne peut ressembler aux autres.

Le phrasophone
« Montrer sa force pour ne pas avoir à s'en servir. » (Devise du maréchal Lyautey.)

16 septembre

L M M J V S D

La touche finale

Si on compose un mot sur un téléphone portable, il suffit parfois d'appuyer sur une touche de plus pour obtenir un tout autre mot. Retrouvez le résultat de ces combinaisons de touches. Si vous ne trouvez pas, essayez sur votre portable : il a la réponse !

SOFT + 7 = ?
DEMO + 3 = ?

Quel est mon âge ?

Dans douze ans, j'aurai le triple de l'âge que j'avais il y a quatre ans. Quel est mon âge ?

Trois au carré

	27	
21	15	9
	3	

Complétez ce carré magique avec les multiples de 3 manquants, de telle sorte que chacun d'eux ne soit placé qu'une fois et que toutes les lignes, colonnes et diagonales fassent la même somme.

Monument en désordre

Pouvez-vous retrouver, en agençant les lettres de ces mots autrement (sans tenir compte des coupures entre eux ni des accents), le nom de ce monument français ?

Sens de maniéré

solutions aux jeux

La touche finale
SOFT + 7 = sœur.
DEMO + 3 = femme.

Trois au carré
Il manque 6, 12, 18 et 24.

6	27	12
21	15	9
18	3	24

Quel est mon âge ?
12 ans.
Soit A mon âge aujourd'hui :
A + 12 = 3 (A – 4)
donc A + 12 = 3 A – 12 ;
2 A = 24 ; A = 12.

Monument en désordre
Arènes de Nîmes.

17 septembre

L M M J V S D

Mots éventail

Voici quatre mots en éventail à compléter, en retrouvant le début qu'ils ont en commun.

? → gner / amois / déral / nistre

Célébrité en désordre

Pouvez-vous retrouver, en agençant les lettres de ces mots autrement (sans tenir compte des coupures entre eux ni des accents), le nom de ce savant français ?

Sénat révolutionnaire idéal

Grille logique

Si cette case vaut 4 alors sa voisine vaut 2 sinon cette case vaut 6.	Si cette case vaut la moitié de la valeur de sa voisine alors cette case est impaire.

À l'aide des indices qui se trouvent dans la grille ci-dessus, remplissez la grille ci-dessous.

DOUBLE charade

Deux charades se sont mélangées. Elles vous permettront, une fois recomposées, de trouver deux noms d'oiseaux.

A. Mon premier est une voyelle.
B. Mon premier marque l'opposition.
C. Mon second est une tresse.
D. Mon second est une tranche.

Faut-il associer A et C, ou A et D ? À vous de chercher...

solutions aux jeux

Mots éventail
SI

Célébrité en désordre
Antoine Laurent de Lavoisier.

Grille logique

6	3

Double charade
A-D : i-rondelle → hirondelle.
B-C : mais-natte → mainate.

18 septembre

L M M J V S D

Le comble

Quel est le comble pour un linguiste ?

Trou de mémoire

Toutes les voyelles des phrases ci-dessous ont disparu. Remettez-les en place pour reconstituer le titre de deux films.

L fblx dstn d' ml Pln.
mbrssz q vs vdrz.

Star en désordre

Pouvez-vous retrouver, en agençant les lettres de ces mots autrement (sans tenir compte des coupures entre eux ni des accents), le nom de cette actrice française ?

Aéroclub toqué

La sourde oreille

En replaçant ces quatre bandelettes dans le bon ordre, vous verrez apparaître une citation.

UN	ET	ST	CE
EC	HO	ST	RI
PE	NS	DE	SE
EL	AN	QU	ER
EP	AR	UR	AT
QU	EL	ET	LE
RE	HU	EN	EG
NE	NE	IN	MA
AS.		EP	UT

solutions aux jeux

Le comble
C'est d'avoir un cheveu sur la langue.

Trou de mémoire
Le Fabuleux Destin d'Amélie Poulain, Jean-Pierre Jeunet.
Embrassez qui vous voudrez, Michel Blanc.

La sourde oreille
« C'est une triste chose de penser que la nature parle et que le genre humain n'écoute pas. » (Victor Hugo.)

CE	ST	UN	ET
RI	ST	EC	HO
SE	DE	PE	NS
ER	QU	EL	AN
AT	UR	EP	AR
LE	ET	QU	EL
EG	EN	RE	HU
MA	IN	NE	CO
UT	EP	AS.	

Star en désordre
Carole Bouquet.

19 septembre

L M M J V S D

Mots éventail

Voici quatre mots en éventail à compléter, en retrouvant le début qu'ils ont en commun.

? — sical / tuel / scadet / le

Code secret

Retrouvez le code d'ouverture de cette cave, sachant que chaque fois qu'un bon numéro est tapé sur le clavier :

- Une lumière verte s'allume si un numéro est bien placé.
- Une lumière rouge s'allume si un numéro est mal placé.

Les indices en marge vont vous éclairer !

5	2	4	7
4	2	7	8
3	1	5	8
7	4	5	2

?	?	?	?

K'z noire

Complétez la grille en y plaçant les cases noires : chaque chiffre indique le nombre de cases noires qui l'entourent, par un angle ou un côté.

2		2	1
	3	3	
3			
2			

Sudoku fastoche

Remplissez cette grille avec des chiffres de 1 à 6 sachant que tous ces chiffres se trouvent dans chaque ligne, chaque colonne et chaque rectangle 2 x 3.

6			2		3
	5		1		
		5			2
	3			4	
				3	
	4	1			6

solutions aux jeux

Mots éventail

MU

K'z noire

2	■	2	1
■	3	3	■
3	■		
2	■		

Sudoku fastoche

6	1	4	2	5	3
2	5	3	1	6	4
4	6	5	3	1	2
1	3	2	6	4	5
5	2	6	4	3	1
3	4	1	5	2	6

Code secret

4	2	5	7

20 septembre

L M M J V S D

La France en désordre

Pouvez-vous retrouver, en agençant les lettres de ces mots autrement (sans tenir compte des coupures entre eux ni des accents), le nom de cette ville française ?

Hall créole

La tête au carré

Complétez ce tableau avec tous les chiffres compris entre 1 et 9 pour que les résultats des opérations des lignes et colonnes soient justes.

	−		+		6
x		−		x	
	x		−		15
/		+		x	
	x		/		24
18		11		15	

Dans l'ordre

Permutez les couleurs de ces figures à partir des indices ci-dessous.

◀ ◆ ● ■

Le noir n'est ni la couleur du losange ni celle du rond.
Le rouge est entre le jaune et le bleu.
Le jaune suit le noir.

Pont-levis

En utilisant une seule fois chacune de toutes les lettres ci-dessous, reformez trois mots de huit lettres.

A	E	A	T
O	N	N	T
N	A	I	R

Q	U					T	E

solutions aux jeux

La France en désordre

La Rochelle.

Pont-levis

Quarante, quenotte, quantité.

La tête au carré

8	−	7	+	5	9
x		−		x	
9	x	2	−	3	15
/		+		x	
4	x	6	/	1	24
18		11		15	

Dans l'ordre

Triangle noir
Losange jaune
Rond rouge
Carré bleu

21 septembre

L M M J V S D

Star en désordre

Pouvez-vous retrouver, en agençant les lettres de ces mots autrement (sans tenir compte des coupures entre eux ni des accents), le nom de cette actrice française ?

Pause-mâchoire

Les cinq chiffres

Trouvez cinq chiffres, tous différents, dont la somme est 25 et le produit 1 080. Un indice : Le produit de deux d'entre eux est 20.

Mots éventail

Voici quatre mots en éventail à compléter, en retrouvant le début qu'ils ont en commun.

? porte
? vis
? chette
? wn

K'z noire

Complétez la grille en y plaçant les cases noires : chaque chiffre indique le nombre de cases noires qui l'entourent, par un angle ou un côté.

2			1
2		3	1
		2	
	1		

solutions aux jeux

Star en désordre
Sophie Marceau.

Mots éventail
CLO

K'z noire

2	■	■	1
2	■	3	1
		2	
	1	■	

Les cinq chiffres
1, 4, 5, 6 et 9.
Les seuls chiffres dont le produit est 20 sont 5 et 4. Donc si l'on nomme a, b et c les trois chiffres inconnus, nous avons à résoudre :
a) $5 + 4 + a + b + c = 25$
soit $a + b + c = 16$
b) $5 \times 4 \times a \times b \times c = 1080$
soit
$a \times b \times c = 1080/20 = 54$.

22 septembre

L M M J V S D

Afrique en désordre

Pouvez-vous retrouver, en agençant les lettres de ces mots autrement (sans tenir compte des coupures entre eux ni des accents), le nom de cette ville africaine ?

La criée

COMBICOLOR

Ces couleurs primaires 🟡 🔵 🔴 se combinent pour donner trois couleurs complémentaires 🟢 🟣 🟠

Quel est le ballon manquant ?

🟣 🟠 va avec 🔴

donc

🟢 🟣 va avec ?

Monsieur et Madame

Monsieur et Madame Moman ont un fils, comment s'appelle-t-il ?

Météodoku

Sachant que durant cinq semaines (du lundi au vendredi), le temps a changé tous les jours et qu'aucune semaine n'a montré la même météo le même jour, complétez la grille.

	lundi	mardi	mercredi	jeudi	vendredi
1re semaine	☀				
2e semaine	⛅		⛈		
3e semaine		⛅	☁	🌧	
4e semaine		☁		⛅	
5e semaine		☀	⛅	⛈	

solutions aux jeux

Afrique en désordre
Le Caire.

Combicolor
Bleu : la couleur primaire commune.

Monsieur et Madame
Justin… juste un moment.

Météodoku

	lundi	mardi	mercredi	jeudi	vendredi
1re semaine	☀	⛈	🌧	☁	⛅
2e semaine	⛅	🌧	⛈	☀	☁
3e semaine	⛈	⛅	☁	🌧	☀
4e semaine	🌧	☁	☀	⛅	⛈
5e semaine	☁	☀	⛅	⛈	🌧

23 septembre

L M M J V S D

La touche finale

Si on compose un mot sur un téléphone portable, il suffit parfois d'appuyer sur une touche de plus pour obtenir un tout autre mot. Retrouvez le résultat de ces combinaisons de touches. Si vous ne trouvez pas, essayez sur votre portable : il a la réponse !

OCEAN + 3 = ?
CINQ + 4 = ?

ÉNIGRAMMES

On vous donne un LION, un LOUP, un RAT et une SOURIS. Placez-les les uns sous les autres pour faire apparaître un 5e animal.

Mots éventail

Voici quatre mots en éventail à compléter, en retrouvant le début qu'ils ont en commun.

? — gane / fèvre / dre / fraie

Zonages

Sachant que chacun des chiffres indique le nombre de cases de la même couleur qui se touchent (une zone), complétez le coloriage de la grille. Deux zones ayant la même couleur ne peuvent se toucher ni par les côtés ni par les angles.

	2		1
		5	
5		4	

solutions aux jeux

La touche finale
OCEAN + 3 = madame.
CINQ + 4 = ainsi.

Zonages

	2		1
		5	
5		4	

Énigrammes
OURS

L I O N
L O U P
R A T
S O U R I S

Mots éventail
OR

24 septembre

L M M J V S D

Monsieur et Madame

Monsieur et Madame Tarélectrik ont une fille, comment s'appelle-t-elle ?

Dans l'ordre

Permutez les couleurs de ces figures à partir des indices ci-dessous.

◀ ◆ ● ■

Le jaune n'est ni la couleur du losange ni celle du rond. Le jaune suit le rouge. Le rouge n'est ni au-dessus ni immédiatement en dessous du noir.

Villes d'Europe

Reconstituez dans cette grille les noms de cinq villes d'Europe. Les lettres se suivent de bas en haut, de gauche à droite ou vice-versa mais jamais en diagonale.

			H	A	T	O			
E	P	O	T	M	P	N	M	O	N
N	H	C	U	A	M	I	L	E	T
G	A	S	O	R	P	A	D	O	U
U	E	T	S	A	F	L	E	B	E

Espagne en désordre

Pouvez-vous retrouver, en agençant les lettres de ces mots autrement (sans tenir compte des coupures entre eux ni des accents), le nom de cette ville espagnole ?

Lobe nacré

solutions aux jeux

Monsieur et Madame
Maguy... ma guitare électrique.

Dans l'ordre
Triangle noir
Losange bleu
Rond rouge
Carré jaune

Villes d'Europe

			H	A	T	O			
E	P	O	T	M	P	N	M	O	N
N	H	C	U	A	M	I	L	E	T
G	A	S	O	R	P	A	D	O	U
U	E	T	S	A	F	L	E	B	E

COPENHAGUE
PADOUE
MONTELIMAR
SOUTHAMPTON
BELFAST

Espagne en désordre
Barcelone.

25 septembre

L M M J V S D

Star en désordre

Pouvez-vous retrouver, en agençant les lettres de ces mots autrement (sans tenir compte des coupures entre eux ni des accents), le nom de ce photographe français ?

Sorbet douanier

Le phrasophone

À l'aide du clavier de ce téléphone, sachant qu'une touche peut valoir plusieurs lettres, décodez la séquence de chiffres pour obtenir une citation célèbre.
5' 467678268,
2' 378 33
7278424737.

L'arbre à lettres

C'est l'automne, ces deux arbres ont perdu leurs voyelles ! Replacez-les pour retrouver leurs noms.

BBB
PPLR

Mots pyramide à l'envers

Reformez quatre mots finissant par VER.
Attention, pour corser le jeu, les indices donnés sont dans le désordre…

Indices : défier, garder, envenimer, mettre en marche.

			V	E	R			
				V	E	R		
					V	E	R	
						V	E	R

solutions aux jeux

Star en désordre
Robert Doisneau.

L'arbre à lettres
BAOBAB.
PEUPLIER.

Le phrasophone
« L'important, c'est de participer. » (Pierre de Coubertin.)

Mots pyramide à l'envers

défier	BRAVER
mettre en marche	ACTIVER
envenimer	AGGRAVER
garder	CONSERVER

26 septembre

L M M J V S D

Rébus

Quel est le prénom donné par ce rébus ?

DOUBLE charade

Deux charades se sont mélangées. Elles vous permettront, une fois recomposées, de trouver deux noms de cétacés.

A. Mon premier n'est pas haut.
B. Mon premier est en liquide.
C. Mon second répond au téléphone.
D. Mon second se tricote.

Faut-il associer A et C, ou A et D ? À vous de chercher...

■

■

■

■

■

■

K'z noire

Complétez la grille en y plaçant les cases noires : chaque chiffre indique le nombre de cases noires qui l'entourent, par un angle ou un côté.

		2	
3		3	
3		3	
2			

Mots en losange

Ce sont les mêmes mots à la verticale et à l'horizontale.
En voici les définitions dans l'ordre :
Origine du bébé. – À main par exemple. – Ses enfants sont des artistes. – Pour ouvrir. – Fermeture de serrure.

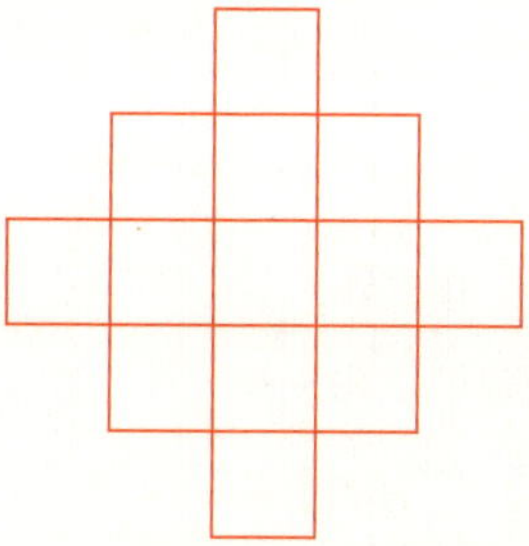

solutions aux jeux

Rébus
Dort, O, thé : Dorothée.

Double charade
A-D : bas-laine → baleine.
B-C : cash-allo → cachalot.

Mots en losange

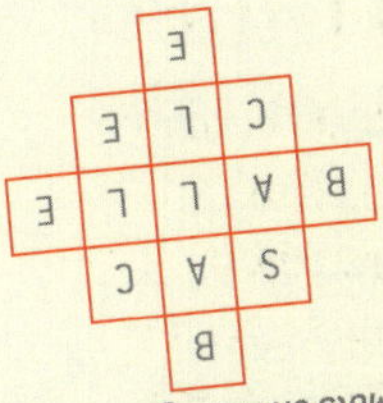

K'z noire

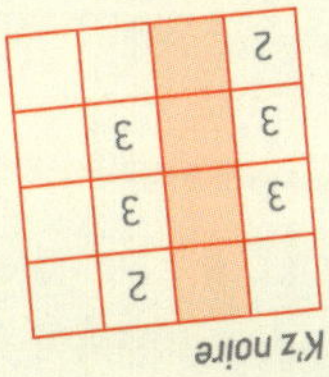

1

27 septembre

2 3

L M M J V S D

Star en désordre

Pouvez-vous retrouver, en agençant les lettres de ces mots autrement (sans tenir compte des coupures entre eux ni des accents), le nom de cet humoriste et animateur de télévision ?

Un arrêt-liqueur

Parcours

Sachant qu'en trente minutes, Omar peut parcourir 30 km en scooter ; Alain, les 2/3 de trajet qu'effectue Omar en mobylette ; et Isabelle, la moitié de ce que parcourt Alain à vélo, combien de temps vont-ils mettre à eux tous pour parcourir 634 km ?

Mots éventail

Voici quatre mots en éventail à compléter, en retrouvant le début qu'ils ont en commun.

? — tarde / lure / rir / stique

Mot en serpentin

En utilisant toutes les lettres mais une seule fois, formez un mot en serpentant dans cette grille. Les cases des lettres doivent se toucher par un angle ou un côté.

U	O	I	T
R	N	F	U
	E	R	

solutions aux jeux

Star en désordre
Laurent Ruquier.

Mots éventail
MOU

Mot en serpentin
Fourniture.

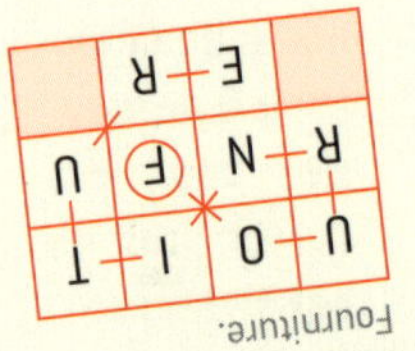

Parcours
5 h 32 min.
Alain parcourt 30 x 2/3 = 20 km en 30 min donc Isabelle en parcourt 10.
Ensemble, ils parcourent 30 + 20 + 10 = 60 km en 30 min, 120 km en 1 h, 600 km en 5 h, 630 km en 5 h 30.
Ensemble, ils parcourent 2 km à la minute donc ils vont mettre 5 h 32 pour parcourir 634 km.

28 septembre

L M M J V S D

Monsieur et Madame

Monsieur et Madame Tanlepermé ont une fille, comment s'appelle-t-elle ?

Suite logique

Quels sont les deux symboles manquants?

♣
♦
♦
♠
♣
♥
?
?

Dans l'ordre

Permutez les couleurs de ces figures à partir des indices ci-dessous.

◀
◆
●
■

Le rond n'est pas noir.
Le jaune suit le rouge.
Le noir est entre le rouge et le bleu.

Sudoku

Complétez cette grille par des chiffres de 1 à 8 de telle sorte qu'un même chiffre n'apparaisse qu'une et une seule fois dans chacune des lignes et colonnes et dans chaque rectangle 2 x 4.

8			3		5		2
7			4		6		
					7		
5	7			6		1	3
	2		5	4			
1			6		2	7	
2	3			1			7
4			7	2		6	8

solutions aux jeux

Monsieur et Madame
Cécile… c'est si le temps le permet !

Dans l'ordre
Triangle bleu
Losange noir
Rond rouge
Carré jaune

Suite logique
Cœur rouge
Pique rouge.
Les couples alternent deux à deux en changeant de place et de couleur : trèfle carreau noirs, carreau pique rouges, trèfle cœur noirs donc cœur pique rouges.

Sudoku

8	6	1	3	7	5	4	2
7	5	2	4	8	6	3	1
6	8	3	1	5	7	2	4
5	7	4	2	6	8	1	3
3	2	7	5	4	1	8	6
1	4	8	6	3	2	7	5
2	3	6	8	1	4	5	7
4	1	5	7	2	3	6	8

29 septembre

L M M J V S D

Mots éventail

Voici quatre mots en éventail à compléter, en retrouvant le début qu'ils ont en commun.

? → cher / ard / peret / lis

Théâtre en désordre

Pouvez-vous retrouver, en agençant les lettres de ces mots autrement (sans tenir compte des coupures entre eux ni des accents), le titre de cette pièce de Georges Feydeau ?

Rotule de marsupial

Grille logique

Cette case vaut le nombre de cases qui valent 0.	Une case vaut 1.

À l'aide des indices qui se trouvent dans la grille ci-dessus, remplissez la grille ci-dessous.

DOUBLE charade

Deux charades se sont mélangées. Elles vous permettront, une fois recomposées, de trouver deux noms d'écrivains.

A. Mon premier est passé devant le maire.

B. Mon premier décolle.

C. Mon second est sous mes pieds.

D. Mon second tète la vache.

Faut-il associer A et C, ou A et D ? À vous de chercher...

solutions aux jeux

Mots éventail

COU

Théâtre en désordre

Tailleur pour dames.

Grille logique

1	0

Double charade

A-D : mari-veau → Marivaux.

B-C : vole-terre → Voltaire.

30 septembre

L M M J V S D

Carré décalé

Complétez ce carré avec les chiffres 1, 2, 3 et 4 de telle sorte que chaque chiffre se trouve une et une seule fois par colonne, par ligne et par grande diagonale. Vous trouverez alors la place des cinq cases noires. Pour vous aider, nous en avons déjà placé une.

3				
			1	■
4		2		
			4	
	1			3

Célébrité en désordre

Pouvez-vous retrouver, en agençant les lettres de ces mots autrement (sans tenir compte des coupures entre eux ni des accents), le nom de cet anthropologue français ?

Virus classé adulte

Rébus à l'envers

Quel est le prénom suggéré par ce rébus ?

120

Ouille, ouille, ouille... ! Aïe !

Trouvez deux mots qui commencent de la même façon, mais se terminent pour l'un par le son « ouille ! » et pour l'autre par le son « aïe ! ». Un indice mystérieux pour vous guider...

Un imbécile sur la côte basque.

solutions aux jeux

Ouille, ouille, ouille... ! Aïe !
Andouille / Hendaye.

Célébrité en désordre
Claude Lévi-Strauss.

Carré décalé

3	2	1	■	4
2	4	3	1	■
4	■	2	3	1
1	3	■	4	2
■	1	4	2	3

Rébus à l'envers
Cent vingt : Vincent.

1 octobre

L M M J V S D

Célébrité en désordre

Pouvez-vous retrouver, en agençant les lettres de ces mots autrement (sans tenir compte des coupures entre eux ni des accents), le nom de ce peintre français ?

Cèdre oléagineux

K'z *noire*

Complétez la grille en y plaçant les cases noires : chaque chiffre indique le nombre de cases noires qui l'entourent, par un angle ou un côté.

	1		2
	1		
	3	3	
	2		

CHASSEZ l'intrus

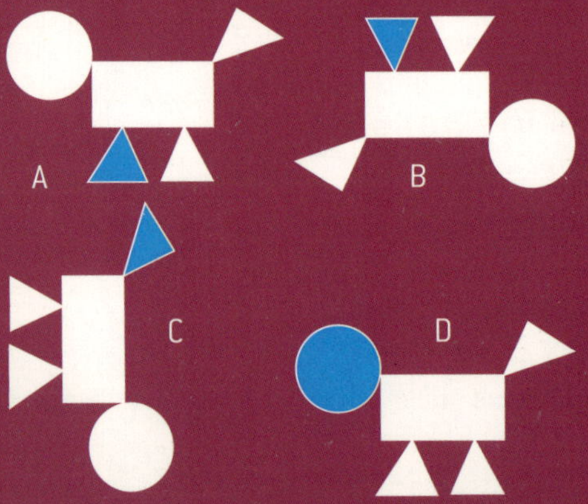

Le comble

Quel est le comble pour un maçon ?

solutions aux jeux

Célébrité en désordre
Eugène Delacroix.

Chassez l'intrus
La figure C : il faudrait la retourner verticalement et horizontalement pour qu'elle se superpose aux autres.

K'z noire

	1		2
	1	■	■
	3	3	
■	2	■	

Le comble
C'est de faire le mur.

2 octobre

L M M J V S D

Derrière les tours…

Les tours cachent les résidences qui cachent les maisons individuelles. Attribuez dans la grille la place de chaque type d'habitation, sachant que :
– Chaque flèche vous dirige et vous indique le nombre d'habitations visibles.
– Chaque type d'habitation se trouve dans chacune des lignes et colonnes.

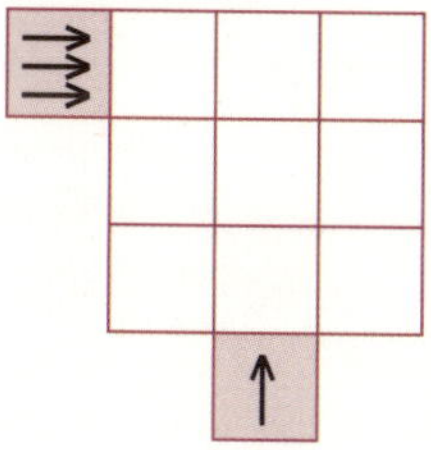

Le phrasophone

À l'aide du clavier de ce téléphone, sachant qu'une touche peut valoir plusieurs lettres, décodez la séquence de chiffres pour obtenir une citation célèbre.
5'9 7847, 5'9 73783

Combien ont-ils d'enfants ?

Déduisez la répartition des neuf enfants d'Antoine, Brice et Cédric, sachant que :
1. Les filles sont deux fois moins nombreuses que les garçons.
2. Cédric a trois fois plus d'enfants qu'Antoine.
3. Antoine a une fille de moins que Brice.
4. Brice a des jumelles.
5. L'un d'eux n'a pas de fille.

Nom	Nombre d'enfants	Nombre de filles	Nombre de garçons
Antoine			
Brice			
Cédric			
Total			

solutions aux jeux

Derrière les tours…

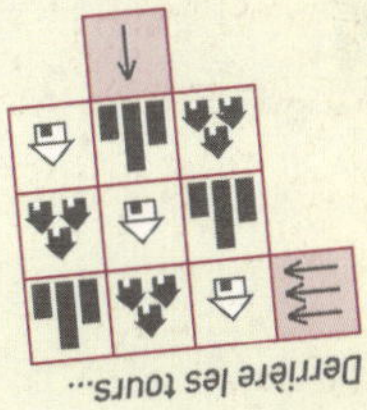

Le phrasophone
« J'y suis, j'y reste. » (Mac-Mahon.)

Combien ont-ils d'enfants ?

Nom	Nombre d'enfants	Nombre de filles	Nombre de garçons
Antoine	1	1	0
Brice	5	2	3
Cédric	3	0	3
Total	9	3	6

1. Les filles sont deux fois moins nombreuses que les garçons : il y a six garçons et trois filles, c'est-à-dire neuf enfants ($g/2 + g = 9$; $3/2\ g = 9$; $g = 9 \times 2/3$; $g = 6$).
2. Cédric a trois fois plus d'enfants qu'Antoine : Antoine a un enfant et Cédric trois (pas plus car Brice a au moins deux enfants).
3. Antoine a une fille de moins que Brice et Brice a des jumelles : l'enfant unique d'Antoine est une fille donc Brice n'a que deux filles.
4. L'un d'eux n'a pas de fille : Cédric.
Cédric a trois fois plus d'enfants qu'Antoine : Cédric a trois garçons donc Brice a trois garçons et deux filles.

3 octobre

L M M J V S D

Quel est mon âge ?

Il y a cinq ans, j'avais la moitié de l'âge que j'aurai dans cinq ans. Quel est mon âge ?

Maison, maison !

Un extraterrestre s'est perdu. Dès qu'il voit une intersection, il est programmé pour tourner, et s'il a le choix, il prend sur sa gauche. De quel côté doit-il partir pour rejoindre au plus vite sa soucoupe ?

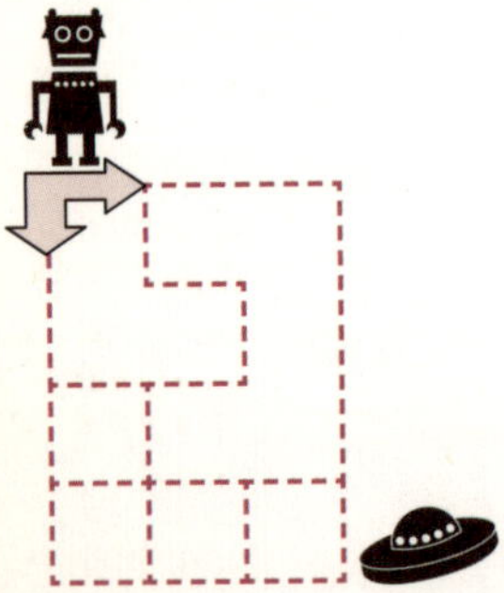

Célébrité en désordre

Pouvez-vous retrouver, en agençant les lettres de ces mots autrement (sans tenir compte des coupures entre eux ni des accents), le nom de ce peintre français ?

Un sage routier

Chaque arbre cache un chasseur

Les chiffres indiquent le nombre de chasseurs qui se cachent dans la grille. Débusquez-les, sachant que :
Il y a autant d'arbres que de chasseurs.
Toute case contenant un chasseur est accolée à une case contenant un arbre.
Deux cases contenant un chasseur ne peuvent se toucher ni par les angles ni par les côtés.

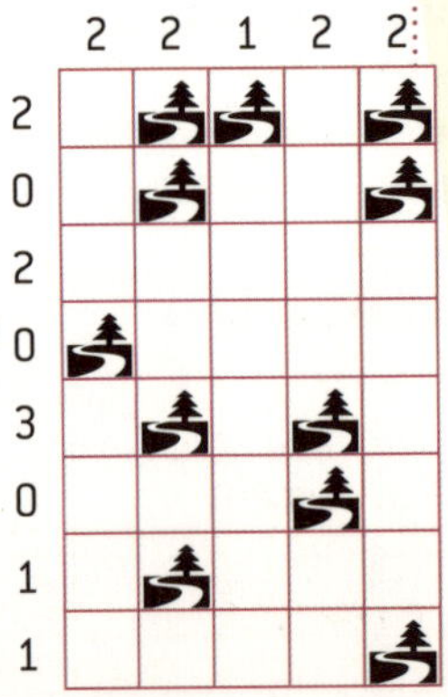

solutions aux jeux

Quel est mon âge ?
15 ans.
Soit A mon âge actuel :
A − 5 = 1/2 (A + 5) donc
A − 5 = 1/2 A + 5/2 ;
1/2 A = 5/2 + 5 ; A = 15.

Maison, maison !
Il doit partir à la verticale.
Il parcourt sept cases au lieu de neuf.

Célébrité en désordre
Auguste Renoir.

Chaque arbre cache un chasseur
Annulez les lignes où il n'y a pas de chasseurs et complétez la grille :

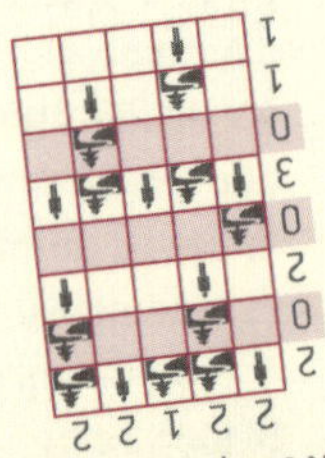

4 octobre

L M M J V S D

Dans l'ordre

Permutez les couleurs de ces figures à partir des indices ci-dessous.

Le jaune suit le noir.
Le rouge n'est ni en 1re ni en dernière position.
Le triangle n'est pas bleu.

K'z noire

Complétez la grille en y plaçant les cases noires : chaque chiffre indique le nombre de cases noires qui l'entourent, par un angle ou un côté.

	2	1	
	3	1	1
	3		
2			

La France en désordre

Pouvez-vous retrouver, en agençant les lettres de ces mots autrement (sans tenir compte des coupures entre eux ni des accents), le nom de cette ville française ?

Bande de grelot

DOUBLE charade

Deux charades se sont mélangées. Elles vous permettront, une fois recomposées, de trouver deux noms de poissons.
A. Mon premier est une espèce.
B. Mon premier met des femmes sur le trottoir.
C. Mon second est un hold-up.
D. Mon second est poli seulement chez le bébé.
Faut-il associer A et C, ou A et D ?
À vous de chercher…

solutions aux jeux

Dans l'ordre
Triangle noir
Losange jaune
Rond rouge
Carré bleu

La France en désordre
Dol-de-Bretagne.

Double charade
A-C : race-casse → rascasse.
B-D : mac-rot → maquereau.

K'z noire

■	2	1	■
■	3	1	1
■	3		
2	■		

5 octobre

L M M J V S D

Célébrité en désordre

Pouvez-vous retrouver, en agençant les lettres de ces mots autrement (sans tenir compte des coupures entre eux ni des accents), le nom de cet architecte français ?

Sorcier bleu

Illikodoku

Complétez cette grille par des chiffres de 1 à 9 sachant que tous ces chiffres se placent dans chaque colonne et dans chaque carré 3 x 3.

5	9	7
		6
3	8	
6	4	
7		5
	1	8
8		2
9	7	
	6	1

Mots éventail

Voici quatre mots en éventail à compléter, en retrouvant le début qu'ils ont en commun.

? → rée / ma / ceau / gilat

Grille logique

Je vaux moins que ma voisine.	Je suis égale au nombre de cases qui valent 1

À l'aide des indices qui se trouvent dans la grille ci-dessus, remplissez la grille ci-dessous.

solutions aux jeux

Célébrité en désordre
Le Corbusier.

Mots éventail
PU

Grille logique

0	1

Illikodoku

5	9	7
1	2	6
3	8	4
6	4	9
7	3	5
2	1	8
8	5	2
9	7	3
4	6	1

6 octobre

L M M J V S D

Monsieur et Madame

Monsieur et Madame Necontepa ont un fils, comment s'appelle-t-il ?

Le phrasophone

À l'aide du clavier de ce téléphone, sachant qu'une touche peut valoir plusieurs lettres, décodez la séquence de chiffres pour obtenir une citation célèbre.
2'378 2832 337 4624387 783 5'66 6363 537 466637.

Célébrité en désordre

Pouvez-vous retrouver, en agençant les lettres de ces mots autrement (sans tenir compte des coupures entre eux ni des accents), le nom de ce peintre français ?

Gag de sarde

Mots pyramide à l'envers

Reformez quatre mots finissant par IDE. Attention, pour corser le jeu, les indices donnés sont dans le désordre...

Indices : très rapide, vorace, issu d'un croisement, soutient.

	I	D	E			
		I	D	E		
			I	D	E	
				I	D	E

solutions aux jeux

Monsieur et Madame
Hassan... ah, ça ne compte pas !

Mots pyramide à l'envers

A	I	D	E			
A	V	I	D	E		
B	O	L	I	D	E	
H	Y	B	R	I	D	E

soutient
vorace
très rapide
issu d'un croisement

Célébrité en désordre
Edgar Degas.

Le phrasophone
« C'est avec des hochets que l'on mène les hommes. »
(Napoléon Bonaparte.)

7 octobre

L M M J V S D

Mots éventail

Voici quatre mots en éventail à compléter, en retrouvant le début qu'ils ont en commun.

? — ir
? — let
? — mpire
? — lse

K'z noire

Complétez la grille en y plaçant les cases noires : chaque chiffre indique le nombre de cases noires qui l'entourent, par un angle ou un côté.

			2
2	3	3	
		2	1
	1		

Quel est mon âge ?

Mon fils a le quart de mon âge et le double de l'âge qu'il avait il y a cinq ans. Quel est mon âge ?

Rébus

Quel est le prénom donné par ce rébus ?

La France en désordre

Pouvez-vous retrouver, en agençant les lettres de ces mots autrement (sans tenir compte des coupures entre eux ni des accents), le nom de cette ville française ?

Une garde

solutions aux jeux

Mots éventail
VA

K'z noire

■		■	2
2	3	3	■
	■	2	1
	1		

La France en désordre
Guérande.

Quel est mon âge ?
40 ans.
Soit A l'âge de mon fils :
A = 2 (A – 5) donc
A = 2 A – 10 et A = 10.
10 × 4 = 40.

Rébus
Marque : Marc.

8 octobre

L M M J V S D

Célébrité en désordre

Pouvez-vous retrouver, en agençant les lettres de ces mots autrement (sans tenir compte des coupures entre eux ni des accents), le nom de ce peintre belge ?

Argent mérité

Le phrasophone

À l'aide du clavier de ce téléphone, sachant qu'une touche peut valoir plusieurs lettres, décodez la séquence de chiffres pour obtenir une citation célèbre.

24 ! 783553 74843
783 53 7587 47263
764 7648 637873 2
5'2863 33
8377245537 !

Les chiffres fléchés

Complétez cette grille avec les chiffres de 1 à 9 sachant que :

- La somme de la série de chiffres à trouver est donnée dans les cases grisées.
- Chaque chiffre ne peut être utilisé qu'une seule fois dans une somme.
- Une série de chiffres ne peut apparaître qu'une seule fois dans la grille.

		18	11	18	
	10→ 18↓	3			11
18				2	
14		5	6→ 6↓		
19	3				5
	15				

solutions aux jeux

Célébrité en désordre

René Magritte.

Le phrasophone

« Ah ! Quelle pitié que le plus grand roi soit mesuré à l'aune de Versailles ! » (Jean-Baptiste Colbert.)

Les chiffres fléchés

		18	11	18	
	10→ 18↓	3	9	1	11
18	9	1	5	2	4
14	6	5	6→ 6↓	4	2
19	3	2	1	8	5
	15	7	5	3	

9 octobre

L M M J V S D

Dans l'ordre

Permutez les couleurs de ces figures à partir des indices ci-dessous.

Le rouge est entre le jaune et le bleu.
Le bleu suit le noir.

Souvenez-vous...

« Maman les p'tits bateaux... »
L'un de ces extraits ne fait pas partie de cette ronde, lequel ?

1. des ailes
2. un cœur
3. des yeux
4. des jambes

La France en désordre

Pouvez-vous retrouver, en agençant les lettres de ces mots autrement (sans tenir compte des coupures entre eux ni des accents), le nom de cette ville française ?

Bon en-cas

Villes d'Europe

Reconstituez dans cette grille les noms de cinq villes d'Europe. Les lettres se suivent de bas en haut, de gauche à droite ou vice-versa mais jamais en diagonale.

			O	L	O	C			
P	R	A	G	N	E	C	L	E	R
E	U	G	L	U	C	E	N	O	M
A	L	I	Q	E	N	R	T	F	E
S	O	N	U	E	D	N	A	R	R

Solutions aux jeux

Villes d'Europe

PRAGUE
LUCERNE
SALONIQUE
CLERMONT-FERRAND
COLOGNE

Dans l'ordre

Triangle noir
Losange bleu
Rond rouge
Carré jaune

La France en désordre

Besançon.

Souvenez-vous...

Le n° 3.
Maman les p'tits bateaux
Qui vont sur l'eau
Ont-ils **des jambes** ?
Mais oui mon gros bêta
S'ils n'en avaient pas
Ils ne march'raient pas.
Allant droit devant eux
Ils font le tour du monde.
Et comme la terre est
ronde
Ils reviennent chez eux.
Maman les p'tits bateaux
Qui vont sur l'eau
Ont-ils **un cœur** ?
Mais oui mon gros bêta
S'ils n'en avaient pas
Ils ne t'aimeraient pas.
Allant droit devant eux
Ils font le tour du monde.
Et comme la terre est
ronde
Ils reviennent chez eux.
Maman les p'tits bateaux
Qui vont sur l'eau
Ont-ils **des ailes** ?
Mais non mon gros bêta
S'ils en avaient
Ils voleraient...

10 octobre

L M M J V S D

Le phrasophone

À l'aide du clavier de ce téléphone, sachant qu'une touche peut valoir plusieurs lettres, décodez la séquence de chiffres pour obtenir une citation célèbre.
268723 52 8383, 3437 74226273 !

Le comble

Quel est le comble pour un magistrat ?

Grille logique

Les cases de cette ligne ont toutes une valeur inférieure ou égale à la case de dessous.	Avancez de trois cases, multipliez par 4 la valeur de la case atteinte pour avoir ma valeur.	Je vaux ma voisine du dessous moins 4.	Reculez de trois cases et ajoutez 4 à la valeur de la case atteinte pour avoir ma valeur.	Reculez de quatre cases et enlevez 1 à la valeur de la case atteinte pour avoir ma valeur.
Avancez de quatre cases et ajoutez 1 à la valeur de la case atteinte pour avoir ma valeur.	Avancez d'une case et ajoutez 4 à la valeur de la case atteinte pour avoir ma valeur.	Reculez de deux cases et ajoutez 4 à la valeur de la case atteinte pour avoir ma valeur.	Reculez de trois cases et ajoutez 4 à la valeur de la case atteinte pour avoir ma valeur.	Les valeurs de cette grille sont des chiffres différents de 2 et 4.

Complétez la grille ci-dessous à l'aide des indices de la grille ci-dessus.

Mots éventail

Voici quatre mots en éventail à compléter, en retrouvant le début qu'ils ont en commun.

? → fusion, gola, vers, ruche

solutions aux jeux

Le phrasophone
« Courbe la tête, fier Sicambre ! » (Saint Rémi.)

Grille logique

1	0	1	5	0
1	9	5	5	0

En utilisant les coordonnées des cases : la 1re (1,1), la 2e (1,2), la 1re de la 2nde ligne (2,1), etc. :
- D'après (2,2) et (2,3) : (2,2) = (2,3) + 4 et (2,3) = (2,1) + 4 donc (2,2) = (2,1) + 8 donc (2,2) = 9 et (2,3) = 5 ou (2,2) = 8 et (2,3) = 4.
- D'après (2,5), il n'y a pas de 4 donc (2,2) = 9, (2,3) = 5, (2,1) = 1, (2,5) = 0, (2,4) = 5.
- D'après (1,1), (1,5) = 0 donc (1,1) = 1, (1,4) = 5, (1,3) = 1.

Mots éventail
PER

Le comble
C'est de manger des avocats.

11 octobre

L M M J V S D

Jeu des prénoms

À l'aide des indices, pourrez-vous retrouver quelques Jean célèbres ?

1 – Un poète français célèbre pour ses fables.
2 – Un acteur français qui a joué dans *Le Clan des Siciliens*, *Le cave se rebiffe*, *Pépé le Moko*, *Quai des brumes*...
3 – Un architecte français à qui l'on doit le musée du quai Branly à Paris.

Mots éventail

Voici quatre mots en éventail à compléter, en retrouvant le début qu'ils ont en commun.

? – lon / bleau / page / rte

La France en désordre

Pouvez-vous retrouver, en agençant les lettres de ces mots autrement (sans tenir compte des coupures entre eux ni des accents), le nom de cette ville française ?

Un blocage tourbillon

Mots pyramide à l'envers

Reformez quatre mots finissant par RIE. Attention, pour corser le jeu, les indices donnés sont dans le désordre...

Indices : pour les amateurs de mousse, unicellulaire, bêtise, valeur énergétique.

			R	I	E			
				R	I	E		
					R	I	E	
						R	I	E

solutions aux jeux

Jeu des prénoms
1 – Jean de La Fontaine.
2 – Jean Gabin.
3 – Jean Nouvel.

Mots éventail
TA

La France en désordre
Boulogne-Billancourt.

Mots pyramide à l'envers

B	R	A	S	S	E	R	I	E
B	A	C	T	E	R	I	E	
C	A	L	O	R	I	E		
A	N	E	R	I	E			

pour les amateurs de mousse
unicellulaire
valeur énergétique
bêtise

12 octobre

L M M J V S D

COMBICOLOR

Ces couleurs primaires se combinent pour donner trois couleurs complémentaires

Quel est le triplet de ballons manquant ?

va avec

donc

va avec ?

L'AIGLE à quatre têtes

Trouvez quatre mots de cinq lettres correspondant à cet indice en faisant varier leur initiale (exemple : radin, gadin, badin).

Après la transaction, il monta la côte pour toucher sa pension qu'il glissa entre les deux bords de sa poche.

La France en désordre

Pouvez-vous retrouver, en agençant les lettres de ces mots autrement (sans tenir compte des coupures entre eux ni des accents), le nom de cette ville française ?

Isolant

Zonages

Sachant que chacun des chiffres indique le nombre de cases de la même couleur qui se touchent (une zone), complétez le coloriage de la grille.
Deux zones ayant la même couleur ne peuvent se toucher ni par les côtés ni par les angles.

		2
2	4	
		1

solutions aux jeux

Combicolor
Vert
Orange, Violet.
Vert donne jaune, rouge donne orange et bleu donne violet.

La France en désordre
Saint-Lô.

Zonages

		2
2	4	
		1

L'aigle à quatre têtes
Vente, pente, rente, fente.

13 octobre

L M M J V S D

La France en désordre

Pouvez-vous retrouver, en agençant les lettres de ces mots autrement (sans tenir compte des coupures entre eux ni des accents), le nom de cette ville française ?

Mec pigeon

Rébus

Quel est le prénom donné par ce rébus ?

Son secret

Quel secret unit ces différents éléments ?
Oye. – À moi. – Amis.

Grille logique

Je suis égale au nombre de cases qui valent 2.	Je vaux 1.	Je suis égale au nombre de cases qui valent 1.

À l'aide des indices qui se trouvent dans la grille ci-dessus, remplissez la grille ci-dessous.

solutions aux jeux

La France en désordre
Compiègne.

Grille logique

1	1	2

Son secret
Le son « conte » : les Contes de ma mère l'Oye, « À moi, Comte, deux mots ! » (Le Cid), « les bons comptes font les bons amis ».

Rébus
C cils : Cécile.

14 octobre

L M M J V S D

Mots éventail

Voici quatre mots en éventail à compléter, en retrouvant le début qu'ils ont en commun.

? — rate / stil / nède / per

Célébrité en désordre

Pouvez-vous retrouver, en agençant les lettres de ces mots autrement (sans tenir compte des coupures entre eux ni des accents), le nom de ce peintre flamand ?

Suppléant beurré

Sudoku allongé

Complétez cette grille par les chiffres de 1 à 8 sachant que tous les chiffres se trouvent dans chacune des lignes et colonnes et dans chaque rectangle 2 x 4.

	1			2		5	6
		2	6			3	
	5		4		3		
2						7	4
	8	4	2		5	6	
			3	4			7
	7		1	3		2	
3		8				4	

Le phrasophone

À l'aide du clavier de ce téléphone, sachant qu'une touche peut valoir plusieurs lettres, décodez la séquence de chiffres pour obtenir une citation célèbre.

53 6'24 7436 3'28873 2 633747 783 38 7264, 33 52 73463, 33 52 78387 38 337 527637.

solutions aux jeux

Mots éventail

Pl

Célébrité en désordre

Peter Paul Rubens.

Le phrasophone

« Je n'ai rien d'autre à offrir que du sang, de la peine, de la sueur et des larmes. » (Winston Churchill.)

Sudoku allongé

8	1	3	7	2	4	5	6
5	4	2	6	7	1	3	8
6	5	7	4	8	3	1	2
2	3	1	8	5	6	7	4
7	8	4	2	1	5	6	3
1	6	5	3	4	2	8	7
4	7	6	1	3	8	2	5
3	2	8	5	6	7	4	1

15 octobre

L M M J V S D

LES DOUBLETS

En utilisant les mêmes touches, vous pouvez composer plusieurs mots différents. Lesquels ? Retrouvez les doublets de ces deux mots en vous aidant des indices. À défaut, essayez sur votre portable : il a la réponse !

ENTAME
Indice : vos papiers !
AIDE
Indice : à vos ordres !

Célébrité en désordre

Pouvez-vous retrouver, en agençant les lettres de ces mots autrement (sans tenir compte des coupures entre eux ni des accents), le nom de cet écrivain français ?

Métro plus car

CHASSEZ l'intrus

A
B
C
D

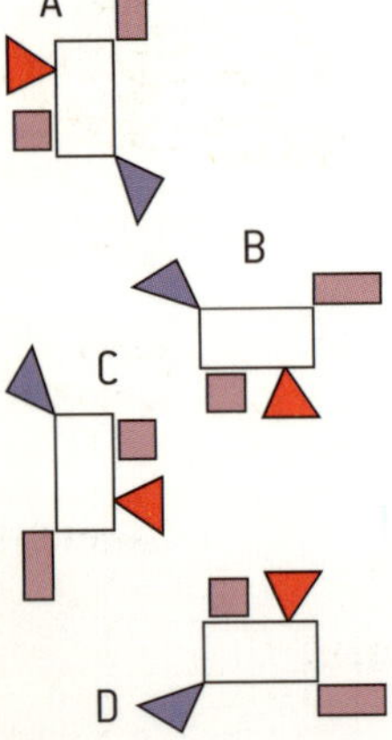

Carré décalé

Complétez ce carré avec les chiffres 1, 2 et 3 de telle sorte que chaque chiffre se trouve une et une seule fois par colonne, par ligne et par grande diagonale. Vous trouverez alors la place des cases à noircir.

2			
	1		
3			

solutions aux jeux

Les doublets
ENTAME → douane.
AIDE → chef.

Chassez l'intrus
La figure B : même en la faisant pivoter, elle ne peut ressembler aux autres.

Carré décalé

2	3	■	1
■	1	2	3
1	■	3	2
3	2	1	■

Célébrité en désordre
Marcel Proust.

16 octobre

L M M J V S D

Mots éventail

Voici quatre mots en éventail à compléter, en retrouvant le début qu'ils ont en commun.

? — stache / che / lin / fle

DOUBLE charade

Deux charades se sont mélangées. Elles vous permettront, une fois recomposées, de trouver deux noms de légumes.

A. Mon premier coule de source.

B. Mon premier donne du lait.

C. On se fait mon second en tombant.

D. Mon second ne dit pas la vérité.

Faut-il associer A et C, ou A et D ? À vous de chercher...

La France en désordre

Pouvez-vous retrouver, en agençant les lettres de ces mots autrement (sans tenir compte des coupures entre eux ni des accents), le nom de cette ville française ?

Tennis taquin

Code secret

Retrouvez le code d'ouverture de cette cave, sachant que chaque fois qu'un bon numéro est tapé sur le clavier :

- Une lumière verte s'allume si un numéro est bien placé.
- Une lumière rouge s'allume si un numéro est mal placé.

Les indices en marge vont vous éclairer !

1	8	5	3				
6	2	5	3				
3	5	8	1				
3	5	2	1				

?	?	?	?

solutions aux jeux

Mots éventail

MOU

Double charade

A-C : eau-gnon → oignon.

B-D : pis-ment → piment.

La France en désordre

Saint-Quentin.

Code secret

6	5	8	1

1	8	5	3				
6	2	5	3				
3	5	8	1				
3	5	2	1				

17 octobre

L M M J V S D

Quel est ce nombre ?

Quel est le nombre composé de cinq chiffres, tous différents, sachant que :

- La somme des cinq chiffres est égale à 12.
- Les deux premiers chiffres forment un multiple de 13.
- Les deux suivants forment un multiple de 13 différent du premier.
- Les deux derniers forment un multiple de 12.

Mots éventail

Voici quatre mots en éventail à compléter, en retrouvant le début qu'ils ont en commun.

? — sant / sse / rasse / llère

Météodoku

Sachant que durant cinq semaines (du lundi au vendredi), le temps a changé tous les jours et qu'aucune semaine n'a montré la même météo le même jour, complétez la grille.

	lundi	mardi	mercredi	jeudi	vendredi
1re semaine	☀				☁
2e semaine		☀	⛅	🌧	
3e semaine		🌧		☁	
4e semaine		☁	⛈	☀	
5e semaine		⛅			

solutions aux jeux

Quel est ce nombre ?

13 260

Les multiples de 13 à deux chiffres sont : 13, 26, 39, 52, 65, 78 et 91.

Les seuls multiples de 13 qui vérifient $a + b + c + d < 13$ sont :

- 13 et 26, dont la somme est 12 ; dans ce cas, le 5e chiffre est 0 et le nombre recherché est 13 260 ou 26 130.
- 13 et 52, dont la somme est 11. Dans ce cas, le 5e chiffre est 1 et le nombre recherché est 13 521 ou 52 131.

Le bon nombre est celui dont les deux derniers chiffres forment un multiple de 12.

Les multiples de 12 à deux chiffres étant : 12, 24, 36, 48, 60, 72, 84 et 96.

Le chiffre recherché est donc 13 260.

Météodoku

	lundi	mardi	mercredi	jeudi	vendredi
1re semaine	☀	⛈	🌧	⛅	☁
2e semaine	☁	☀	⛅	🌧	⛈
3e semaine	⛈	🌧	☀	☁	⛅
4e semaine	⛅	☁	⛈	☀	🌧
5e semaine	🌧	⛅	☁	⛈	☀

Mots éventail

CUI

18 octobre

L M M J V S D

Derrière les tours…

Les tours cachent les résidences qui cachent les maisons individuelles. Attribuez dans la grille la place de chaque type d'habitation, sachant que :
– Chaque flèche vous dirige et vous indique le nombre d'habitations visibles.
– Chaque type d'habitation se trouve dans chacune des lignes et colonnes.

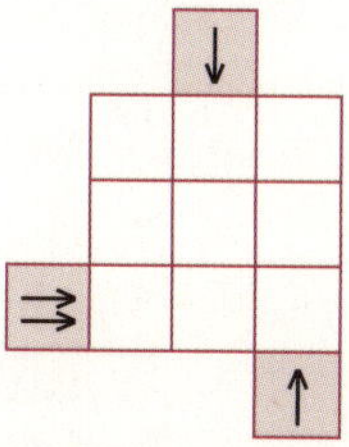

Monsieur et Madame

Monsieur et Madame Paldir ont un fils, comment s'appelle-t-il ?

La France en désordre

Pouvez-vous retrouver, en agençant les lettres de ces mots autrement (sans tenir compte des coupures entre eux ni des accents), le nom de cette ville française ?

Procédé non-slave

Ville mystère

Trouvez les lettres manquantes de ces mots. Reportées dans la colonne, les lettres obtenues formeront le nom d'une ville.

C _ U B ⇒		
		⇐ F L _ U
_ E R F		
		⇐ N O R _
I V _ E ⇒		
		⇐ P _ R D
_ E R F ⇒		

solutions aux jeux

Ville mystère

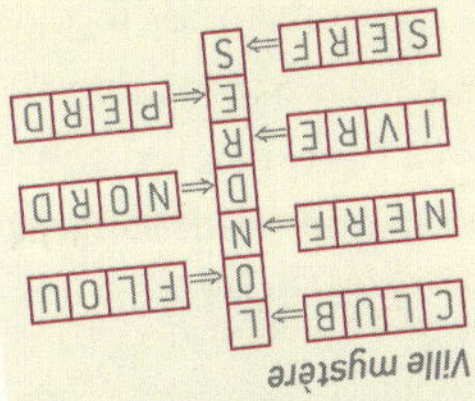

La France en désordre
Salon-de-Provence.

Derrière les tours…

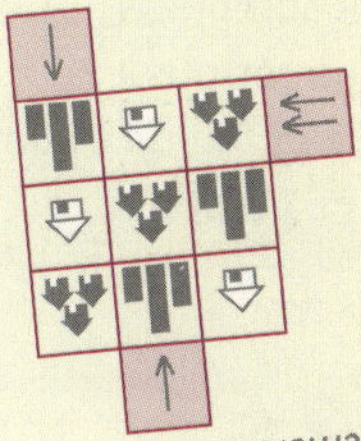

Monsieur et Madame
Yves … y veut pas le dire !

19 octobre

L M M J V S D

La France en désordre

Pouvez-vous retrouver, en agençant les lettres de ces mots autrement (sans tenir compte des coupures entre eux ni des accents), le nom de cette ville française ?

Allié non-russe

Mots éventail

Voici quatre mots en éventail à compléter, en retrouvant le début qu'ils ont en commun.

? – ïf
? – tal
? – ïade
? – palm

Grille logique

Je vaux le nombre de cases qui valent 2.	La somme des cases de cette grille est égale à 8.	Je vaux le nombre de cases qui valent 2.

À l'aide des indices qui se trouvent dans la grille ci-dessus, remplissez la grille ci-dessous.

Jeu des prénoms

À l'aide des indices, pourrez-vous retrouver quelques Sylvie célèbres ?

1 – Une humoriste qui a commencé comme avocate.
2 – Une chanteuse française qui a fait la une des journaux plus de deux mille fois depuis les années 1960.
3 – Une actrice française « césarisée » pour son rôle dans *Stupeur et tremblements* en 2004.

solutions aux jeux

La France en désordre
Lons-le-Saunier.

Jeu des prénoms
1 – Sylvie Joly.
2 – Sylvie Vartan.
3 – Sylvie Testud.

Mots éventail
NA

Grille logique

2	4	2

20 octobre

L M M J V S D

Replace-lettres

Remplissez la grille pour reformer quatre mots de six lettres à l'aide des indices suivants :

Guernesey, Islande, oiseau de mer, petit chien.

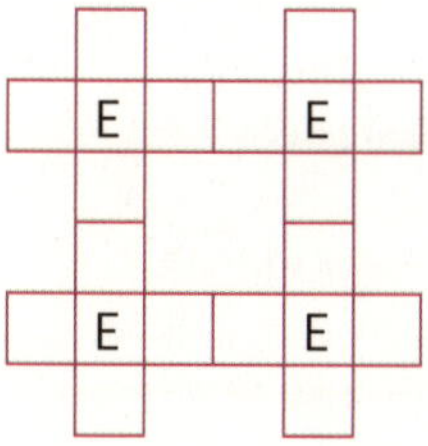

Star en désordre

Pouvez-vous retrouver, en agençant les lettres de ces mots autrement (sans tenir compte des coupures entre eux ni des accents), le nom de cet écrivain français ?

Marin du cœur

Sudoku sportif

Complétez cette grille par les sportifs sachant que tous les sportifs se trouvent dans chaque ligne, chaque colonne et chaque zone de six cases.

Dans l'ordre

Permutez les couleurs de ces figures à partir des indices ci-dessous.

Le jaune n'est ni la couleur du losange ni celle du rond.
Le rouge suit le bleu.
Le bleu n'est ni en dessous ni immédiatement au-dessus du noir.

solutions aux jeux

Replace-lettres

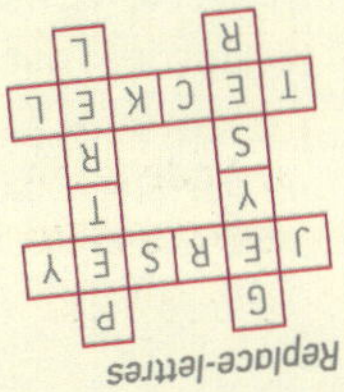

Dans l'ordre

Triangle jaune
Losange bleu
Rond rouge
Carré noir

Star en désordre

Maurice Druon.

Sudoku sportif

21 octobre

L M M J V S D

COMBICOLOR

Ces couleurs primaires 🟡 🔵 🔴 se combinent pour donner trois couleurs complémentaires 🟢 🟣 🟠

Quel est le ballon manquant ?

🟢

🟠 va avec 🟡

donc

🟠

🟣 va avec ?

La France en désordre

Pouvez-vous retrouver, en agençant les lettres de ces mots autrement (sans tenir compte des coupures entre eux ni des accents), le nom de cette ville française ?

Rente de bru

✎ ______________

K'z noire

Complétez la grille en y plaçant les cases noires : chaque chiffre indique le nombre de cases noires qui l'entourent, par un angle ou un côté.

	2	1	
3			
	3		
2		1	

Multiplication à l'envers

Nous devons aux Arabes l'écriture des nombres de droite à gauche et donc sans doute notre façon de résoudre les multiplications en commençant par la droite. Pourtant, nous aurions pu tout aussi bien trouver le même résultat en commençant par la gauche : Posez et effectuez 645 x 248… en partant de la gauche ! Rappel : voici le résultat en partant de la droite :

```
      6 4 5
x     2 3 8
-----------
    5 1 6 0
  1 9 3 5 .
1 2 9 0 . .
-----------
1 5 3 5 1 0
```

solutions aux jeux

Combicolor
Rouge : la couleur primaire commune.

K'z noire

■	2	1	
3	■		
■	3		
2	■	1	

Multiplication à l'envers

```
      6 4 5
x     2 3 8
-----------
  1 2 9 0
    1 9 3 5
      5 1 6 0
-------------
  1 5 3 5 1 0
```

Multiplier de gauche à droite ne veut pas dire écrire de gauche à droite ou bouleverser l'ordre des unités, des dizaines et des centaines ! Il suffit de commencer par le 2 au lieu du 8 de « 238 » et de décaler les résultats intermédiaires, 1 290, 1 935 et 5 160 vers la gauche au lieu de la droite. Tout le reste se fait de droite à gauche : retenues, addition, etc.

La France en désordre
Trébeurden.

22 octobre

L M M J V S D

Le phrasophone

À l'aide du clavier de ce téléphone, sachant qu'une touche peut valoir plusieurs lettres, décodez la séquence de chiffres pour obtenir une citation célèbre.

38 7' 45 6' 36
73783 78' 86, 53
73724 23584-52 !

Célébrité en désordre

Pouvez-vous retrouver, en agençant les lettres de ces mots autrement (sans tenir compte des coupures entre eux ni des accents), le nom de ce peintre italien ?

Caddie non livré

Mots éventail

Voici quatre mots en éventail à compléter, en retrouvant le début qu'ils ont en commun.

? — table
? — cin
? — eux
? — to

Illikodoku

Complétez cette grille par des chiffres de 1 à 9 sachant que tous ces chiffres se placent dans chaque colonne et dans chaque carré 3 x 3.

2		3
9	7	
	1	5
3	2	
1		8
	5	6
	6	1
5		2
	3	9

solutions aux jeux

Le phrasophone
« Et s'il n'en reste qu'un, je serai celui-là ! » (Victor Hugo, Les Châtiments.)

Mots éventail
POR

Célébrité en désordre
Léonard de Vinci.

Illikodoku

2	8	3
9	7	4
6	1	5
3	2	7
1	9	8
4	5	6
7	6	1
5	4	2
8	3	9

23 octobre

L M M J V S D

Célébrité en désordre

Pouvez-vous retrouver, en agençant les lettres de ces mots autrement (sans tenir compte des coupures entre eux ni des accents), le nom de ce peintre flamand ?

Tulipe bergère

LES DOUBLETS

En utilisant les mêmes touches, vous pouvez composer plusieurs mots différents. Lesquels ? Retrouvez les doublets de ces deux mots en vous aidant des indices. À défaut, essayez sur votre portable : il a la réponse !

PNEUS
Indice : famille.
EPAIS
Indice : fromage.

Mots éventail

Voici quatre mots en éventail à compléter, en retrouvant le début qu'ils ont en commun.

? – train / drille / lité / rante

Mots pyramide à l'envers

Reformez quatre mots finissant par PER. Attention, pour corser le jeu, les indices donnés sont dans le désordre...

Indices : battre, fuir, devancer, toucher.

			P	E	R			
				P	E	R		
					P	E	R	
						P	E	R

Solutions aux jeux

Célébrité en désordre
Pieter Bruegel.

Mots éventail
QUA

Mots pyramide à l'envers
PALPER – toucher
FRAPPER – battre
DECAMPER – fuir
ANTICIPER – devancer

Les doublets
PNEUS → sœur.
EPAIS → frais.

24 octobre

L M M J V S D

Zonages

Sachant que chacun des chiffres indique le nombre de cases de la même couleur qui se touchent (une zone), complétez le coloriage de la grille. Deux zones ayant la même couleur ne peuvent se toucher ni par les côtés ni par les angles.

5		1
3		5

Animal en désordre

Pouvez-vous retrouver, en agençant les lettres de ces mots autrement (sans tenir compte des coupures entre eux ni des accents), le nom de cette race de chiens ?

Label grand-mère

Monsieur et Madame

Monsieur et Madame Triset ont une fille, comment s'appelle-t-elle ?

Ville mystère

Trouvez les lettres manquantes de ces mots. Reportées dans la colonne, les lettres obtenues formeront le nom d'une ville.

T I _ I ⇒ _

_ ⇐ V O I _

_ E P I ⇒ _

_ ⇐ _ S B A

_ O C E ⇒ _

Solutions aux jeux

Zonages

5		1
3		5

Ville mystère

TIPI ⇒ P ⇐ VOIE

KEPI ⇒ E

K ⇐ ISBA

NOCE ⇒ I

N

Animal en désordre

Berger allemand.

Monsieur et Madame

Jessica... j'ai cicatrisé !

25 octobre

L M M J V S D

Replace-lettres

Remplissez la grille pour reformer quatre mots de six lettres à l'aide des indices suivants :

avant la piscine,
griffonner,
dans la piscine,
que fait-elle ?

	O			H	
	C			R	

Star en désordre

Pouvez-vous retrouver, en agençant les lettres de ces mots autrement (sans tenir compte des coupures entre eux ni des accents), le nom de cet acteur français ?

Assureur de la CB

Grands écrivains

Reconstituez dans cette grille les noms de cinq grands écrivains français. Les lettres se suivent de bas en haut, de gauche à droite ou vice-versa mais jamais en diagonale.

			R	O	U	S			
M	A	U	U	A	E	S	R	I	M
U	X	P	A	S	S	A	N	T	B
O	A	R	I	G	N	E	O	F	A
D	U	E	L	L	E	T	N	D	U

Le comble

Quel est le comble pour un artificier?

solutions aux jeux

Replace-lettres

Grands écrivains

RIMBAUD GIRAUDOUX
FONTENELLE
ROUSSEAU
MAUPASSANT

Le comble
C'est de se mettre en pétard.

Star en désordre
Claude Brasseur.

26 octobre

L M M J V S D

Rébus

Quel est le prénom donné par ce rébus ?

■

■

■

■

■

■

Dans l'ordre

Permutez les couleurs de ces figures à partir des indices ci-dessous.

Le jaune est plus haut que le rouge et que le bleu.
Le bleu précède le rouge.
Le noir est plus haut que le jaune et que le bleu.

Célébrité en désordre

Pouvez-vous retrouver, en agençant les lettres de ces mots autrement (sans tenir compte des coupures entre eux ni des accents), le nom de cette femme de lettres ?

Saga du meurtrier

Derrière les tours…

Les tours cachent les résidences qui cachent les maisons individuelles.
Attribuez dans la grille la place de chaque type d'habitation, sachant que :
– Chaque flèche vous dirige et vous indique le nombre d'habitations visibles.
– Chaque type d'habitation se trouve dans chacune des lignes et colonnes.

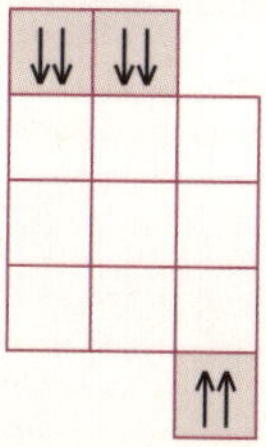

solutions aux jeux

Rébus
Haie deux gares : Edgar.

Célébrité en désordre
Marguerite Duras.

Derrière les tours…

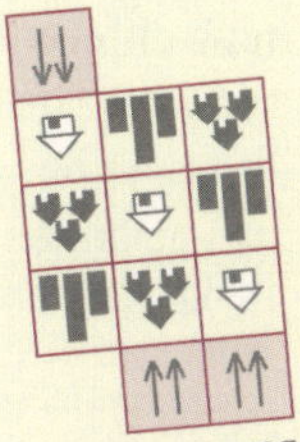

Dans l'ordre
Noir
Jaune
Bleu
Rouge

27 octobre

1 · 2 · 3

L M M J V S D

Rébus contraire

Quel est le titre de film qu'illustre le contraire de ce rébus ?

bonjour
tympan

Carré pas magique

Ce carré romain n'est pas un carré magique, mais si l'on complète les unités des nombres en rouge par des chiffres tous différents, la somme de ses lignes et de ses colonnes deviendra identique.

1_	28	1_
19	1_	23
20	1_	21

Cuisine en désordre

Pouvez-vous retrouver, en agençant les lettres de ces mots autrement (sans tenir compte des coupures entre eux ni des accents), le nom de ce plat ?

Absolu aseptique

Ville mystère

Trouvez les lettres manquantes de ces mots. Reportées dans la colonne, les lettres obtenues formeront le nom d'une ville.

A _ I E ⇒	☐	
	☐	⇐ _ C R E
S _ I F ⇒	☐	
	☐	⇐ A G _ O
A _ T O ⇒	☐	
	☐	⇐ _ O N G
A V _ C ⇒	☐	

solutions aux jeux

Rébus contraire
Le contraire de « bonjour » et « tympan » en verlan : Tchao Pantin.

Ville mystère
AMIE → M, ACRE → A, SNIF → N, AGIO → I, ALTO → L, LONG → L, AVEC → E : MANILLE

Carré pas magique
Il manque 6, 4, 3 et 1 ; la somme de ses lignes et de ses colonnes est 55.

16	28	11
19	13	23
20	14	21

Cuisine en désordre
Poulet basquaise.

28 octobre

L M M J V S D

Pêche à la ligne

Saturnin et Hassan ont péché 20 poissons pendant le week-end. Saturnin en a pris quatre fois moins qu'Hassan. Combien chacun a-t-il rapporté de poissons ?

K'z noire

Complétez la grille en y plaçant les cases noires : chaque chiffre indique le nombre de cases noires qui l'entourent, par un angle ou un côté.

	3		2
		3	
1	1	2	1

La France en désordre

Pouvez-vous retrouver, en agençant les lettres de ces mots autrement (sans tenir compte des coupures entre eux ni des accents), le nom de cette ville française ?

Un berger bosse

Suite logique

Quels sont les symboles manquants ?

♣	♦	♣	♥	♣	♦	?	?
♥	♠	♦	♠	♥	♠	?	?

solutions aux jeux

Pêche à la ligne
Hassan a rapporté 16 poissons et Saturnin 4.
Si H est le nombre de poissons d'Hassan, S le nombre de poissons de Saturnin, on a :
4 S + S = 20 et H + S = 20
donc 5 S = 20
et donc S = 4 et H = 16.
(Les calculs ne sont pas nécessaires mais aident à comprendre.)

La France en désordre
Bourg-en-Bresse.

Suite logique
Trèfle noir, cœur rouge.
Carreau noir, pique rouge.
Le 3e carré de quatre symboles est l'inverse, au niveau des couleurs, du premier ; le 4e est donc l'inverse du 2e au niveau des couleurs.

K'z noire

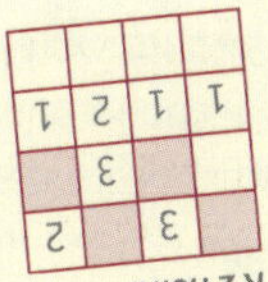

29 octobre

L M M J V S D

Replace-lettres

Remplissez la grille pour reformer quatre mots de six lettres à l'aide des indices suivants :

à jeter, Indien, terre, douleur musculaire.

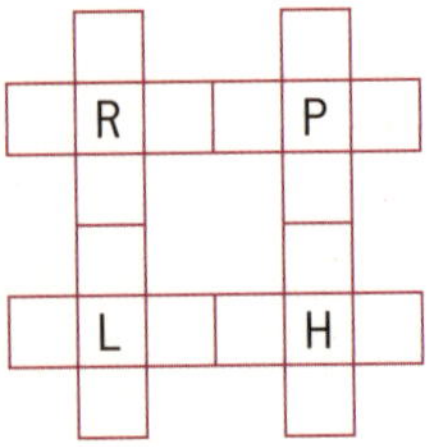

La France en désordre

Pouvez-vous retrouver, en agençant les lettres de ces mots autrement (sans tenir compte des coupures entre eux ni des accents), le nom de cette ville française ?

Le micro sumo

Derrière les tours…

Les tours cachent les résidences qui cachent les maisons individuelles. Attribuez dans la grille la place de chaque type d'habitation, sachant que :

– Chaque flèche vous dirige et vous indique le nombre d'habitations visibles.

– Chaque type d'habitation se trouve dans chacune des lignes et colonnes.

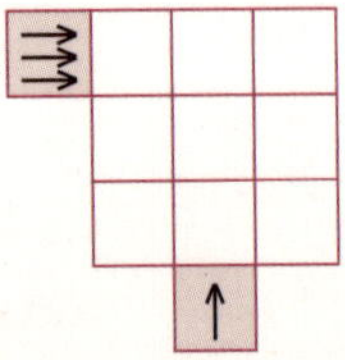

DOUBLE charade

Deux charades se sont mélangées. Elles vous permettront, une fois recomposées, de trouver deux noms d'oiseaux.

A. Mon premier est un métal précieux.

B. Mon premier est un obstacle.

C. Mon second est le cri de la vache.

D. Mon second n'est pas avarié.

Faut-il associer A et C, ou A et D ? À vous de chercher…

Solutions aux jeux

Double charade

A-D : or-frais → orfraie.

B-C : haie-meuh → émeu.

Replace-lettres

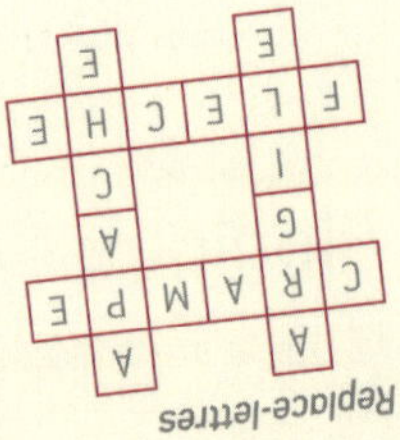

La France en désordre

Coulommiers.

Derrière les tours…

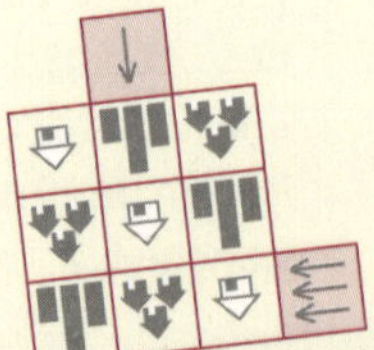

30 octobre

L M M J V S D

Carré romain

Complétez ce carré avec les chiffres romains de I à IX de telle sorte que chacun d'entre eux se trouve une et une seule fois dans la grille ; la somme de chacune des colonnes, des lignes et des grandes diagonales doit être identique. Tous les V de la grille et d'autres unités ont déjà été placés mais peuvent être à compléter.

V		VI
	V	V
V	X	

Monsieur et Madame

Monsieur et Madame Paluidir ont un fils, comment s'appelle-t-il ?

Célébrité en désordre

Pouvez-vous retrouver, en agençant les lettres de ces mots autrement (sans tenir compte des coupures entre eux ni des accents), le nom de cet écrivain français ?

Avant injure

Ville mystère

Trouvez les lettres manquantes de ces mots. Reportées dans la colonne, les lettres obtenues formeront le nom d'une ville.

O _ U S ⇒
⇐ _ D E N
A B _ I ⇒
⇐ E _ F E
B U _ S ⇒
⇐ _ U L S

solutions aux jeux

Monsieur et Madame
José... j'osais pas lui dire !

Célébrité en désordre
Jean Vautrin.

Ville mystère
OBUS ⇒ B ⇐ EDEN
E
ABRI ⇒ R ⇐ ELFE
L
BUIS ⇒ I ⇐ NULS
N

Carré romain

VIII	I	VI
III	V	VII
IV	IX	II

31 octobre

L M M J V S D

La France en désordre

Pouvez-vous retrouver, en agençant les lettres de ces mots autrement (sans tenir compte des coupures entre eux ni des accents), le nom de cette ville française ?

Son râle

Rébus contraire

Quel est le titre du film qu'illustre le contraire de ce rébus ?

K'z noire

Complétez la grille en y plaçant les cases noires : chaque chiffre indique le nombre de cases noires qui l'entourent, par un angle ou un côté.

	1	2	
1			2
2			1
	2	1	

Rendre à César...

Reliez chaque drapeau à son pays et à sa capitale.

Argentine o	o Helsinki
Finlande o	o Buenos Aires
Portugal o	o Zagreb
Croatie o	o Lisbonne

Solutions aux jeux

La France en désordre
Orléans.

K'z noire

Rébus contraire
Le contraire du « bas de l'escalier » : En haut des marches.

Rendre à César...
Finlande – Helsinki
Croatie – Zagreb
Portugal – Lisbonne
Argentine – Buenos Aires

1 novembre

L M M J V S D

CHASSEZ l'intrus

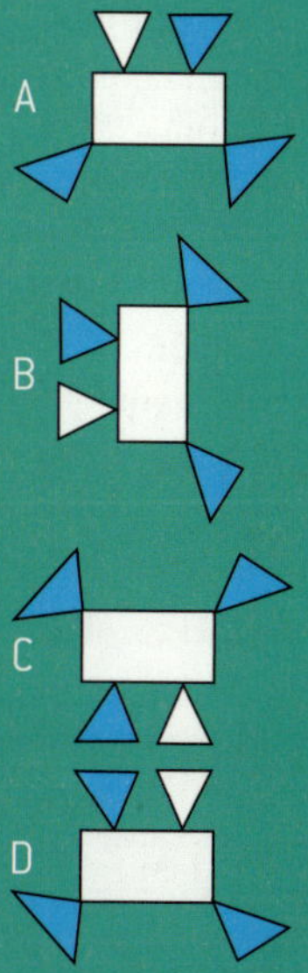

Dans l'ordre

Permutez les couleurs de ces figures à partir des indices ci-dessous.

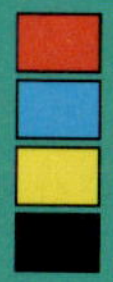

Le jaune précède le rouge. Aucune couleur ne reste à sa place. Le noir est plus haut que le rouge et que le bleu.

Jeu des prénoms

Pourrez-vous retrouver quelques Mireille célèbres ?

1 – Une actrice qui fut la compagne d'Alain Delon pendant quinze ans.

2 – Une animatrice de télévision.

3 – Une Française qui chante aussi bien en occitan qu'en japonais !

Chaque arbre cache un chasseur

Les chiffres indiquent le nombre de chasseurs qui se cachent dans la grille. Retrouvez-les, sachant que : Il y a autant d'arbres que de chasseurs. Toute case contenant un 🚶 est accolée à une case contenant un 🌲. Deux cases contenant un 🚶 ne peuvent se toucher ni par les angles ni par les côtés.

	1	3	0	3	1
2					🌲
0	🌲			🌲	
2			🌲		
0					
1		🌲	🌲		
1					🌲
1					
1			🌲		

solutions aux jeux

Chassez l'intrus
La figure D : même en la faisant pivoter, elle ne peut ressembler aux autres.

Jeu des prénoms
1 – Mireille Darc.
2 – Mireille Dumas.
3 – Mireille Mathieu.

Dans l'ordre
Noir
Jaune
Rouge
Bleu

Chaque arbre cache un chasseur
Annulez les lignes et la colonne où il n'y a pas de chasseurs et complétez la grille :

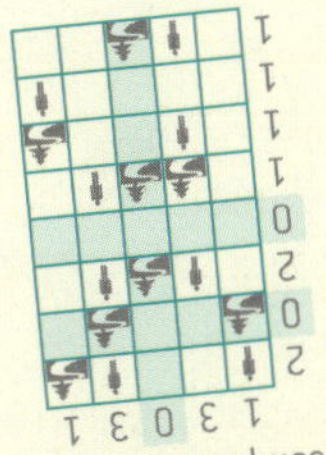

2 novembre

L M M J V S D

Allô 007 !

Votre mission : découvrir le nom d'une ville française grâce aux trois indices chiffrés. Décodez-les à l'aide du clavier de ce téléphone et en sachant qu'une même touche peut donner plusieurs lettres (exemple : 2 pour A, B ou C…). À défaut, essayez sur votre portable : il a la réponse !

52 56473
78374263
83787

Mots pyramide à l'envers

Reformez quatre mots finissant par IME. Attention, pour corser le jeu, les indices donnés sont dans le désordre…

Indices : unique, il a la loi pour lui, opinion favorable, magnifique.

			I	M	E			
				I	M	E		
					I	M	E	
						I	M	E

Son secret

Quel secret unit ces différents éléments ?
Pas donné. – Prêcheur. – Professeur. – Viande. – Bourges.

CHASSEZ l'intrus

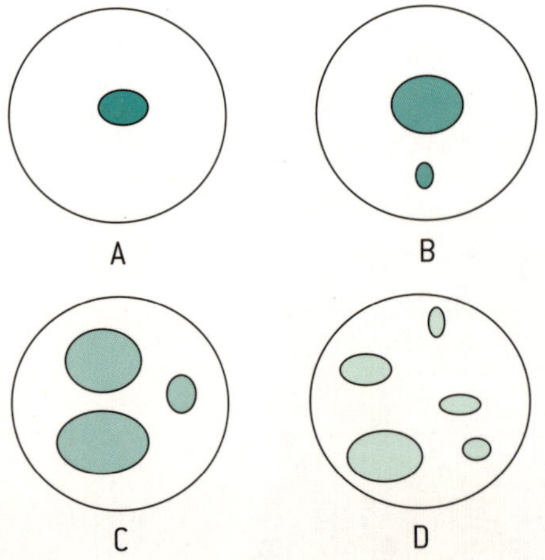

solutions aux jeux

Allô 007 !
Saint-Étienne
Les trois indices sont : la Loire, Stéphane et Verts.

Son secret
Le son « cher » : cher, la chaire, la chair et la bonne chère, le Cher.

Chassez l'intrus
B : les figures dans le cercle doivent être en nombre impair, ici elles sont en nombre pair.

Mots pyramide à l'envers

E	S	T	I	M	E			
S	U	B	L	I	M	E		
L	E	G	I	T	I	M	E	
R	A	R	I	S	S	I	M	E

opinion favorable
magnifique
il a la loi pour lui
unique

3 novembre

L M M J V S D

Opération codée

Estimez la valeur des lettres A, B, C et D, sachant que chacune représente un chiffre différent, compris entre 1 et 9, et que :

1) D : B x C = 9
2) (D x B) – C =9
3) D + B + A = 9
4) (D – C) x C = 9

Indice : partez de la 3e égalité pour voir toutes les combinaisons de trois chiffres qui, additionnés, donnent 9.

Le comble

Quel est le comble pour un maroquinier ?

Monsieur et Madame

Monsieur et Madame Ture ont une fille, comment s'appelle-t-elle ?

Sudoku imbriqué

Complétez ces trois grilles de Sudoku par les nombres de 1 à 10, sachant qu'un nombre ne se trouve qu'une seule fois dans chacune des lignes et colonnes et dans chacun des carrés de quatre cases d'une même grille.

	2		3						
4									
	1								
		3		6					
					1				
						5			
			6						
						8			9
							1		
								10	

Indice : le 7 se trouve dans la deuxième grille.

solutions aux jeux

Sudoku imbriqué

1	2	4	3						
4	3	1	2						
3	1	2	4						
2	4	3	1	6	5	7			
			5	7	1	6			
			7	1	6	5			
			6	5	7	1	9	8	10
						8	10	1	9
						10	1	9	8
						9	8	10	1

Le comble

C'est d'être pris la main dans le sac.

Monsieur et Madame

Lara... la rature !

Opération codée

A = 1 ; B = 2 ; C = 3 ; D = 6

D'après 3) : il n'y a que trois combinaisons de chiffres qui ont pour somme 9 à savoir (1, 2, 6), (1, 3, 5) ou (2, 3, 4).

D'après 1) : B divise D. Si B vaut 1 alors D x C = 9. Ceci est impossible car alors D = C = 3. Donc B et D valent respectivement (2, 4) ou (2, 6) ou (3, 6).

D'après 4) : 2 x 3 ne peut être égal à 9 donc l'unique solution possible pour A, B et D est (1, 2, 6).

On en déduit que C = 3.

4 novembre

L M M J V S D

La France en désordre

Pouvez-vous retrouver, en agençant les lettres de ces mots autrement (sans tenir compte des coupures entre eux ni des accents), le nom de cette ville française ?

Son oncle dépravé

Rébus contraire

Quel est le titre du film qu'illustre le contraire de ce rébus ?

Mots éventail

Voici quatre mots en éventail à compléter, en retrouvant le début qu'ils ont en commun.

? — pêtre / sa / sifis / ubre

Derrière les tours…

Les tours cachent les résidences qui cachent les maisons individuelles. Attribuez dans la grille la place de chaque type d'habitation, sachant que :

– Chaque flèche vous dirige et vous indique le nombre d'habitations visibles.

– Chaque type d'habitation se trouve dans chacune des lignes et colonnes.

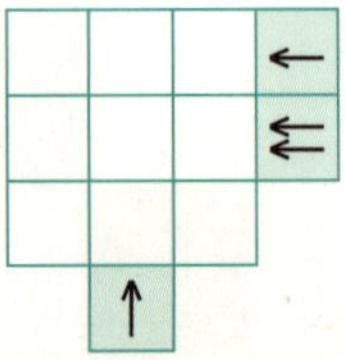

solutions aux jeux

La France en désordre
Salon-de-Provence.

Mots éventail
SAL

Derrière les tours…

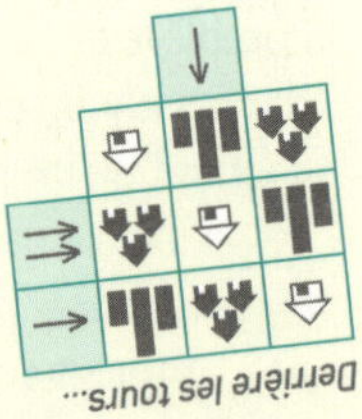

Rébus contraire
Le contraire du « Petit manger » : *La Grande Bouffe*.

5 novembre

L M M J V S D

Célébrité en désordre

Pouvez-vous retrouver, en agençant les lettres de ces mots autrement (sans tenir compte des coupures entre eux ni des accents), le nom de ce journaliste français ?

Le clip macho

Dans l'ordre

Permutez les couleurs de ces figures à partir des indices ci-dessous.

Le rouge précède le noir.
Une seule couleur ne bouge pas.
Le bleu est plus haut que le noir.

Replace-lettres

Remplissez la grille pour reformer quatre mots de six lettres à l'aide des indices suivants :
gamin, naïf, immense, maux de gorge.

	N			N	
	N			N	

Ville mystère

Trouvez les lettres manquantes de ces mots. Reportées dans la colonne, les lettres obtenues formeront le nom d'une ville.

E _ I R ⇒		
		⇐ R _ B E
V A _ E ⇒		
		⇐ M U S _
_ U R S ⇒		
		⇐ D _ P E

solutions aux jeux

Célébrité en désordre
Michel Polac.

Replace-lettres
ENFANT, INGENU, INFINI, ANGINE

Ville mystère
EMIR ⇒ M ⇐ ROBE (O)
VASE ⇒ S ⇐ MUSC (C)
OURS ⇒ O ⇐ DUPE (U)
MOSCOU

Dans l'ordre
Bleu
Jaune
Rouge
Noir

6 novembre

L M M J V S D

K'z noire

Complétez la grille en y plaçant les cases noires : chaque chiffre indique le nombre de cases noires qui l'entourent, par un angle ou un côté.

1		1	
	3		2
2		3	
			1

La France en désordre

Pouvez-vous retrouver, en agençant les lettres de ces mots autrement (sans tenir compte des coupures entre eux ni des accents), le nom de cette ville française ?

Alliée d'UV

Zonages

Sachant que chacun des chiffres indique le nombre de cases de la même couleur qui se touchent (une zone), complétez le coloriage de la grille. Deux zones ayant la même couleur ne peuvent se toucher ni par les côtés ni par les angles.

		3
	4	
1		1

CHASSEZ l'intrus

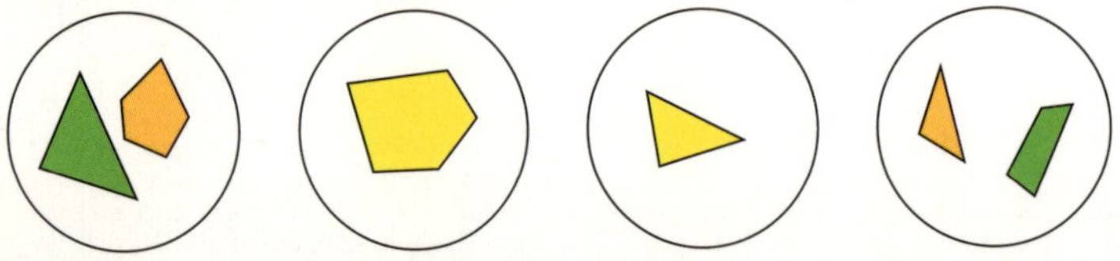

A B C D

solutions aux jeux

Chassez l'intrus
A : la somme des côtés de toutes les figures contenues dans le cercle doit être impaire, ici elle est paire.

La France en désordre
Deauville.

K'z noire

Zonages

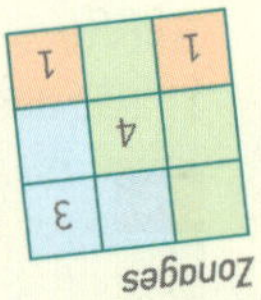

7 novembre

L M M J V S D

Mots éventail

Voici quatre mots en éventail à compléter, en retrouvant le début qu'ils ont en commun.

? — tilage
? — naval
? — pette
? — touche

Dans l'ordre

Permutez les couleurs de ces figures à partir des indices ci-dessous.

Le bleu précède le noir.
Une seule couleur ne bouge pas.
Le jaune suit le noir.

Grands musiciens

Reconstituez dans cette grille les noms de cinq grands musiciens. Les lettres se suivent de bas en haut, de gauche à droite ou vice-versa mais jamais en diagonale.

			D	R	E	T			
H	C	S	I	E	V	N	O	M	N
U	B	B	E	E	T	H	O	V	E
R	E	W	A	G	N	E	R	I	K
T	T	C	H	A	I	K	O	V	S

DOUBLE charade

Deux charades se sont mélangées. Elles vous permettront, une fois recomposées, de trouver deux noms d'écrivains français.

A. On n'aime pas le pain quand il est comme mon premier.
B. Mon premier est une petite forêt.
C. On fait mon second avec un ruban.
D. On gagne mon second à la loterie.

Faut-il associer A et C, ou A et D ? À vous de chercher...

solutions aux jeux

Grands musiciens

BEETHOVEN SCHUBERT
WAGNER MONTEVERDI
TCHAIKOVSKI

Mots éventail

CAR

Dans l'ordre

Bleu
Noir
Jaune
Rouge

Double charade

A-C : rassis-nœud → Racine.
B-D : bois-lot → Boileau.

8 novembre

L M M J V S D

La France en désordre

Pouvez-vous retrouver, en agençant les lettres de ces mots autrement (sans tenir compte des coupures entre eux ni des accents), le nom de cette ville française ?

Lapins en jus

Quel est ce nombre ?

Quel est le nombre de trois chiffres qui est tel que :
1/3 du nb – 183
= 1/7 du nb – 75
= 1/9 du nb – 57 ?

Rébus

Quel est le prénom donné par ce rébus ?

Ville mystère

Trouvez les lettres manquantes de ces mots. Reportées dans la colonne, les lettres obtenues formeront le nom d'une ville.

	O	N	E	⇒						
						⇐	P		I	N
	A	N	G	⇒						
						⇐		A	V	E
	U	R	O	⇒						
						⇐	C	U		E

solutions aux jeux

Quel est ce nombre ?
567.
Ce nombre est divisible par 3, 7 et 9 donc par 63.
– Pour soustraire 183, il doit être supérieur à 3 x 183 = 549.
– Pour soustraire 75, il doit être supérieur à 7 x 75 = 525.
– Pour soustraire 57, il doit être supérieur à 9 x 57 = 513.
Le plus petit nombre supérieur à 549 divisible par 63 est 567 :
- 567/3 – 183 = 6
- 567/7 – 75 = 6
- 567/9 – 57 = 6

Rébus
Mars selle : Marcelle.

La France en désordre
Juan-les-Pins.

Ville mystère

Z	O	N	E	⇒	Z	⇐	P	A	I	N
G	A	N	G	⇒	A					
					G	⇐	R	A	V	E
E	U	R	O	⇒	R					
					E					
					B	⇐	C	U	B	E

9 novembre

L M M J V S D

Illikodoku

Complétez cette grille par des chiffres de 1 à 9 sachant que tous ces chiffres se placent dans chaque colonne et dans chaque carré 3 x 3.

	4	1
3	5	
2		9
1		5
4	6	
	9	3
	3	4
8		6
5	2	

Rébus

Quel est le titre du film illustré par ce rébus ?

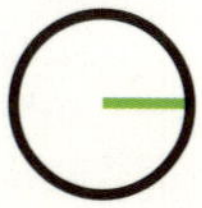

Dans l'ordre

Permutez les couleurs de ces figures à partir des indices ci-dessous.

Le jaune est au-dessus du bleu.
Deux couleurs ne bougent pas.
Le rouge n'est pas en dernière position.

Souvenez-vous...

« Ne pleure pas Jeannette... »
L'une de ces phrases ne fait pas partie de cette chanson, laquelle ?

1. celui qu'est en prison
2. et la Jeannette avec
3. je ne veux pas être reine
4. avec le fils d'un prince
5. nous te marierons

solutions aux jeux

Illikodoku

6	4	1
3	5	8
2	7	9
1	8	5
4	6	2
7	9	3
9	3	4
8	1	6
5	2	7

Rébus
Rayon vert : *Le Rayon vert.*

Dans l'ordre
Bleu
Rouge
Noir
Jaune

Souvenez-vous...
La n° 3.
Ne pleure pas, Jeannette,
Tra la la la la la la la la la,
Ne pleure pas Jeannette,
Nous te marierons. *(bis)*
Avec le fils d'un prince,
Tra la la la la la la la la la,
Avec le fils d'un prince,
Ou celui d'un baron. (bis)
Je ne veux pas d'un prince,
Encore moins d'un baron.
Je veux mon ami Pierre,
Celui qu'est en prison.
Tu n'auras pas ton Pierre,
Nous le pendouillerons.
Si vous pendouillez Pierre,
Pendouillez-moi avec.
Et l'on pendouilla Pierre,
Et la Jeannette avec.

10 novembre

L M M J V S D

CHASSEZ l'intrus

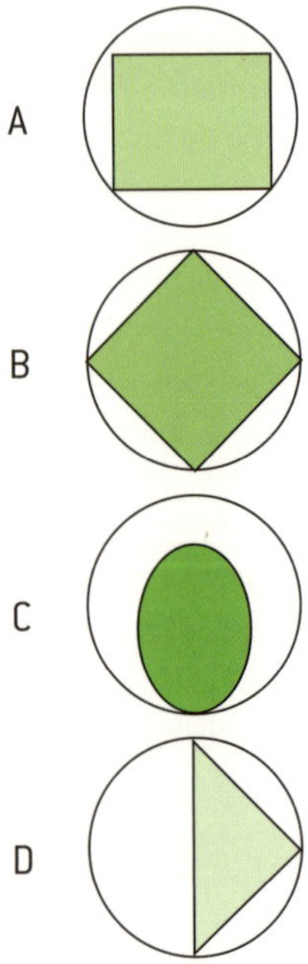

COMBICOLOR

Ces couleurs primaires  se combinent pour donner trois couleurs complémentaires 

Quel est le triplet de ballons manquant ?

 va avec 

donc

 va avec ?

Multiples et diviseurs

Je suis divisible par 4 et vaux le double de la 3e case.	Je suis égale à la moitié de ma voisine de gauche.	Toutes les valeurs de cette grille sont paires et divisibles par 3.	Je suis égale au nombre des cases de cette grille.	Toutes les valeurs de cette grille sont inférieures à 24.	Je suis égale à la moitié de ma voisine de gauche.

À l'aide des indices qui se trouvent dans la grille ci-dessus, remplissez la grille ci-dessous.

solutions aux jeux

Chassez l'intrus

C : les figures contenues dans les cercles doivent présenter au moins trois points de contact avec les bords de ces mêmes cercles.

Combicolor

Violet
Vert, Orange

Chacun équivaut à sa couleur complémentaire : rouge et vert, bleu et orange et jaune et violet.

Multiples et diviseurs

12	6	6	6	12	6

Explications :

4) Cette case vaut 12 : le seul multiple de 4 entre 6, 12 et 18.	5) Cette case vaut 6 : la moitié de 12.	2) Les valeurs de la grille sont des multiples de 6 : divisibles par 2 et 3.	1) Cette case vaut 6 car il y a six cases dans la grille.	3) Les valeurs de la grille sont égales à 6, 12 ou 18.	6) Cette case vaut 6 et sa voisine de gauche 12.

11 novembre

L M M J V S D

Star en désordre

Pouvez-vous retrouver, en agençant les lettres de ces mots autrement (sans tenir compte des coupures entre les mots ni des accents), le nom de ce réalisateur français ?

Calcul de houle

Jeu des prénoms

À l'aide des indices, pourrez-vous retrouver quelques Catherine célèbres ?

1 – *La Rockeuse de diamants*.
2 – Une actrice française récompensée par un César pour son rôle dans *Un air de famille*.
3 – Elle a incarné *Peau d'âne* au cinéma.

Replace-lettres

Remplissez la grille pour reformer quatre mots de six lettres à l'aide des indices suivants :

credo, abbé, avoir la foi, talisman.

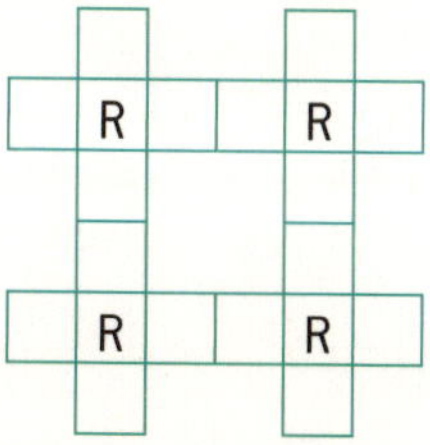

Derrière les tours...

Les tours cachent les résidences qui cachent les maisons individuelles. Attribuez dans la grille la place de chaque type d'habitation, sachant que :
– Chaque flèche vous dirige et vous indique le nombre d'habitations visibles.
– Chaque type d'habitation se trouve dans chacune des lignes et colonnes.

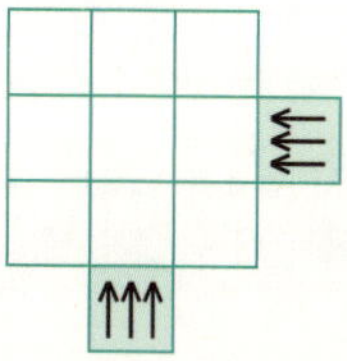

solutions aux jeux

Star en désordre
Claude Lelouch.

Replace-lettres

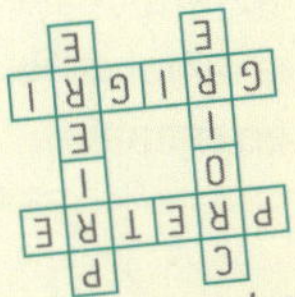

Derrière les tours...

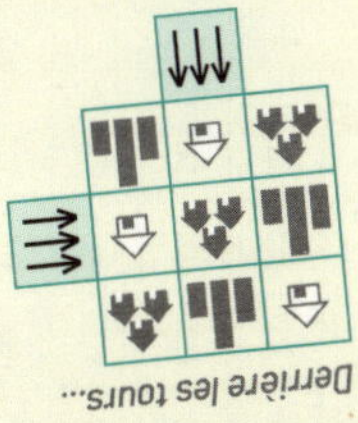

Jeu des prénoms
1 – Catherine Lara.
2 – Catherine Frot.
3 – Catherine Deneuve.

12 novembre

L M M J V S D

La France en désordre

Pouvez-vous retrouver, en agençant les lettres de ces mots autrement (sans tenir compte des coupures entre eux ni des accents), le nom de cette ville française ?

Mue de patron

Mots éventail

Voici quatre mots en éventail à compléter, en retrouvant le début qu'ils ont en commun.

? — son / rage / gueur / gnette

DOUBLE charade

Deux charades se sont mélangées. Elles vous permettront, une fois recomposées, de trouver deux noms d'oiseaux.

A. Mon premier a un fils.
B. Les deux font mon premier.
C. Mon second renferme le pain.
D. Mon second est difficile à faire passer.

Faut-il associer A et C, ou A et D ? À vous de chercher…

Villes d'Europe

Reconstituez dans cette grille les noms de cinq villes d'Europe. Les lettres se suivent de bas en haut, de gauche à droite ou vice-versa mais jamais en diagonale.

			V	I	S	T			
N	R	U	O	L	O	E	N	D	E
E	R	I	L	L	O	N	D	G	E
M	O	C	A	M	B	R	I	H	A
T	N	O	M	G	R	U	O	B	M

solutions aux jeux

La France en désordre

Pont-Audemer.

Mots éventail

VI

Double charade

A-C : père-huche → perruche.

B-D : paire-hoquet → perroquet.

Villes d'Europe

LIVOURNE
OSTENDE
CAMBRIDGE
MONTMORILLON
HAMBOURG

13 novembre

L M M J V S D

HA _ _ MA _

Rébus

Quel est le prénom donné par ce rébus ?

L'AIGLE à cinq têtes

Trouvez cinq mots de cinq lettres correspondant à cet indice en faisant varier leur initiale (exemple : radin, gadin, badin).

La Fontaine, assis à son bureau, racontait l'histoire d'un lapin à la plage qui tirait un cordage.

K'z noire

Complétez la grille en y plaçant les cases noires : chaque chiffre indique le nombre de cases noires qui l'entourent, par un angle ou un côté.

1			
	3		1
1		3	
	2		1

Pays du monde

Reconstituez dans cette grille les noms de cinq pays du monde. Les lettres se suivent de bas en haut, de gauche à droite ou vice-versa mais jamais en diagonale.

			M	R	I	B			
E	I	N	A	P	H	I	L	I	P
S	L	O	V	A	Q	U	I	E	P
Q	I	G	C	O	L	S	E	N	I
U	E	L	E	B	O	M	B	I	E

solutions aux jeux

Rébus
Char lotte : Charlotte.

L'aigle à cinq têtes
Fable, table, râble, sable, câble.

Pays du monde
BELGIQUE
BIRMANIE
SLOVAQUIE
PHILIPPINES
COLOMBIE

K'z noire

14 novembre

L M M J V S D

Mots éventail

Voici quatre mots en éventail à compléter, en retrouvant le début qu'ils ont en commun.

? — lent / per / ct / rder

Carré manquant

Sachant que trois nombres consécutifs ont pour carré 2 500, 2 601 et 2 704, quel est – logiquement – le nombre dont le carré est 3 481 et pourquoi ?

Rébus

Quel est le titre du film illustré par ce rébus ?

Black

Baccara

Derrière les tours…

Les tours (tours) cachent les résidences (résidences) qui cachent les maisons individuelles (maison). Attribuez dans la grille la place de chaque type d'habitation, sachant que :

– Chaque flèche vous dirige et vous indique le nombre d'habitations visibles.

– Chaque type d'habitation se trouve dans chacune des lignes et colonnes.

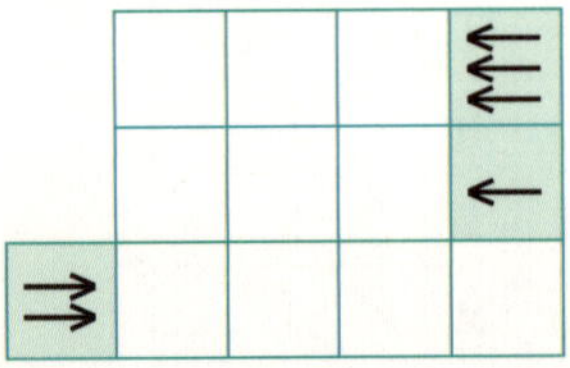

solutions aux jeux

Mots éventail

TA

Rébus

Le nom d'une rose :

Le Nom de la rose.

Derrière les tours…

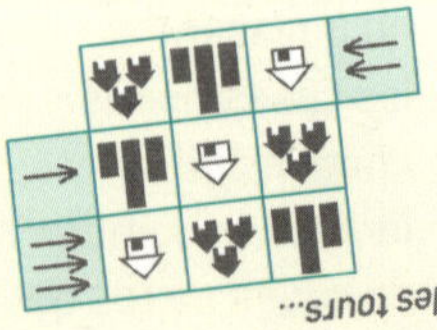

Le carré manquant

59

2601 – 2500 = 101

2704 – 2601 = 103

D'après la loi mathématique, on obtient la suite des carrés des entiers en faisant la somme des nombres impairs consécutifs.

1 = 1

4 = 1 + 3

9 = 1 + 3 + 5

16 = 1 + 3 + 5 + 7

…

Donc si on remarque que

$2\,500 = 50^2$

$2\,500 + 101 = 2\,601 = 51^2$

$2\,500 + 101 + 103 = 2\,704 = 52^2$

$2\,500 + 101 + 103 + 105 = 2\,809 = 53^2$

…

$2\,500 + 101 + 103 + 105 + 107 + 109 + 111 + 113 + 115 + 117 = 3\,481 = 59^2$

15 novembre

L M M J V S D

Célébrité en désordre

Pouvez-vous retrouver, en agençant les lettres de ces mots autrement (sans tenir compte des coupures entre eux ni des accents), le nom de ce journaliste français ?

Le créateur du banjo

Ouille, ouille, ouille... ! Aïe !

Trouvez deux mots qui commencent de la même façon, mais se terminent pour l'un par le son « ouille ! » et pour l'autre par le son « aïe ! ».
Un indice mystérieux pour vous guider...

Le charbon peut faire mal.

CHASSEZ l'intrus

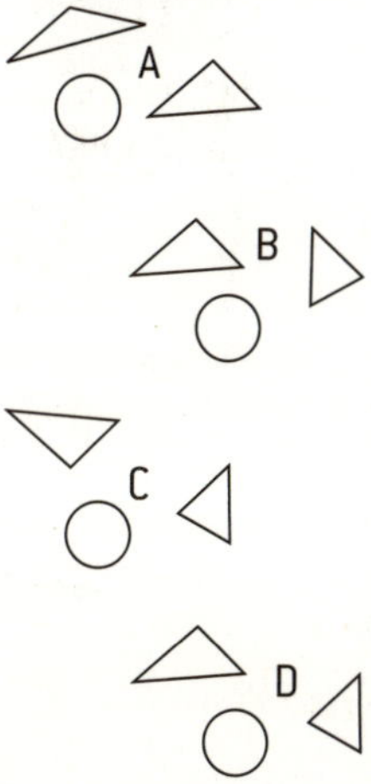

Carré décalé

Complétez ce carré avec les chiffres de 1, 2, 3 et 4 de telle sorte que chaque chiffre se trouve une et une seule fois par colonne, par ligne et par grande diagonale. Vous découvrirez alors la place des cases noires. Pour vous aider, certains chiffres ont déjà été placés, ainsi qu'une case noire.

			3	
	4			2
3			■	
		2		
	1			

solutions aux jeux

Célébrité en désordre
Jean-Claude Bourret.

Chassez l'intrus
A : le triangle du haut ne se retrouve pas dans les autres figures.

Ouille, ouille, ouille... ! Aïe !
Houille / Aïe !

Carré décalé

2	■	1	3	4
■	4	3	1	2
3	2	4	■	1
1	3	2	4	■
4	1	■	2	3

16 novembre

L M M J V S D

Sudolettres

Complétez cette grille par les lettres M, I, C, H, E et L sachant que toutes ces lettres se placent dans chaque ligne, chaque colonne et chaque rectangle 2 x 3.

M					
	I				E
		C			
I			H		
C				E	
H					L

Indice : « cil » se lit dans la 3e ligne.

Allô proverbe !

Retrouvez ce proverbe dont quelques mots ont été codés pour être envoyés par SMS. Attention, une même touche peut donner plusieurs lettres (2 pour A, B ou C). À défaut, essayez sur votre portable : il a la réponse !

QUI 7293 SES 338837 S'36742448.

Monsieur et Madame

Monsieur et Madame Tutecroiou ont une fille, comment s'appelle-t-elle ?

DOUBLE charade

Deux charades se sont mélangées. Elles vous permettront, une fois recomposées, de trouver deux noms d'oiseaux.

A. Mon premier permet d'ouvrir toutes les portes.
B. Mon premier est blanc comme le marbre.
C. Mon second est signe de digestion.
D. Mon second compose le squelette.

Faut-il associer A et C, ou A et D ?

solutions aux jeux

Sudolettres

M	C	L	E	H	I
L	I	H	M	C	E
E	H	C	I	L	M
I	L	E	H	M	C
C	M	I	L	E	H
H	E	M	C	I	L

Double charade
A-C : passe-rot → passereau.
B-D : albâtre-os → albatros.

Allô proverbe !
Qui paye ses dettes s'enrichit.

Monsieur et Madame
Édith... eh, dis ! tu te crois où ?

17 novembre

L M M J V S D

Mots pyramide à l'envers

Reformez quatre mots finissant par ODE. Attention, pour corser le jeu, les indices donnés sont dans le désordre...

Indices :
à l'opposé,
chinoiserie, ère,
fuite.

		O	D	E			
			O	D	E		
				O	D	E	
					O	D	E

Mots éventail

Voici quatre mots en éventail à compléter, en retrouvant le début qu'ils ont en commun.

? — lation
? — tement
? — rence
? — nu

Pont-levis

En utilisant une seule fois chacune de toutes les lettres ci-dessous, reformez trois mots de huit lettres.

D	U	P	P
E	I	Q	M
N	I	T	A

R	A					T	E

Star en désordre

Pouvez-vous retrouver, en agençant les lettres de ces mots autrement (sans tenir compte des coupures entre eux ni des accents), le nom de cette chanteuse française ?

Le tableau brisé

solutions aux jeux

Mots pyramide à l'envers

EXODE	fuite
PAGODE	chinoiserie
PERIODE	ère
ANTIPODE	à l'opposé

Mots éventail
REVE

Pont-levis
Raquette, rapidité, rampante.

Star en désordre
Isabelle Aubret.

18 novembre

L M M J V S D

Monsieur et Madame

Monsieur et Madame Relende ont un fils, comment s'appelle-t-il ?

Rébus

Quel est le titre du film illustré par ce rébus ?

Grille logique

Si je vaux 1, ma voisine vaut 2.	Ma voisine vaut 1 ou 2 et je vaux 3.

À l'aide des indices qui se trouvent dans la grille ci-dessus, remplissez la grille ci-dessous.

Replace-lettres

Remplissez la grille pour reformer quatre mots de six lettres à l'aide des indices suivants :

zig, laboureur, postal ou électif, œufs d'esturgeon.

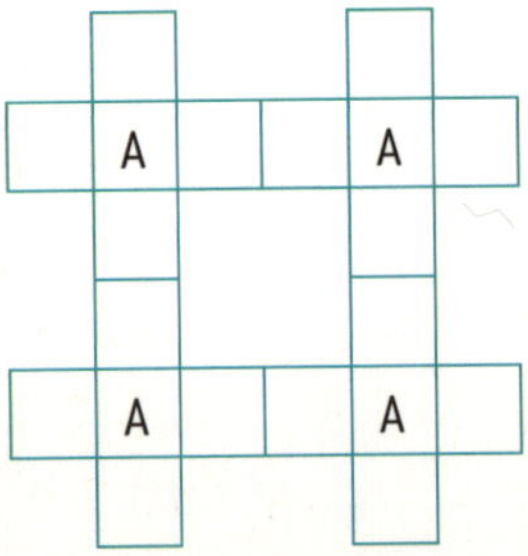

solutions aux jeux

Monsieur et Madame
Tanguy... t'enguirlande !

Grille logique

2	3

Rébus
Une étoile au nord : L'Étoile du Nord.

Replace-lettres
LASCAR, PAYSAN, MANDAT, CAVIAR

19
novembre
L M M J V S D

Code secret

Déduisez le code d'ouverture de cette cave, sachant que chaque fois qu'un bon numéro est tapé sur le clavier :
• Une lumière verte s'allume si un numéro est bien placé.
• Une lumière rouge s'allume si un numéro est mal placé.
Les indices en marge vont vous éclairer !

2	9	7	3				
1	6	7	2				
6	3	2	1				
2	3	1	9				

?	?	?	?

Le comble

Quel est le comble pour un mathématicien ?

COMBICOLOR

Ces couleurs primaires se combinent pour donner les complémentaires

Quel est le ballon manquant ?

va avec

donc

va avec ?

Pays du monde

Reconstituez dans cette grille les noms de cinq pays du monde. Les lettres se suivent de bas en haut, de gauche à droite ou vice-versa mais jamais en diagonale.

			M	A	U	M			
B	R	E	T	I	R	O	N	T	E
L	I	S	A	N	I	E	Z	U	N
I	V	I	E	T	S	E	B	O	E
L	O	B	N	A	I	K	O	R	G

solutions aux jeux

Code secret

6	3	7	9

Le comble
C'est d'avoir des problèmes.

Combicolor
Vert : la couleur manquante.

Pays du monde
OUZBEKISTAN
BRESIL
MAURITANIE
MONTENEGRO
BOLIVIE

20 novembre

L M M J V S D

Célébrité
en désordre

Pouvez-vous retrouver, en agençant les lettres de ces mots autrement (sans tenir compte des coupures entre eux ni des accents), le nom de ce journaliste français ?

Rue Miss-Voyou

Grille logique

Si je vaux 1, ma voisine vaut peut-être 1.	Je vaux vaux 0 ou 1 et ma voisine vaut moins.

À l'aide des indices qui se trouvent dans la grille ci-dessus, remplissez la grille ci-dessous.

Quel est
ce nombre ?

Sachant que le chiffre 1 s'écrit 11 (un un), que le nombre 11 s'écrit 21 (deux un) et que le nombre 111 s'écrit 31 (trois un), quel est le nombre qui reste inchangé lorsqu'on lui applique cette règle ?

Les deux
font la paire

Reliez chaque matière au nombre d'années de mariage qui lui correspond.

Diamant	o	o	10 ans
Perle	o	o	30 ans
Or	o	o	1 an
Coton	o	o	50 ans
Étain	o	o	60 ans

solutions aux jeux

Célébrité en désordre
Yves Mourousi.

Quel est ce nombre ?
22 (deux deux)

Les deux font la paire
Diamant = 60 ans.
Perle = 30 ans.
Or = 50 ans.
Coton = 1 an.
Étain = 10 ans.

Grille logique

0	1

21 novembre

L M M J V S D

Mots éventail

Voici quatre mots en éventail à compléter, en retrouvant le début qu'ils ont en commun.

? → tige / sant / millon / glas

Rébus

Quel est le titre du film illustré par ce rébus ?

K'z noire

Complétez la grille en y plaçant les cases noires : chaque chiffre indique le nombre de cases noires qui l'entourent, par un angle ou un côté.

		1	
2			1
1	2		2
	1		

Promenade dans les Landes

Des randonneurs sont partis à 7 h. Ils ont parcouru 12 km puis se sont reposés pendant une heure. Lorsqu'ils sont repartis, ils ont marché deux fois moins vite durant 13 km. Ils ont terminé leur randonnée à 17 h 30.

Quelle était leur vitesse avant la pose ?

solutions aux jeux

Mots éventail
VER

K'z noire

■		1	
2	■		1
1	2	■	2
	1		■

Rébus
Une suite de cartes à jouer noires : *Série noire*.

Promenade dans les Landes
4 km/h. Ils ont marché pendant 9 h 30 (17 h 30 – 7 h – 1 h). S'ils avaient gardé leur vitesse de départ, ils auraient effectué : 12 km + (13 x 2) km = 38 km. Leur vitesse de départ est donc : 38 km / 9h30 = 4 km/h.

22 novembre

L M M J V S D

La France en désordre

Pouvez-vous retrouver, en agençant les lettres de ces mots autrement (sans tenir compte des coupures entre eux ni des accents), le nom de cette ville française ?

Chansons à louer

Mots en carré

Ce sont les mêmes mots à la verticale et à l'horizontale. En voici les définitions dans l'ordre :
On y bat le grain. – Le même. – Quittance. – Troublée.

Mots éventail

Voici quatre mots en éventail à compléter, en retrouvant le début qu'ils ont en commun.

? ser
? son
? lette
? ture

Pays du monde

Reconstituez dans cette grille les noms de cinq pays du monde. Les lettres se suivent de bas en haut, de gauche à droite ou vice-versa mais jamais en diagonale.

			I	P	H	T			
A	R	K	E	O	I	E	A	Z	E
M	E	N	A	J	D	I	A	B	R
A	N	A	R	G	E	N	T	I	N
D	A	U	T	R	I	C	H	E	E

solutions aux jeux

La France en désordre
Chalon-sur-Saône.

Mots éventail
TOI

Pays du monde
ETHIOPIE
AUTRICHE AZERBAIDJAN
ARGENTINE DANEMARK

Mots en carré

A	I	R	E
I	D	E	M
R	E	C	U
E	M	U	E

23 novembre

L M M J V S D

La touche finale

Si on compose un mot sur un téléphone portable, il suffit parfois d'appuyer sur une touche de plus pour obtenir un tout autre mot. Retrouvez le résultat de ces combinaisons de touches. Si vous ne trouvez pas, essayez sur votre portable : il a la réponse !

ROTI + 6 = ?
CLE + 8 = ?

Monsieur et Madame

Monsieur et Madame Sitron ont un fils, comment s'appelle-t-il ?

Grille logique

Je vaux le nombre de cases de valeur impaire.	Je vaux le nombre de cases de valeur impaire.	Je vaux le nombre de cases de valeur impaire.

À l'aide des indices qui se trouvent dans la grille ci-dessus, remplissez la grille ci-dessous.

Les deux font la paire

Reliez chaque variété de fleur à sa signification symbolique.

Rose blanche o	o Infidélité
Rose jaune o	o Amour caché
Rose rouge o	o Amour pur
Tulipe o	o Passion
Violette o	o Amour sincère

solutions aux jeux

La touche finale
ROTI + 6 = potin.
CLE + 8 = bleu.

Monsieur et Madame
Théo... thé au citron.

Les deux font la paire
Rose blanche = Amour pur.
Rose jaune = Infidélité.
Rose rouge = Passion.
Tulipe = Amour sincère.
Violette = Amour caché.

Grille logique

3	3	3

24 novembre

L M M J V S D

Illikodoku

Complétez cette grille par des chiffres de 1 à 9 sachant que tous ces chiffres se placent dans chaque colonne et dans chaque carré 3 x 3.

6	2	3
	4	5
9	1	
4	6	2
3	8	9
	7	
8		6
2	9	
	3	4

La France en désordre

Pouvez-vous retrouver, en agençant les lettres de ces mots autrement (sans tenir compte des coupures entre eux ni des accents), le nom de cette ville française ?

Bougerons le mur

COMBICOLOR

Ces couleurs primaires se combinent pour donner trois couleurs complémentaires. Quel est le ballon manquant ?

va avec

donc

va avec ?

K'z noire

Complétez la grille en y plaçant les cases noires : chaque chiffre indique le nombre de cases noires qui l'entourent, par un angle ou un côté.

1			
2	3		
	3	2	
2		1	

solutions aux jeux

Illikodoku

6	2	3
7	4	5
9	1	8
4	6	2
3	8	9
5	7	1
8	5	6
2	9	7
1	3	4

Combicolor
Bleu : la couleur primaire manquante.

K'z noire

1	■		
2	3	■	
■	3	2	
2	■	1	

La France en désordre
Boulogne-sur-Mer.

25 novembre

L M M J V S D

Cinéma en désordre

Pouvez-vous retrouver, en agençant les lettres de ces mots autrement (sans tenir compte des coupures entre eux ni des accents), le titre de ce film ?

Faveur du lévrier

Dans l'ordre

Permutez les couleurs de ces figures à partir des indices ci-dessous.

Ni noir ni bleu ne sont en 1re position. Deux couleurs montent et deux autres descendent. Le jaune n'est pas en dernière position.

CHASSEZ l'intrus

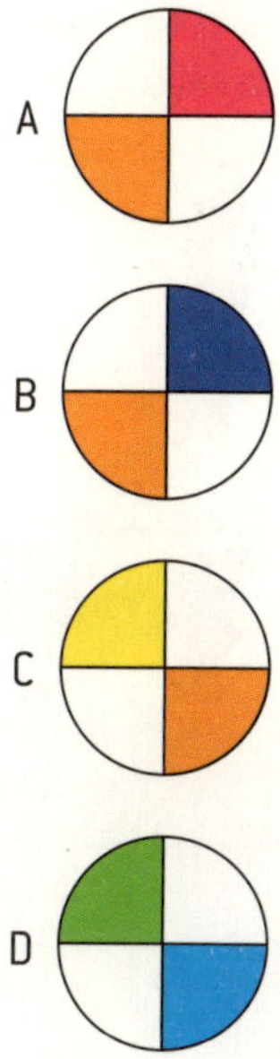

Derrière les tours…

Les tours cachent les résidences qui cachent les maisons individuelles. Attribuez dans la grille la place de chaque type d'habitation, sachant que :

– Chaque flèche vous dirige et vous indique le nombre d'habitations visibles.

– Chaque type d'habitation se trouve dans chacune des lignes et colonnes.

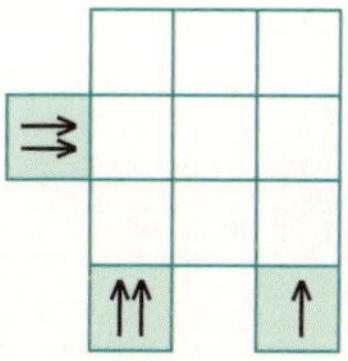

solutions aux jeux

Cinéma en désordre
La Fureur de vivre (de Nicholas Ray).

Dans l'ordre
Jaune
Noir
Bleu
Rouge

Derrière les tours…

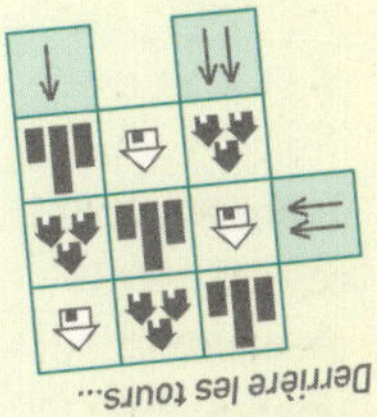

Chassez l'intrus
B : les parts colorées à l'intérieur d'un même cercle doivent avoir une couleur en commun (en A le rouge, en C le jaune, en D le bleu).

26
novembre
L M M J V S D

Rébus

Quel est le prénom donné par ce rébus ?

Trou de mémoire

Toutes les voyelles des phrases ci-dessous ont disparu. Remettez-les en place pour reconstituer le titre de deux chansons.

Chcn ft c q l plt
l jt d pn dbt

Mots pyramide à l'envers

Reformez quatre mots finissant par IS.
Attention, pour corser le jeu, les indices donnés sont dans le désordre…

Indices : irréductible, fleur, éphèbe, dessert.

				I	S			
					I	S		
						I	S	
							I	S

Son secret

Quel secret unit ces différents éléments ?
Henri IV. – Au feu. – Sourd. – Fleuve italien.

solutions aux jeux

Rébus
Gars bain : Gabin.

Trou de mémoire
Chacun fait ce qui lui plaît, Chagrin d'amour.
Il jouait du piano debout, France Gall.

Son secret
Le son « po » : la ville de Pau, le pot-au-feu, « sourd comme un pot », le Pô.

Mots pyramide à l'envers

C	L	A	F	O	U	T	I	S
M	Y	O	S	O	T	I	S	
G	A	U	L	O	I	S		
A	D	O	N	I	S			

dessert
fleur
irréductible
éphèbe

27 novembre

L M M J V S D

1 2 3

La France en désordre

Pouvez-vous retrouver, en agençant les lettres de ces mots autrement (sans tenir compte des coupures entre eux ni des accents), le nom de cette ville française ?

Éliminations

Mots en losange

Ce sont les mêmes mots à la verticale et à l'horizontale. En voici les définitions dans l'ordre :
Début de pépé. – Observés. – Chair. – Ville d'eau. – Début et fin d'été.

Grille logique

Je vaux la somme des deux chiffres contenus dans la grille.	Les valeurs de cette grille sont paires et inférieures à 3.

À l'aide des indices qui se trouvent dans la grille ci-dessus, remplissez la grille ci-dessous.

Rendre à César...

Reliez chaque drapeau à son pays et à sa capitale.

Pays	Drapeau	Capitale
Cameroun		Tachkent
Ouzbékistan		Pyongyang
Cuba		Yaoundé
Corée du Nord		La Havane

solutions aux jeux

La France en désordre
Saint-Émilion.

Grille logique
2 0

Mots en losange

```
    P
  V U S
P U L P E
  S P A
    E
```

Rendre à César...
Cameroun – Yaoundé
Cuba – La Havane
Corée du Nord – Pyongyang
Ouzbékistan – Tachkent

28 novembre

L M M J V S D

Star en désordre

Pouvez-vous retrouver, en agençant les lettres de ces mots autrement (sans tenir compte des coupures entre les mots ni de la ponctuation), le nom de cette reine de France ?

Insecticide de harem

Phrase incomplète

Trouvez les plus petits nombres, écrits en toutes lettres, qui complètent cette phrase et la rendent rigoureusement exacte :

Il y a … voyelles et … consonnes

Mots éventail

Voici quatre mots en éventail à compléter, en retrouvant le début qu'ils ont en commun.

? — ro / phyr / nith / lé

CROISONS les trous

Pouvez-vous compléter ces mots croisés sans que l'on vous donne les définitions ?

	O	U	R		A	T	U		E
R	U	■	I	U	L	E	■	A	U
U	■	F	■	E	T	■	P	■	T
■		A		S	O	L		E	■
	A	I	N	■	■		T	U	I
	L	B	I	■	■		I	E	S
■		L	E			N	T	S	■
D	■	E	■	I	T	■	E	■	V
O	R	■		D	A	M	■	M	U
	E	N	S	I	T	I		E	

solutions aux jeux

Star en désordre
Catherine de Médicis.

Phrase incomplète
Il y a dix-sept voyelles et vingt-quatre consonnes.

Mots-éventail
ZE

Croisons les trous

C	O	U	R	B	A	T	U	R	E
R	U	■	I	U	L	E	■	A	U
U	■	F	■	E	T	■	P	■	T
■	M	A	U	S	O	L	E	E	■
M	A	I	N	■	■	E	T	U	I
A	L	B	I	■	■	O	I	E	S
■	E	L	E	M	E	N	T	S	■
D	■	E	■	I	T	■	E	■	V
O	R	■	A	D	A	M	■	M	U
S	E	N	S	I	T	I	V	E	S

29 novembre

L M M J V S D

Son secret

Quel secret unit ces différents éléments ? Imbécile. – De carpe. – Garde. – Pluie.

Suite logique

Quels sont les symboles manquants?

♣ ♦
♥ ♠

♣ ♦
♥ ♠

♣ ♥
♦ ♠

? ?
? ?

La France en désordre

Pouvez-vous retrouver, en agençant les lettres de ces mots autrement (sans tenir compte des coupures entre eux ni des accents), le nom de cette ville française ?

Étron de puma

K'z noire

Complétez la grille en y plaçant les cases noires : chaque chiffre indique le nombre de cases noires qui l'entourent, par un angle ou un côté.

1	1	1	
2			1
			1
2			1

solutions aux jeux

Son secret
Le son « so » : sot, le saut de carpe, le garde des Sceaux, « il pleut à seaux ».

K'z noire

1	1	1	
2	■		1
■		■	1
2	■		1

Suite logique
Trèfle noir, cœur rouge. Carreau noir, pique rouge. Le 2e carré de quatre symboles est l'inverse, au niveau des couleurs, du premier ; le 4e est donc l'inverse du 3e au niveau des couleurs.

La France en désordre
Pont-Audemer.

30 novembre

L M M J V S D

Cinéma en désordre

Pouvez-vous retrouver, en agençant les lettres de ces mots autrement (sans tenir compte des coupures entre eux ni des accents), le titre de ce film ?

Gosier de sauterelle

Jeu du dictionnaire

Trouvez cinq mots du dictionnaire, mais sans son aide et le plus rapidement possible, compris entre :

PAYS-BAS
et
PÉROU

Mots éventail

Voici quatre mots en éventail à compléter, en retrouvant le début qu'ils ont en commun.

? — ward / ntor / ak / ppe

Zonages

Sachant que chacun des chiffres indique le nombre de cases de la même couleur qui se touchent (une zone), complétez le coloriage de la grille. Deux zones ayant la même couleur ne peuvent se toucher ni par les côtés ni par les angles.

1		
	3	2
2		1

Solutions aux jeux

Cinéma en désordre
La Guerre des étoiles (de George Lucas).

Mots éventail
STE

Zonages

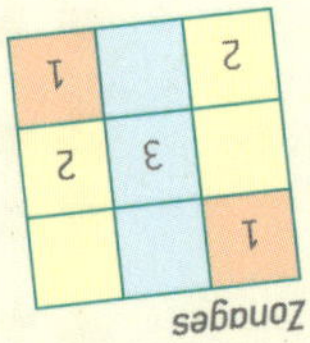

Jeu du dictionnaire
Paz (La), Pearl Harbor, Peckinpah, Péguy, Pékin, Péloponnèse, Pendjab, Pennsylvanie, Pépin (dit le Bref), Périclès, Périgord, Perón…

1 décembre

L M M J V S D

Carré pas magique

Ce carré n'est pas un carré magique du tout mais la somme de ses lignes et de ses colonnes est identique. Comment faire pour que cette somme soit égale à 25 ?

16	28	11
20	14	21
19	13	23

Trou de mémoire

Toutes les voyelles des phrases ci-dessous ont disparu. Remettez-les en place pour reconstituer le titre de deux chansons.

L blld d Jm
Ls brns cmptnt ps pr ds prns

CHASSEZ l'intrus

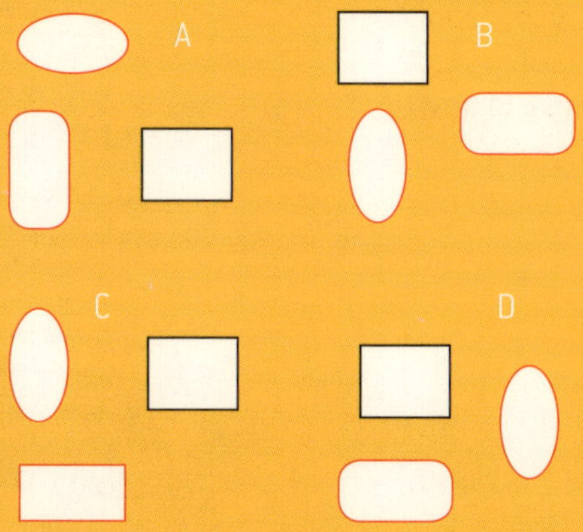

Monsieur et Madame

Monsieur et Madame Versère ont une fille, comment s'appelle-t-elle ?

solutions aux jeux

Carré pas magique
Il suffit d'ôter 10 à chaque case.

6	18	1
10	4	11
9	3	13

Monsieur et Madame
Annie... anniversaire.

Chassez l'intrus
C : il n'y a pas de grand rectangle aux angles droits dans les autres figures.

Trou de mémoire
La Ballade de Jim, Alain Souchon.
Les brunes comptent pas pour des prunes, Lio.

2 décembre

L M M J V S D

La touche finale

Si on compose un mot sur un téléphone portable, il suffit parfois d'appuyer sur une touche de plus pour obtenir un tout autre mot. Retrouvez le résultat de ces combinaisons de touches. Si vous ne trouvez pas, essayez sur votre portable : il a la réponse !

CHAT + 3 = ?
OIE + 4 = ?

Son secret

Quel secret unit ces différents éléments ?
Marine. – À raser. – Sol humide. – Au chocolat.

La classe

Les enfants de cette classe ont la moitié de l'âge qu'ils auront dans seize ans : sont-ils en maternelle, en primaire, au collège ou au lycée ?

Mots pyramide à l'envers

Reformez quatre mots finissant par IN. Attention, pour corser le jeu, les indices donnés sont dans le désordre...

Indices : travail, pirate, volage, répertoire.

			I	N			
				I	N		
					I	N	
						I	N

Solutions aux jeux

La touche finale
CHAT + 3 = chaud.
OIE + 4 = midi.

La classe
Ils ont 16 ans et sont donc au lycée (si tout s'est bien passé !).
Soit A leur âge actuel : (A + 16) / 2 = A ; ce qui signifie que A + 16 = 2 A, soit 16 = A.

Mots pyramide à l'envers

M	A	R	I	N			
T	U	R	B	I	N		
C	A	L	E	P	I	N	
L	I	B	E	R	T	I	N

pirate
travail
répertoire
volage

Son secret
Le son « mousse » : le mousse et la mousse.

3 décembre

L M M J V S D

Jeu du dictionnaire

Trouvez cinq mots du dictionnaire, mais sans son aide et le plus rapidement possible, compris entre :

LA BRUYÈRE
et
LAMARTINE

Le comble

Quel est le comble pour un météorologue ?

Trou de mémoire

Toutes les voyelles des phrases ci-dessous ont disparu. Remettez-les en place pour reconstituer le titre de deux films.

L grr ds btns.
n hmm t n fmm

Chaque arbre cache un chasseur

Les chiffres indiquent le nombre de chasseurs qui se cachent dans la grille.
Débusquez-les, sachant que :
Il y a autant d'arbres que de chasseurs.
Toute case contenant un chasseur est accolée à une case contenant un arbre.
Deux cases contenant un chasseur ne peuvent se toucher ni par les angles ni par les côtés.

	4	0	2	1	3
2		arbre			arbre
0	arbre				
2					
1				arbre	arbre
2		arbre		arbre	
1				arbre	
1		arbre			arbre
1					

solutions aux jeux

Jeu du dictionnaire
Lacan, Lacanau, Laclos, Lacoste, Ladoga, La Fayette, La Fontaine, Lagos, Lahore, Lamarck...

Trou de mémoire
La Guerre des boutons, Yves Robert.
Un homme et une femme, Claude Lelouch.

Le comble
C'est de faire chez lui la pluie et le beau temps.

Chaque arbre cache un chasseur

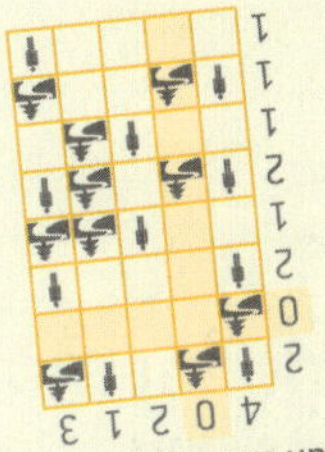

4 décembre

L M M J V S D

Sudolettres

Complétez cette grille avec les lettres L, I, E, N, G, R, A et S, sachant que toutes ces lettres se placent dans chacune des lignes et colonnes et dans chaque rectangle 2 x 4 ; un mot apparaîtra dans la colonne de droite.

R		A	G		I		
E	I		N		L		
					E		N
I	E			L		A	
	S		I	N			
A		R	L		S	E	
S	G			A			
N			E	S		L	

Indice : c'est sans doute le mot préféré des chasseurs !

Trou de mémoire

Toutes les voyelles des phrases ci-dessous ont disparu. Remettez-les en place pour reconstituer le titre de deux chansons.

n nfnt d t
Tmb pr l Frnc

DOUBLE charade

Deux charades se sont mélangées. Elles vous permettront, une fois recomposées, de trouver deux noms de départements.

A. Mon premier est le plus mauvais.
B. Mon premier peut être persan ou angora.
C. Mon second est le plus âgé.
D. Toucher mon second permet de vivre sans travailler.

Faut-il associer A et C, ou A et D ? À vous de chercher...

Ville mystère

Trouvez les lettres manquantes de ces mots. Reportées dans la colonne, les lettres obtenues formeront le nom d'une ville.

M U _ E ⇒ [ ]
[ ] ⇐ T H _ M
P I E _ ⇒ [ ]
[ ] ⇐ P _ E U
O _ I L ⇒ [ ]
[ ] ⇐ _ O G A

solutions aux jeux

Sudolettres

R	L	A	G	E	I	N	S
E	I	S	N	R	L	G	A
L	R	G	A	I	E	S	N
I	E	N	S	L	R	A	G
G	S	E	I	N	A	R	L
A	N	R	L	G	S	E	I
S	G	L	R	A	N	I	E
N	A	I	E	S	G	L	R

Trou de mémoire

Un enfant de toi, Phil Barney.
Tombé pour la France, Étienne Daho.

Ville mystère

MUSE ⇒ S
Y ⇐ THYM
PIED ⇒ D
N ⇐ PNEU
OEIL ⇒ E
Y ⇐ YOGA

Double charade

A-C : pire-aîné → Pyrénées.
B-D : chat-rente → Charente.

5 décembre

L M M J V S D

Cinéma en désordre

Pouvez-vous retrouver, en agençant les lettres de ces mots autrement (sans tenir compte des coupures entre eux ni des accents), le titre de ce film ?

Le lard andalou givré

CHASSEZ l'intrus

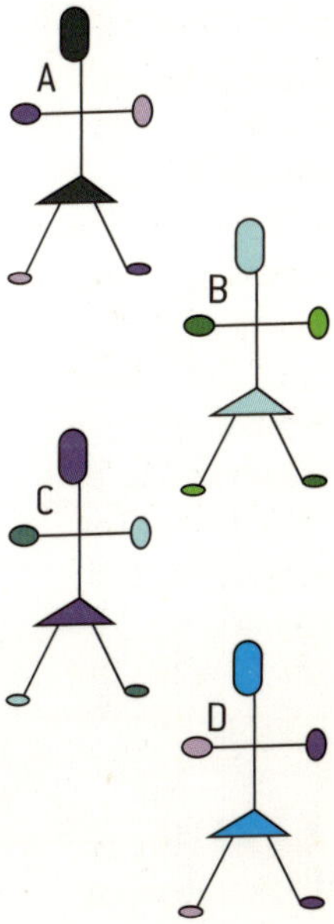

Histoire d'âge

Mon âge à ce jour est égal à la différence entre l'âge que j'aurai dans cinq ans multiplié par 5, et l'âge que j'avais il y a cinq ans multiplié par 5. Quel est mon âge ?

Derrière les tours…

Les tours cachent les résidences qui cachent les maisons individuelles. Attribuez dans la grille la place de chaque type d'habitation, sachant que :

– Chaque flèche vous dirige et vous indique le nombre d'habitations visibles.

– Chaque type d'habitation se trouve dans chacune des lignes et colonnes.

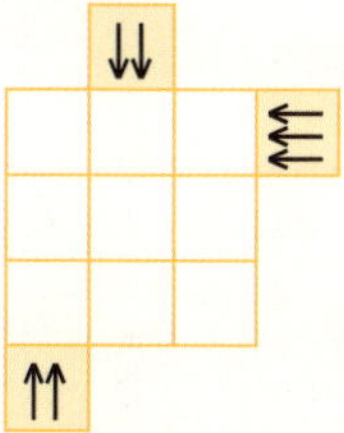

solutions aux jeux

Histoire d'âge

50 ans.

Soit A mon âge aujourd'hui :

$5(A+5) - 5(A-5) = A$

donc

$5A + 25 - 5A + 25 = A$

et A = 50 ans.

Chassez l'intrus

D : la couleur de la main la plus claire est du côté opposé si l'on compare avec les autres figures.

Cinéma en désordre

La Grande Vadrouille (de Gérard Oury).

Derrière les tours…

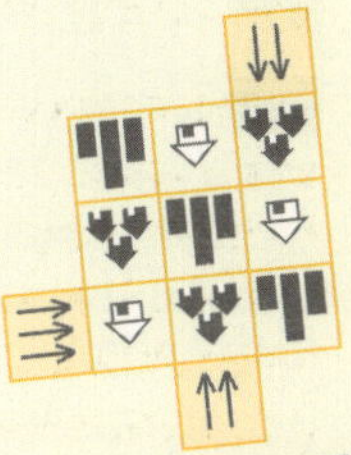

6 décembre

L M M J V S D

Histoire de famille

Si mon frère avait deux ans de plus que sa sœur, il aurait alors le double de l'âge de ma sœur. Mais si au contraire il en avait deux de moins, il aurait le même âge que ma sœur. Quel est l'âge de mon frère et quel est celui de ma sœur ?

La France en désordre

Pouvez-vous retrouver, en agençant les lettres de ces mots autrement (sans tenir compte des coupures entre eux ni des accents), le nom de cette ville française ?

Le paon taré

Dans l'ordre

Permutez les couleurs de ces figures à partir des indices ci-dessous.

Le noir précède le bleu.
Deux couleurs montent et deux autres descendent.
Le rouge n'est pas en dernière position.

Grille logique

Deux cases sont identiques.	Deux cases identiques ne se touchent pas.	La somme des cases de la grille vaut 1.

À l'aide des indices qui se trouvent dans la grille ci-dessus, remplissez la grille ci-dessous.

solutions aux jeux

Histoire de famille
Mon frère a 6 ans et ma sœur a 4 ans.
Si F = l'âge de mon frère et S l'âge de ma sœur, alors :
F + 2 = 2 S.
F – 2 = S.
En remplaçant S par sa valeur dans la 1re équation :
F + 2 = 2 (F – 2) ou
F + 2 = 2 F – 4.
F = 6 et S = 4.

La France en désordre
Raon-l'Étape.

Dans l'ordre
Jaune
Rouge
Noir
Bleu

Grille logique

0	1	0

7 décembre

L M M J V S D

Mots éventail

Voici quatre mots en éventail à compléter, en retrouvant le début qu'ils ont en commun.

? — risier / notte / ssie / nace

Mots en carré

Ce sont les mêmes mots à la verticale et à l'horizontale. En voici les définitions dans l'ordre : Benoît. – Il fut tué par son frère. – Disparu. – Prénom biblique.

Jeu du dictionnaire

Trouvez cinq mots du dictionnaire, mais sans son aide et le plus rapidement possible, compris entre :

GAMBIE
et
GARONNE

Pays du monde

Reconstituez dans cette grille les noms de cinq pays du monde. Les lettres se suivent de bas en haut, de gauche à droite ou vice-versa mais jamais en diagonale.

			I	R	L	A			
C	E	I	L	E	D	N	E	I	N
H	T	E	J	N	I	O	U	M	A
T	S	N	O	A	E	R	Y	A	U
E	I	N	R	D	P	A	R	A	G

solutions aux jeux

Mots éventail
ME

Mots en carré

P	A	P	E
A	B	E	L
P	E	R	I
E	L	I	E

Pays du monde

			I	R	L	A			
C	E	I	L	E	D	N	E	I	N
H	T	E	J	N	I	O	U	M	A
T	S	N	O	A	E	R	Y	A	U
E	I	N	R	D	P	A	R	A	G

IRLANDE
JORDANIE
ROUMANIE
LIECHTENSTEIN
PARAGUAY

Jeu du dictionnaire
Gamelin, Gance, Gand, Gandhi, Gange, Ganzhou, Gap, Garbo, Garches, Gard...

8
décembre
L M M J V S D

Rébus

Quel est
le prénom donné
par ce rébus ?

~~T~~M

Monsieur et Madame

Monsieur et
Madame Sketahadir
ont un fils,
comment
s'appelle-t-il ?

Jeu du dictionnaire

Trouvez cinq mots
du dictionnaire,
mais sans son aide
et le plus
rapidement
possible,
compris entre :

CAGOULE
et
CALENDRIER

K'z noire

Complétez la grille en y plaçant
les cases noires : chaque chiffre indique
le nombre de cases noires qui l'entourent,
par un angle ou un côté.

1	2		1
	3		
	2		2
		2	

solutions aux jeux

Rébus
Tartine, M remplace T :
Martine.

Monsieur et Madame
Eddy…
eh, dis c'que t'as à dire !

K'z noire

1	2		1
	3		
	2		2
		2	

Jeu du dictionnaire
Cahier, cahute,
caïd, caillasse,
caillebotis, caïman,
caisse, cajou,
calamar, calcaire,
calcul…

9 décembre

L M M J V S D

Illikodoku

Complétez cette grille par des chiffres de 1 à 9 sachant que tous ces chiffres se placent dans chaque colonne et dans chaque carré 3 x 3.

	8	7
6	3	1
4	5	
1	9	5
		6
8	4	3
3	1	
5	6	4
2		8

Quel est ce nombre ?

Quel est le nombre qui, multiplié par les résultats de l'une des dix premières tables de multiplication, donne les résultats suivants : 111, 222, 333, 444, 555, 666, 777, 888 et 999 ?

Replace-lettres

Remplissez la grille pour reformer quatre mots de six lettres à l'aide des indices suivants :

algue, « chien-chien », mort-aux-rats, turbin.

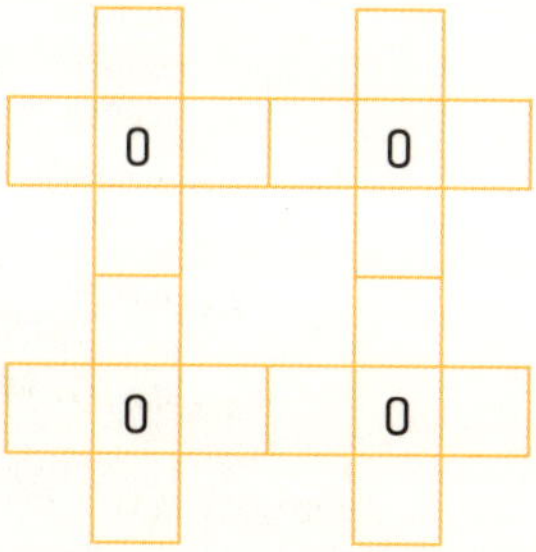

Souvenez-vous...

« Nous n'irons plus au bois... »
L'un de ces verbes ne fait pas partie des paroles de cette ronde, lequel ?

1. *aimez*
2. *voyez*
3. *entrez*
4. *allez*
5. *embrassez*

solutions aux jeux

Quel est ce nombre ?
37 multiplié par 3, 6, 9, 12, 15, 18, 21, 24 et par 25.
Il suffit de diviser chacun des deux premiers nombres par les deux premiers résultats de chaque table jusqu'à obtenir une constante.

Replace-lettres

Souvenez-vous...
Le n° 4.
Nous n'irons plus au bois
les lauriers sont coupés ;
La belle que voilà
ira les ramasser. (refrain)
***Entrez** dans la danse,*
***Voyez** comme on danse.*
Sautez, dansez,
***Embrassez** cell' que vous*
***aimez** !*

Illikodoku

9	8	7
6	3	1
4	5	2
1	9	5
7	2	6
8	4	3
3	1	9
5	6	4
2	7	8

10 décembre

L M M J V S D

Livre en désordre

Pouvez-vous retrouver, en agençant les lettres de ces mots autrement (sans tenir compte des coupures entre eux ni des accents), le titre de ce roman ?

Merle de saloon

COMBICOLOR

Ces couleurs primaires se combinent pour donner trois couleurs complémentaires

Quel est le triplet de ballons manquant ?

va avec

donc

va avec ?

Trou de mémoire

Toutes les voyelles des phrases ci-dessous ont disparu. Remettez-les en place pour reconstituer le titre de deux chansons.

Il prfr l'mr n mr
Cmm n vn sns l

Grille logique

Toutes les cases ont la même valeur.	Toutes les cases valent plus de 1.	Il n'y a pas de 0.
Aucune case ne vaut plus de 20.	Tous les indices ont un point commun.	La valeur des cases est un chiffre.
Les indices donnent la valeur des cases.	Trouvez l'indice, vous aurez la valeur.	Faites attention, il y a une astuce !

À l'aide des indices qui se trouvent dans la grille ci-dessus, remplissez la grille ci-contre.

solutions aux jeux

Livre en désordre
Le Nom de la rose (d'Umberto Eco).

Grille logique
Dans chaque case il y a sept mots !

?	?	?
?	?	?
?	?	?

Combicolor
Violet
Vert, Orange.
On bascule la pyramide : orange donne bleu, rouge donne violet, jaune donne vert comme dans la combinaison de référence.

Trou de mémoire
Elle préfère l'amour en mer, Philippe Lavil.
Comme un avion sans aile, Charlélie Couture.

11 décembre

L M M J V S D

La France en désordre

Pouvez-vous retrouver, en agençant les lettres de ces mots autrement (sans tenir compte des coupures entre eux ni des accents), le nom de cette ville française ?

Le triple nom

Dans l'ordre

Permutez les couleurs de ces figures à partir des indices ci-dessous.

Le noir suit le rouge. Une couleur monte et une autre descend. Le bleu n'est pas en dernière position.

Jeu des prénoms

À l'aide des indices, pourrez-vous retrouver quelques Catherine célèbres ?

1 – Une alpiniste française.
2 – Une reine de France qui donna naissance à trois rois.
3 – Une actrice récompensée d'un oscar pour sa prestation dans le film *Chicago* en 2002.

Villes d'Europe

Reconstituez dans cette grille les noms de cinq villes d'Europe. Les lettres se suivent de bas en haut, de gauche à droite ou vice-versa mais jamais en diagonale.

			H	T	U	E			
N	E	A	C	B	R	R	Y	A	B
T	P	R	D	U	O	V	N	I	K
R	A	L	I	C	A	N	T	E	L
A	S	L	O	O	P	R	E	V	I

Solutions aux jeux

Dans l'ordre
Jaune
Bleu
Rouge
Noir

Jeu des prénoms
1 – Catherine Destivelle.
2 – Catherine de Médicis.
3 – Catherine Zeta-Jones.

La France en désordre
Montpellier.

Villes d'Europe
ALICANTE BAYREUTH
LIVERPOOL CARPENTRAS
DUBROVNIK

12 décembre

L M M J V S D

La France en désordre

Pouvez-vous retrouver, en agençant les lettres de ces mots autrement (sans tenir compte des coupures entre eux ni des accents), le nom de cette ville française ?

Pas son mouton

Mots éventail

Voici quatre mots en éventail à compléter, en retrouvant le début qu'ils ont en commun.

? — taphe / curien / nard / thète

Histoire d'âge

Il y a trois ans, Julie avait quatre fois l'âge de Thomas, alors qu'aujourd'hui elle n'a plus que trois fois son âge. Quel âge ont-ils tous les deux ?

Derrière les tours…

Les tours cachent les résidences qui cachent les maisons individuelles. Attribuez dans la grille la place de chaque type d'habitation, sachant que :

– Chaque flèche vous dirige et vous indique le nombre d'habitations visibles.

– Chaque type d'habitation se trouve dans chacune des lignes et colonnes.

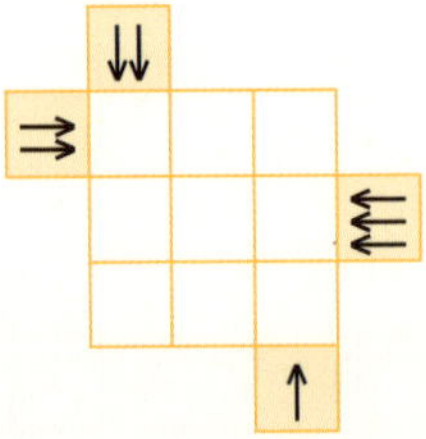

solutions aux jeux

Derrière les tours…

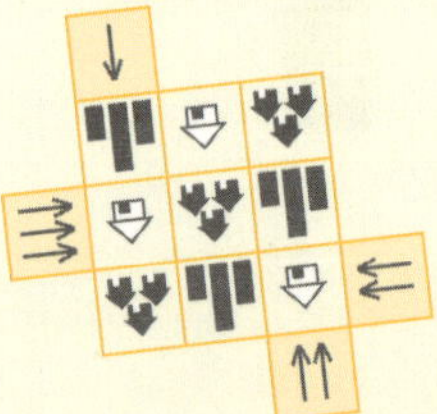

La France en désordre

Pont-à-Mousson.

Mots éventail

EPI

Histoire d'âge

Julie a 27 ans et Thomas a 9 ans.

Soit J l'âge de Julie et T l'âge de Thomas.

Il y a trois ans :

J = 4 T.

Aujourd'hui :

3 (T + 3) = J + 3.

En remplaçant J par 4 T :

3 T + 9 = 4 T + 3

donc il y a trois ans :

T = 6 et J = 24,

aujourd'hui T = 9 et J = 27.

13 décembre

L M M J V S D

HA _ _ MA _

Rébus

Quel est le prénom donné par ce rébus ?

Fermé

2

Son secret

Quel secret unit ces différents éléments ?
Dupe. – Chasse. – Éléphant.

Jeu du dictionnaire

Trouvez cinq mots du dictionnaire, mais sans son aide et le plus rapidement possible, compris entre :

BONSAI
et
BOUCHERIE

K'z noire

Complétez la grille en y plaçant les cases noires : chaque chiffre indique le nombre de cases noires qui l'entourent, par un angle ou un côté.

		2	1
	4		1
		2	
1	1		

solutions aux jeux

Rébus
Clos deux : Claude.

Son secret
Le son « trompe » : le verbe tromper et la trompe.

Jeu du dictionnaire
bonsoir, bookmaker, boomerang, bord, bordel, bosse, botanique, botte…

K'z noire

14 décembre

L M M J V S D

La France en désordre

Pouvez-vous retrouver, en agençant les lettres de ces mots autrement (sans tenir compte des coupures entre eux ni des accents), le nom de cette ville française ?

Polar de réinsertion

Rébus

Quel est le titre du film illustré par ce rébus ?

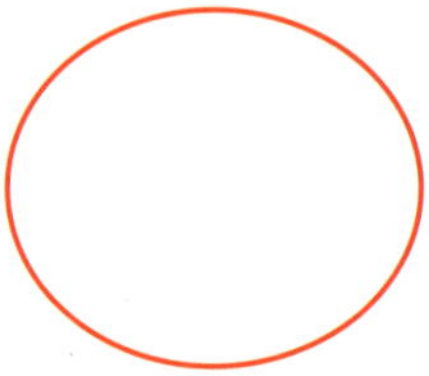

Derrière les tours…

Les tours cachent les résidences qui cachent les maisons individuelles. Attribuez dans la grille la place de chaque type d'habitation, sachant que :

– Chaque flèche vous dirige et vous indique le nombre d'habitations visibles.

– Chaque type d'habitation se trouve dans chacune des lignes et colonnes.

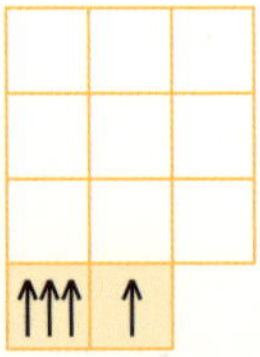

Monsieur et Madame

Monsieur et Madame Yonlé ont une fille, comment s'appelle-t-elle ?

solutions aux jeux

Rébus
Un cercle dont le contour est rouge : Le Cercle rouge.

Monsieur et Madame
Marie… marions-les !

La France en désordre
Saint-Pierre-d'Oléron.

Derrière les tours…

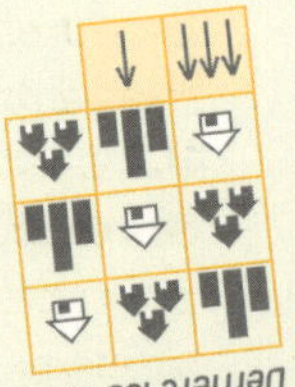

15 décembre

L M M J V S D

Carré romain

En ajoutant un même chiffre romain à trois des cases de ce carré, la somme de ses lignes et de ses colonnes sera identique.

II	IX	I
VII		III
I	I	VIII

Mots éventail

Voici quatre mots en éventail à compléter, en retrouvant le début qu'ils ont en commun.

? — tine / nor / nébreux / légraphe

Cinéma en désordre

Pouvez-vous retrouver, en agençant les lettres de ces mots autrement (sans tenir compte des coupures entre eux ni des accents), le titre de ce film ?

Adieu golf andalou

CHASSEZ l'intrus

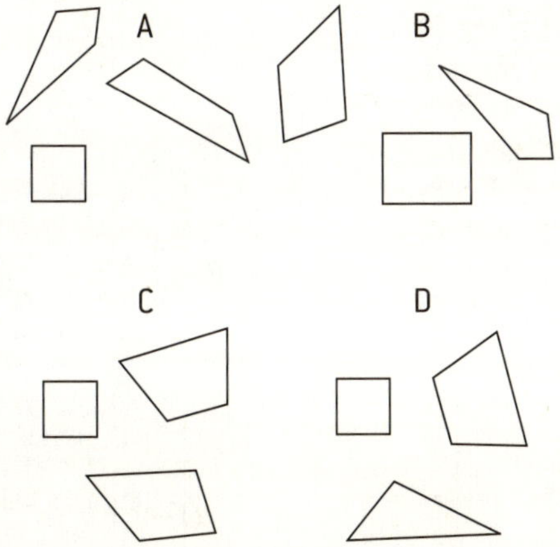

solutions aux jeux

Carré romain
Il manque un V (5) dans la seconde diagonale.

II	IX	VI
VII	V	III
VI	I	VIII

Cinéma en désordre
La Diagonale du fou (de Richard Dembo).

Chassez l'intrus
D : il n'y a pas de triangle dans les autres figures.

Mots éventail
TE

16 décembre

L M M J V S D

Allô 007 !

Votre mission : découvrir le nom d'une ville française grâce aux trois indices chiffrés. Décodez-les à l'aide du clavier de ce téléphone et en sachant qu'une même touche peut donner plusieurs lettres (exemple : 2 pour A, B ou C…). À défaut, essayez sur votre portable : il a la réponse !

2266353

447663467

2652378

Jeu du dictionnaire

Trouvez cinq mots du dictionnaire, mais sans son aide et le plus rapidement possible, compris entre :

TROU

et

TUBE

Zonages

Sachant que chacun des chiffres indique le nombre de cases de la même couleur qui se touchent (une zone), complétez le coloriage de la grille. Deux zones ayant la même couleur ne peuvent se toucher ni par les côtés ni par les angles.

3		1
		4
4		1

DOUBLE charade

Deux charades se sont mélangées. Elles vous permettront, une fois recomposées, de trouver deux noms d'oiseaux.

A. Mon premier est trait.

B. Mon premier tient la tête.

C. Mon second fait mal.

D. Mon second est une couleur.

Faut-il associer A et C, ou A et D ? À vous de chercher…

solutions aux jeux

Jeu du dictionnaire

Troubadour, troupeau, trousseau, trouver, truc, truffe, truite, tsunami…

Double charade

A-D : pis-vert → pivert.

B-C : cou-coup → coucou.

Zonages

3		1
		4
4		1

Allô 007 !

Bordeaux

Les trois indices sont : canelé, Girondins, Colbert (croiseur de la Marine nationale française converti en 1993 en navire-musée).

17 décembre

L M M J V S D

Son secret

Quel secret unit ces différents éléments ?
Âtre. – Gifle. – Chemise. – Porte.

Star en désordre

Pouvez-vous retrouver, en agençant les lettres de ces mots autrement (sans tenir compte des coupures entre eux ni des accents), le nom de ce chanteur français ?

Vice anormal

Dans l'ordre

Permutez les couleurs de ces figures à partir des indices ci-dessous.

Le noir suit le rouge.
Deux couleurs montent et deux autres descendent.
Le jaune ne suit pas le bleu.

Pays du monde

Reconstituez dans cette grille les noms de cinq pays du monde. Les lettres se suivent de bas en haut, de gauche à droite ou vice-versa mais jamais en diagonale.

			A	R	I	E			
B	U	L	G	G	U	A	T	E	M
A	L	L	E	M	A	G	N	E	A
G	U	T	E	U	Q	M	A	M	L
A	L	R	O	P	I	B	Z	O	A

Solutions aux jeux

Star en désordre
Marc Lavoine.

Son secret
Le soufflet.

Pays du monde

			A	R	I	E			
B	U	L	G	G	U	A	T	E	M
A	L	L	E	M	A	G	N	E	A
G	U	T	E	U	Q	M	A	M	L
A	L	R	O	P	I	B	Z	O	A

ALLEMAGNE
BULGARIE
GUATEMALA
MOZAMBIQUE
PORTUGAL

Dans l'ordre
Jaune
Rouge
Noir
Bleu

18 décembre

L M M J V S D

La France en désordre

Pouvez-vous retrouver, en agençant les lettres de ces mots autrement (sans tenir compte des coupures entre eux ni des accents), le nom de cette ville française ?

Mâle genou

Histoire d'âge

Si Bertrand avait un an de plus et Cédric un an de moins, Bertrand aurait le double de l'âge de Cédric. Mais si Cédric avait un an de plus et Bertrand un an de moins, ils auraient le même âge. Quel est l'âge de Bertrand et quel est celui de Cédric ?

Mots éventail

Voici quatre mots en éventail à compléter, en retrouvant le début qu'ils ont en commun.

? — gée / ch / card / çon

Mots en losange

Ce sont les mêmes mots à la verticale et à l'horizontale.
En voici les définitions dans l'ordre :
Il n'y en a qu'un dans l'aile. – Bus. – Elle tient les cheveux. – Voie. – Queue de comète.

solutions aux jeux

Mots en losange

L
C A R
L A Q U E
R U E
E

La France en désordre
Angoulême.

Mots éventail
RAN

Histoire d'âge
Bertrand a 7 ans et Cédric a 5 ans.
Soit B l'âge de Bertrand, C l'âge de Cédric :
$B + 1 = 2(C - 1)$
et $B - 1 = C + 1$.
En additionnant les deux équations : $2B = 3C - 1$ ou $B = 3/2\,C - 1/2$.
En remplaçant dans la 2e équation :
$3/2\,C - 1/2 - 1 = C + 1$
donc $1/2\,C = 5/2$
soit $C = 5$. En remplaçant C par sa valeur :
$B - 1 = 6$; $B = 7$.

19 décembre

L M M J V S D

Sudolettres

Complétez cette grille avec les lettres T, O, N, M, I, N, O, I et S, sachant que toutes ces lettres doivent se trouver dans chacune des lignes et colonnes et dans chaque zone colorée de six cases. Un mot doit apparaître dans la diagonale.

	I			T	
		M			I
I	N				
		O		N	
			N		T
O			M		

Indice : elle est parfois rejetée !

Le comble

Quel est le comble pour un meunier ?

Trou de mémoire

Toutes les voyelles des phrases ci-dessous ont disparu. Remettez-les en place pour reconstituer le titre de deux chansons.

st-c q t vns pr ls vcncs ?
C'st bn pr l mrl

COMBICOLOR

Ces couleurs primaires se combinent pour donner trois couleurs complémentaires

Quel est le triplet de ballons manquant ?

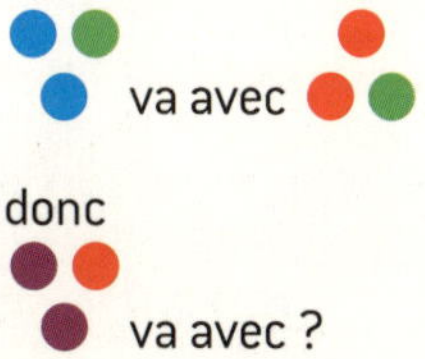

solutions aux jeux

Sudolettres

M	I	N	S	T	O
N	O	M	T	S	I
I	N	T	O	M	S
T	S	O	I	N	M
S	M	I	N	O	T
O	T	S	M	I	N

Le comble
C'est d'être roulé dans la farine.

Trou de mémoire
Est-ce que tu viens pour les vacances ? David et Jonathan.
C'est bon pour le moral, La Compagnie créole.

Combicolor
Vert
Vert, Rouge.
Le triplet manquant est composé de la couleur complémentaire au rouge : le vert.

20 décembre

L M M J V S D

La France en désordre

Pouvez-vous retrouver, en agençant les lettres de ces mots autrement (sans tenir compte des coupures entre eux ni des accents), le nom de cette ville française ?

Le cap géant

Que des 3

Trouvez la façon la plus simple d'écrire une opération dont le résultat est 35 uniquement avec des 3.

Un indice : il vous faut sept fois le chiffre 3.

Grille logique

Je vaux le nombre de cases de valeur impaire.	Je vaux le nombre de cases de valeur paire.	Je vaux le nombre de cases de valeur impaire.	Je vaux le nombre de cases de valeur paire.

À l'aide des indices qui se trouvent dans la grille ci-dessus, remplissez la grille ci-dessous.

Ville mystère

Trouvez la lettre manquante dans chacun de ces mots. Reportées dans la colonne, les lettres obtenues forment le nom d'une ville.

_ U N E ⇒ _
_ ⇐ A V E _
_ O R D ⇒ _
_ ⇐ C _ O U
V _ S E ⇒ _
_ ⇐ _ I E T

solutions aux jeux

La France en désordre
Canet-Plage.

Grille logique
0 | 4 | 0 | 4

Ville mystère
DUNE ⇒ D ⇐ AVEU
BORD ⇒ U ⇐ CLOU
VISE ⇒ B ⇐ NIET
(colonne : DUBLIN)

Que des 3
3 x 3 x 3 + 3 x 3 − 3/3

21 décembre

L M M J V S D

CHASSEZ l'intrus

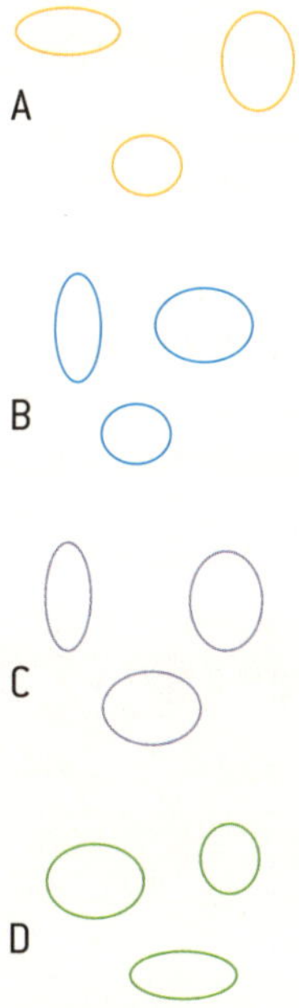

Ouille, ouille, ouille... ! Aïe !

Trouvez deux mots qui commencent de la même façon, mais se terminent pour l'un par le son « ouille ! » et pour l'autre par le son « aïe ! ». Un indice mystérieux pour vous guider...

On n'est pas à l'abri de la pluie sous un tricot.

Mots éventail

Voici quatre mots en éventail à compléter, en retrouvant le début qu'ils ont en commun.

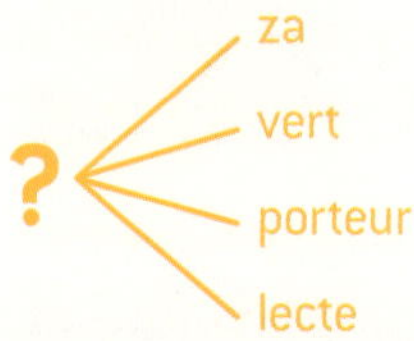

Chaque arbre cache un chasseur

Les chiffres indiquent le nombre de chasseurs qui se cachent dans la grille. Débusquez-les, sachant que :
Il y a autant d'arbres que de chasseurs.
Toute case contenant un chasseur est accolée à une case contenant un arbre.
Deux cases contenant un chasseur ne peuvent se toucher ni par les angles ni par les côtés.

solutions aux jeux

Chassez l'intrus
C : il y a deux fois la même forme ; ce n'est pas le cas dans les autres figures.

Mots éventail
COL

Ouille, ouille, ouille... ! Aïe !
Mouille / Maille.

Chaque arbre cache un chasseur
Annulez les lignes où il n'y a pas de chasseurs et complétez la grille :

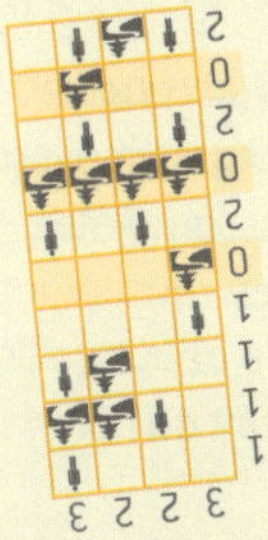

22 décembre

L M M J V S D

La France en désordre

Pouvez-vous retrouver, en agençant les lettres de ces mots autrement (sans tenir compte des coupures entre eux ni des accents), le nom de cette ville française ?

Bon gars de bergerie

Trou de mémoire

Toutes les voyelles des phrases ci-dessous ont disparu. Remettez-les en place pour reconstituer le titre de deux chansons.

l fdr lr dr
L gnt d ppr

Mots éventail

Voici quatre mots en éventail à compléter, en retrouvant le début qu'ils ont en commun.

? nouille
? te
? stion
? notte

Grands écrivains

Reconstituez dans cette grille les noms de cinq grands écrivains français. Les lettres se suivent de bas en haut, de gauche à droite ou vice-versa mais jamais en diagonale.

			A	R	S	I			
M	A	L	L	M	E	A	H	C	R
A	N	E	C	R	U	O	Y	M	A
R	T	O	R	E	D	I	D	U	A
V	O	L	T	A	I	R	E	B	E

Solutions aux jeux

La France en désordre
Bagnères-de-Bigorre.

Mots éventail
QUE

Trou de mémoire
Il faudra leur dire, Francis Cabrel.
Le Géant de papier, Jean-Jacques Lafon.

Grands écrivains
BEAUMARCHAIS
VOLTAIRE
DIDEROT
MALLARME
YOURCENAR

23 décembre

L M M J V S D

LES DOUBLETS

En utilisant les mêmes touches, vous pouvez composer plusieurs mots différents. Lesquels ? Retrouvez les doublets de ces deux mots en vous aidant des indices. À défaut, essayez sur votre portable : il a la réponse !

POUPE
Indice : comme un pot.
FILON
Indice : moutarde.

Monsieur et Madame

Monsieur et Madame Sonlouque ont un fils, comment s'appelle-t-il ?

K'z noire

Complétez la grille en y plaçant les cases noires : chaque chiffre indique le nombre de cases noires qui l'entourent, par un angle ou un côté.

1	2		2
1	2		2
		1	

Trouver ces nombres

Découvrez tous les nombres qui s'écrivent avec des lettres toutes différentes et qui utilisent deux chiffres distincts dont la somme est égale à 2.

solutions aux jeux

Les doublets
POUPE -> sourd.
FILON -> Dijon.

K'z noire

Monsieur et Madame
James... j'aime son look !

Trouvez ces nombres
11 (onze), 20 (vingt) et 110 (cent dix).

24 décembre

L M M J V S D

La France en désordre

Pouvez-vous retrouver, en agençant les lettres de ces mots autrement (sans tenir compte des coupures entre eux ni des accents), le nom de cette ville française ?

Nain si entêté

Jeu du dictionnaire

Trouvez cinq mots du dictionnaire, mais sans son aide et le plus rapidement possible, compris entre :

FICHTRE
et
FILET

Mots éventail

Voici quatre mots en éventail à compléter, en retrouvant le début qu'ils ont en commun.

? — man / nie / sque / lade

Villes d'Europe

Reconstituez dans cette grille les noms de cinq villes d'Europe. Les lettres se suivent de bas en haut, de gauche à droite ou vice-versa mais jamais en diagonale.

			R	O	T	T			
L	U	O	G	N	A	E	R	D	A
E	O	A	B	R	A	T	E	P	M
M	V	V	A	L	S	I	S	A	B
E	E	J	A	R	A	S	T	D	U

Solutions aux jeux

La France en désordre
Saint-Étienne.

Mots éventail
MA

Jeu du dictionnaire
Fichu, fiction, ficus, fidèle, fief, fier, fièvre, figue, figurine, filature…

Villes d'Europe

BUDAPEST
BRATISLAVA
ROTTERDAM
SARAJEVO
ANGOULEME

25 décembre

L M M J V S D

Zonages

Sachant que chacun des chiffres indique le nombre de cases de la même couleur qui se touchent (une zone), complétez le coloriage de la grille. Deux zones ayant la même couleur ne peuvent se toucher ni par les côtés ni par les angles.

1		1
	3	
2		2

Star en désordre

Pouvez-vous retrouver, en agençant les lettres de ces mots autrement (sans tenir compte des coupures entre eux ni des accents), le nom de ce cycliste français ?

Besoin boulot

Histoire d'âges

J'ai le double de l'âge de mon fils, aujourd'hui, et quatre fois l'âge qu'il avait il y a douze ans. Quel est mon âge ?

Rendre à César...

Reliez chaque drapeau à son pays et à sa capitale.

Thaïlande		Bangkok
Colombie		Kingston
Jamaïque		Libreville
Gabon		Bogotá

Solutions aux jeux

Zonages

Rendre à César...

Thaïlande – Bangkok
Colombie – Bogotá
Jamaïque – Kingston
Gabon – Libreville

Histoire d'âges

48 ans.
Soit A l'âge de mon fils aujourd'hui : $2A = 4(A - 12)$ donc $2A = 4A - 48$; $2A = 48$.
Mon fils a 24 ans, il en avait 12 il y a douze ans.

Star en désordre

Louison Bobet.

26 décembre

L M M J V S D

Illikodoku

Complétez cette grille par des chiffres de 1 à 9 sachant que tous ces chiffres se placent dans chaque colonne et dans chaque carré 3 x 3.

4		5
9	2	8
	3	7
8	7	3
1		
2	6	9
7		2
3	8	1
5	9	

Cinéma en désordre

Pouvez-vous retrouver, en agençant les lettres de ces mots autrement (sans tenir compte des coupures entre eux ni des accents), le titre de ce film ?

Double ton agresseur

Rébus

Quel est le prénom donné par ce rébus ?

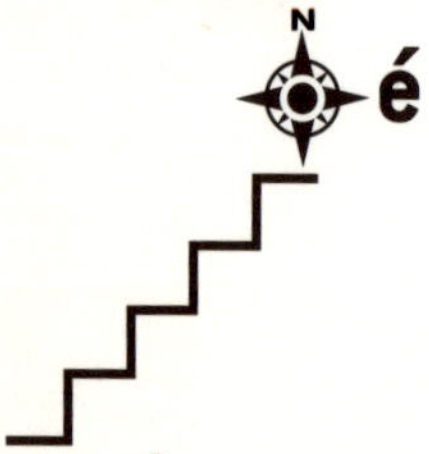

Ouille, ouille, ouille… ! Aïe !

Trouvez deux mots qui commencent de la même façon, mais se terminent pour l'un par le son « ouille ! » et pour l'autre par le son « aïe ! ». Un indice mystérieux pour vous guider…

Dans le sud de l'Italie, ça ne manque pas de foin !

solutions aux jeux

Illikodoku

4	1	5
9	2	8
6	3	7
8	7	3
1	5	4
2	6	9
7	4	2
3	8	1
5	9	6

Rébus
Haut nord é : Honoré.

Ouille, ouille, ouille… ! Aïe !
Pouilles / Paille.

Cinéma en désordre
La Guerre des boutons (d'Yves Robert).

1

27 décembre

2

L M M J V S D

3

Mots en losange

Ce sont les mêmes mots à la verticale et à l'horizontale. En voici les définitions dans l'ordre : Tête de Russe. – Il est inflexible. – Elle fut fatale à Jeanne. – Démonstratif. – Fin de négation.

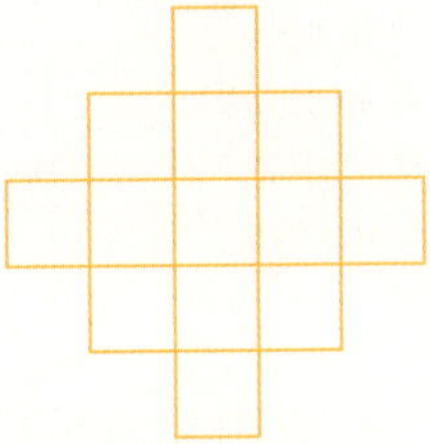

La France en désordre

Pouvez-vous retrouver, en agençant les lettres de ces mots autrement (sans tenir compte des coupures entre eux ni des accents), le nom de cette ville française ?

L'arcade à santal

La cible

En tirant successivement une flèche dans chacune des cibles, vous devez obtenir un score de 21 points. Retrouvez la valeur exacte de chaque cible.

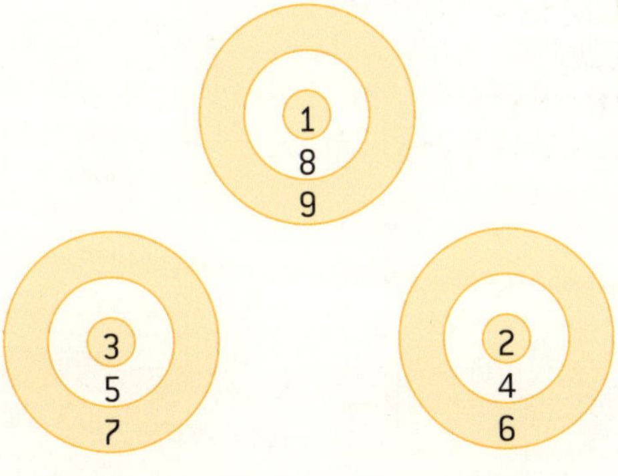

Trou de mémoire

Toutes les voyelles des phrases ci-dessous ont disparu. Remettez-les en place pour reconstituer le titre de deux chansons.

Prv q'lls snt dcs
Ls vlss d Vnn

solutions aux jeux

La cible
8 + 7 + 6 = 21

La France en désordre
Sarlat-la-Canéda.

Mots en losange
R
ROC
ROUEN
CET
N

Trou de mémoire
Pourvu qu'elles soient douces, Mylène Farmer. Les Valses de Vienne, François Feldman.

28 décembre

L M M J V S D

Célébrité en désordre

Pouvez-vous retrouver, en agençant les lettres de ces mots autrement (sans tenir compte des coupures entre eux ni des accents), le nom de ce savant français ?

Pin de sapin

Souvenez-vous...

« Savez-vous planter les choux... »
Selon la comptine, les choux, on les plante avec presque toutes les parties de notre corps, sauf ?

1. le pouce
2. le pied
3. le coude
4. le genou
5. le nez
6. la tête

Mots éventail

Voici quatre mots en éventail à compléter, en retrouvant le début qu'ils ont en commun.

? vial
? cheur
? cot
? bu

Derrière les tours...

Les tours cachent les résidences qui cachent les maisons individuelles. Attribuez dans la grille la place de chaque type d'habitation, sachant que :
– Chaque flèche vous dirige et vous indique le nombre d'habitations visibles.
– Chaque type d'habitation se trouve dans chacune des lignes et colonnes.

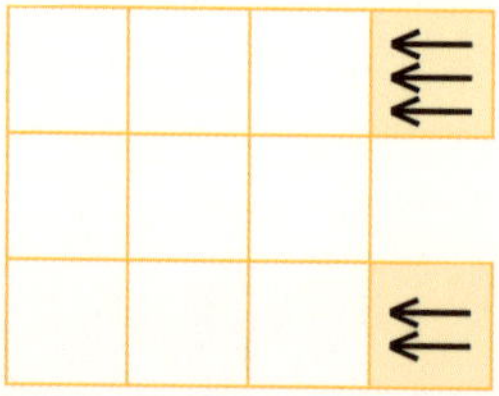

solutions aux jeux

Célébrité en désordre
Denis Papin.

Mots éventail
TRI

Derrière les tours...

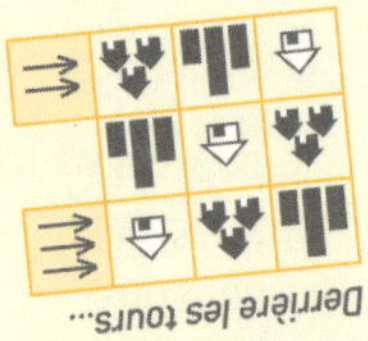

Souvenez-vous...
Le n° 1.
Savez-vous planter les choux,
À la mode, à la mode,
Savez-vous planter les choux,
À la mode de chez nous ?
On les plante avec le doigt,
À la mode, à la mode,
On les plante avec le doigt,
À la mode de chez nous.
On les plante avec **le pied.**
On les plante avec **le genou.**
On les plante avec **le coude.**
On les plante avec **le nez.**
On les plante avec **la tête.**

29 décembre

L M M J V S D

Suite logique

Quels sont les symboles manquants?

♣ ♦
♠ ♥

♣ ♦
♠ ♥

♣ ♦
♠ ♥

? ?
? ?

DOUBLE charade

Deux charades se sont mélangées. Elles vous permettront, une fois recomposées, de trouver deux noms d'oiseaux.

A. Mon premier vit dans les cheveux.

B. Mon premier peut être d'école.

C. Mon second n'est pas beau.

D. Mon second donne un parfum rare.

Faut-il associer A et C, ou A et D ? À vous de chercher...

Grille logique

Je suis égale à la valeur de la case suivante + 3.	Je suis égale à la valeur de la case suivante – 2.	Je suis égale à la valeur de la case suivante + 6.	Je suis égale à la valeur de la case suivante + 1.	Je suis égale à la valeur de la case suivante – 3.	Je suis égale à la valeur de la case suivante + 1.	Je suis égale à la valeur de la case suivante – 7.	Je suis un chiffre qui ne se trouve qu'une fois dans la grille.

À l'aide des indices qui se trouvent dans la grille ci-dessus, remplissez la grille ci-dessous.

Indice : commencez par la fin.

solutions aux jeux

Grille logique

8	5	7	1	0	3	2	9

Explications :

A	B	C	D	E	F	G	H
				0	3,	2,	
				donc	2,	1,	
				F = 3	1	0	

Suite logique

Trèfle noir, carreau rouge
Pique noir, cœur noir.
Les symboles changent de couleur un à un dans le sens des aiguilles d'une montre : carreau devient rouge dans le 2ᵉ carré, cœur devient noir dans le 3ᵉ carré donc pique devient noir dans le 4ᵉ.

Double charade

A-C : pou-lait → poulet.
B-D : cas-nard → canard.

30 décembre

L M M J V S D

La France en désordre

Pouvez-vous retrouver, en agençant les lettres de ces mots autrement (sans tenir compte des coupures entre eux ni des accents), le nom de cette ville française ?

Ligne de bassin

COMBICOLOR

Ces couleurs primaires 🟡 🔵 🔴 se combinent pour donner trois couleurs complémentaires 🟢 🟣 🟠

Quel est le ballon manquant ?

🔴 🟠 🟣 va avec 🔵

donc

🟡 🟠 🟢 va avec ?

Le comble

Quel est le comble pour un navigateur ?

Villes d'Europe

Reconstituez dans cette grille les noms de cinq villes d'Europe. Les lettres se suivent de bas en haut, de gauche à droite ou vice-versa mais jamais en diagonale.

			N	E	O	L			
V	B	A	N	D	N	E	N	T	E
I	R	D	N	O	I	G	C	H	T
L	U	E	Y	G	R	R	E	X	I
L	E	R	R	A	U	T	C	A	D

solutions aux jeux

Villes d'Europe

			N	E	O	L			
V	B	A	N	D	N	E	N	T	E
I	R	D	N	O	I	G	C	H	T
L	U	E	Y	G	R	R	E	X	I
L	E	R	R	A	U	T	C	A	D

AGRIGENTE
UTRECHT
LONDONDERRY
VILLEURBANNE
CADIX

Le comble
C'est d'avoir un coup de barre.

Combicolor
Bleu : le dernier ballon détermine la couleur primaire manquante.

La France en désordre
Digne-les-Bains.

31 décembre

L M M J V S D

Carré décalé

Complétez ce carré avec les chiffres de 1 à 4 de telle sorte que chacun d'entre eux se trouve une et une seule fois dans chaque colonne et dans chaque ligne ; le chiffre 4 ne devra plus être placé entre le 1 et le 2 comme il l'est dans la 1re ligne.

2	4	1		3
			3	
		3		
	3		1	
3				

Mots éventail

Voici quatre mots en éventail à compléter, en retrouvant le début qu'ils ont en commun.

? → nage / bière / elle / ment

Grands musiciens

Reconstituez dans cette grille les noms de cinq grands musiciens. Les lettres se suivent de bas en haut, de gauche à droite ou vice-versa mais jamais en diagonale.

			S	O	S	K			
M	O	U	S	R	G	I	I	N	I
V	A	L	D	I	P	A	G	A	N
I	V	D	E	L	S	S	O	H	N
M	E	N	P	U	C	C	I	N	I

Monsieur et Madame

Monsieur et Madame Ytédeboir ont une fille, comment s'appelle-t-elle ?

solutions aux jeux

Grands musiciens

			S	O	S	K			
M	O	U	S	R	G	I	I	N	I
V	A	L	D	I	P	A	G	A	N
I	V	D	E	L	S	S	O	H	N
M	E	N	P	U	C	C	I	N	I

VIVALDI
MOUSSORGSKI
MENDELSSOHN
PAGANINI
PUCCINI

Monsieur et Madame
Ève... évitez de boire !

Mots éventail
TOUR

Carré décalé

2	4	1		3
1	2		3	4
4		3	2	1
	3	4	1	2
3	1	2	4	

Notes

Notes

Notes

Notes

Notes

Notes

Notes

Notes

Notes

Notes

Notes

Notes

Directrice générale : Fabienne Kriegel
Éditrice : Nathalie Lefebvre
Suivi d'édition : Christelle Fucili
Directrice artistique : Sabine Houplain
Réalisation graphique : Stéphanie Boulay
Maquette : CGI
Lecture-correction : Marie-Hélène Sauvage
et Monique de Vauton
Fabrication : Amandine Sevestre

Achevé d'imprimer en Espagne chez GRAFICAS ESTELLA
Dépôt légal : septembre 2009
ISBN : 978-2-81230-127-8
34/2289/6 - 01